MÉMOIRES ET TRAVAUX

PUBLIÉS PAR DES PROFESSEURS

DES FACULTÉS CATHOLIQUES DE LILLE

RECUEIL

DES

INSTRUCTIONS GÉNÉRALES

AUX

NONCES ORDINAIRES DE FRANCE

de 1624 à 1634

PAR

Auguste LEMAN

PROFESSEUR AUX FACULTÉS CATHOLIQUES DE LILLE

LILLE
René GIARD, libraire-éditeur
2, rue Royale, 2

PARIS
Édouard CHAMPION, libraire-éditeur
5, quai Malaquais, 5

1920

Fascicule **XV**

MÉMOIRES ET TRAVAUX
PUBLIÉS PAR DES PROFESSEURS
DES FACULTÉS CATHOLIQUES DE LILLE

RECUEIL

DES

INSTRUCTIONS GÉNÉRALES

AUX

NONCES ORDINAIRES DE FRANCE

de 1624 à 1634

PAR

Auguste LEMAN

PROFESSEUR AUX FACULTÉS CATHOLIQUES DE LILLE

<table>
<tr><td align="center">LILLE
René GIARD, libraire-éditeur
2, rue Royale, 2</td><td align="center">PARIS
Édouard CHAMPION, libraire-éditeur
5, quai Malaquais, 5</td></tr>
</table>

1920

MÉMOIRES ET TRAVAUX

DES FACULTÉS CATHOLIQUES DE LILLE

RECUEIL

DES

INSTRUCTIONS GÉNÉRALES

AUX

NONCES ORDINAIRES DE FRANCE

de 1624 à 1634

MÉMOIRES ET TRAVAUX
PUBLIÉS PAR DES PROFESSEURS
DES FACULTÉS CATHOLIQUES DE LILLE

RECUEIL

DES

INSTRUCTIONS GÉNÉRALES

AUX

NONCES ORDINAIRES DE FRANCE

de 1624 à 1634

PAR

Auguste LEMAN

PROFESSEUR AUX FACULTÉS CATHOLIQUES DE LILLE

LILLE
René GIARD, libraire-éditeur
2, rue Royale, 2

PARIS
Édouard CHAMPION, libraire-éditeur
5, quai Malaquais, 5

1920

Nihil obstat
E. LESNE.

Imprimatur :
A. MARGERIN,
Archigymnasii Insulensis Rector
Vic. Gen.
Insulis, XII^a die Februarii 1919.

AVERTISSEMENT

Ce recueil de documents comprend les instructions
générales données par le neveu d'Urbain VIII, le cardinal François Barberini, aux nonces ordinaires en
France, Spada, Bagni et Bolognetti. Nous l'aurions
souhaité plus riche. Éditer la collection complète des
instructions de tous les ministres ordinaires du Saint-
Siège qui se sont succédé en France sous le pontificat
d'Urbain VIII, alors que les destinées du royaume de
France étaient confiées à un homme d'Église comme
le cardinal de Richelieu, nous avait paru être une
intéressante contribution à l'histoire pontificale et à
l'histoire religieuse de notre pays ; cette suite de documents aurait montré quelles questions avaient en France
retenu l'attention du chef suprême de l'Église, de quelle
manière un pape aussi éclairé qu'Urbain VIII avait
prétendu les trancher. En dépit de nos recherches,
il nous a été impossible de retrouver les instructions
destinées aux nonces Bichi, Scotti, Grimaldi et Nicolas.

Bagni (1). Les textes qu'on rencontrera ici apporteront du moins sur la situation religieuse du royaume et les remèdes que veut y apporter le souverain pontife, sur la position prise par le Saint-Siège dans les problèmes de politique générale, un ensemble de renseignements qu'il importait, ce nous semble, d'exhumer des archives et bibliothèques.

Nous pouvions unir à ces instructions celles qui étaient destinées aux envoyés extraordinaires venus en France en vue d'une négociation spéciale et déterminée, par exemple, celles qu'emportèrent le cardinal légat François Barberini en 1625, les nonces extraordinaires Adrien Ceva en 1632, Jules Mazarin en 1634 (2). Nous avons préféré les exclure de notre recueil, conformément au

---

(1) Selon toutes probabilités, plusieurs de ces nonces, deux au moins, ont reçu du Saint-Siège une instruction. Il est très clairement fait allusion à l'instruction remise par le cardinal François Barberini à Alexandre Bichi (1596-1657), nonce en France de 1630 à 1634, dans une lettre de Mgr Gaetani, évêque de Laodicée, à Bichi du 26 juin 1630 (Archives Vaticanes, fonds Bolognetti, ms. 61, ff. 213-223 ; Nunziature diverse, ms. 242, ff. 175-180 ; Bibliot. Corsini, ms. 491, ff. 46-51). Cette lettre est signalée dans ces manuscrits comme étant une instruction ; c'est à tort : elle ne contient que des indications très générales qui n'offrent guère d'intérêt. Il n'est pas certain que Ranuccio Scotti, d'abord nonce extraordinaire, puis nonce ordinaire en France de 1639 à 1641, ait été muni, par le cardinal François Barberini, d'une instruction. On lit bien, au début de la relation qu'il rédigea au retour de sa mission, qu'il a reçu, de son prédécesseur, « l'instruttione di xii capi di negotio che correvano » (Bibliot. Corsini, ms. 492, f. 12). Mais est-ce que cette instruction émanait de la secrétairerie d'Etat ou du nonce sortant de charge ? Jérôme Grimaldi, envoyé comme nonce extraordinaire en 1641 pour traiter du rétablissement de la paix, ne reçut peut-être pas d'instruction à sa nomination de nonce ordinaire. Par contre, son successeur en 1644, Nicolas Bagni (1584-1663) dut en recevoir une.

(2) Ce qui tint lieu d'instruction au cardinal-légat François Barberini, ce furent sans doute les « Memorie a V. S. Illma s. cardinal Barberini legato de latere a due re, per andare prima in ragione di negotio e di viaggio al Cristianissimo, raccolte da proprii ragionamenti di Nro Sre e di V. S. Illma che concernono i presenti moti della Republica cattolica, » 1625 (B. N., fonds italien, ms. 676, f. 599). Les instructions de Ceva et de Mazarin sont conservées aux Archives Vaticanes, la première (texte original) dans les Miscellanea (Arm. III, ms. 47, ff. 1-12), la seconde (minute) dans les Miscellanea (Arm. II, ms. 110, ff. 261-277).

principe posé dans le rapport adressé à M. le Ministre des Affaires Étrangères, le 15 décembre 1882, sur la publication du *Recueil des Instructions données aux ambassadeurs et ministres de France depuis les traités de Westphalie* (1). Comme le dit avec beaucoup de justesse l'auteur de ce rapport, les instructions générales seules résument les rapports politiques réguliers entre la France et le Saint-Siège ; les secondes ne peuvent se séparer des négociations qu'elles ont provoquées ; elles n'avaient donc pas à prendre place ici.

Ces instructions sont publiées dans le texte original. Nous en avons généralement respecté l'orthographe ; toutefois en ce qui concerne les majuscules et l'accentuation, nous avons suivi l'usage actuel ; la ponctuation a été complétée, parfois même rectifiée. Les notes explicatives ne sont pas toujours aussi nombreuses et aussi complètes que nous l'aurions souhaité ; il nous a été impossible de tout élucider ; elles suffiront néanmoins, nous l'espérons, à faire connaître au lecteur le plus grand nombre des personnages qui sont cités, à l'éclairer sur les plus importantes des questions qui sont discutées (2). On nous saura peut-être gré d'avoir, dans une brève introduction, réuni les principaux traits que nous fournissent ces documents sur la situation religieuse de la France, d'y avoir indiqué les buts divers que le Saint-Siège a proposés à l'activité de ses agents. Chaque

---

(1) *Recueil des Instructions données aux ambassadeurs et ministres de France depuis les traités de Westphalie jusqu'à la Révolution française.* I. *Autriche*, par Albert SOREL, Paris, 1884, p. III.

(2) Nous avons utilisé trop souvent l'ouvrage de MORÉRI, *Le Grand Dictionnaire Historique* (10 vol. in-f°, Paris, 1759), pour que nous signalions dans les notes les emprunts que nous lui avons faits. Les autres ouvrages dont nous nous sommes servis seront indiqués.

instruction est elle-même précédée d'une courte notice consacrée à son destinataire, d'une analyse assez étendue.

M. Rébelliau, professeur d'histoire religieuse à la Faculté des Lettres de Paris, a bien voulu s'intéresser à ce travail et nous guider par ses conseils très autorisés ; ce nous est un devoir très agréable de l'en remercier ici.

INTRODUCTION

La question religieuse est nécessairement l'objet
essentiel qui préoccupe le plus le pape Urbain VIII.
Aussi figure-t-elle au premier plan dans les instructions
destinées aux nonces envoyés en France. « Maintenir le
catholicisme là où il est, le rétablir là où il n'est plus,
le propager partout », tel est le but que le cardinal
François Barberini propose à l'activité de Bagni en 1627 ;
c'est celui qu'il indique en termes équivalents à Spada
en 1624, à Bolognetti en 1634 (1).

Vue de Rome la situation religieuse de la France
n'apparaît pas comme des plus brillantes. Les prêtres y
sont rares ; un trop grand nombre parmi eux n'ont pas
les qualités que requiert leur état. Des curés de
campagne ont des mœurs faciles, quand elles ne sont
pas scandaleuses. Promus aux ordres sans examen,
beaucoup sont ignorants. « A dire vrai, lira-t-on dans

---

(1) Instruction de Bagni, p. 89. — Cf. les instructions de Spada,
p. 45 ; de Bolognetti, p. 170.

l'instruction à Bagni, nulle part on n'a vu mieux qu'en France le tort fait à la religion par l'ignorance et la vie peu édifiante des prélats et des curés (1). » Fréquemment l'obligation de la résidence n'est pas respectée : bien des titulaires de paroisses riches ne prennent possession de leur bénéfice que pour en percevoir les revenus ; ils abandonnent le soin de leurs ouailles à un suppléant sans mérites et sans zèle. Nombre d'évêques ne résident guère dans leur diocèse. L'habitude contractée par beaucoup de pasteurs de délaisser leur troupeau est dénoncée comme un mal qui cause aux âmes un très grave préjudice.

Le clergé régulier ne fait pas sur le Saint-Siège une meilleure impression que le clergé séculier. « Il convient d'en dire peu, écrit le cardinal François Barberini à Bagni, j'aurais trop à en dire. Tout se résume en un mot : les religieux de France observent peu leur règle ; ils désobéissent à leurs supérieurs et même au Siège Apostolique ; ils ont recours au Parlement contre la juridiction ecclésiastique ; ils s'opposent obstinément aux réformes. Qu'on ajoute à cela le grand nombre de monastères de femmes où la règle n'est guère respectée ; beaucoup de religieuses, surtout celles qui habitent à la campagne, vivent hors de la clôture, dans la liberté du siècle. De là naissent des scandales, des désordres qu'il est très difficile de réfréner (2). » Trois ans plus tôt, le nonce Spada avait pu lire dans son instruction une appréciation sur la vie religieuse en France qui n'était guère plus favorable : « Le Français, lui était-il dit, ne

---

(1) Instruction de Bagni, p. 96.
(2) *Ibid.*, p. 101.

supporte pas les austérités et les fatigues du cloître ;
aussi les religieux du royaume de France se relâchent-
ils facilement et tombent-ils dans une scandaleuse
dissolution (1). »

On serait tenté de croire qu'un tableau peint avec des
couleurs aussi sombres ne correspond pas très exac-
tement à la réalité ; le cardinal François Barberini aurait
trop accusé certains traits ; il les aurait poussés au noir
afin d'exciter le zèle des agents pontificaux. Il n'y a
cependant ici rien qui soit exagéré ; toutes les enquêtes
qui ont été faites sur la vie religieuse en France au
commencement du XVIIme siècle l'attestent. Après
l'auteur de la *Vie de Saint Vincent de Paul*, commu-
nément attribuée à Abelly, les historiens ont unani-
mement reconnu l'existence, dans le clergé régulier et
séculier, de ces tares morales qui affligent le Saint-
Siège (2). L'admirable renaissance religieuse qui s'est
produite au XVIIme siècle, a fait oublier la période de
décadence profonde qui l'a précédée. Urbain VIII et son
entourage étaient mieux informés ; nos instructions le
démontrent.

Le mal n'y est pas seulement dénoncé ; les remèdes
nécessaires y sont prescrits. Le premier est de ramener
les pasteurs à leurs ouailles : aux évêques, le nonce

----

(1) Instruction de Spada, p. 25.
(2) ABELLY, *Vie de saint Vincent de Paul*, livre I, chapitre I. On
sait que cette vie à laquelle Abelly, évêque de Rodez, a prêté son
nom, est en grande partie l'œuvre de M. Fournier, prêtre de la Mission,
un des principaux disciples du saint. Cf. D'AVENEL, *Richelieu et la
monarchie absolue*, Paris, 1895, t. III, pp. 227-393 ; FAGNIEZ, *Le père
Joseph et Richelieu*, Paris, 1894, t. I, chapit. VI ; Abbé HOUSSAYE,
Le père de Bérulle et l'Oratoire de Jésus, Paris, 1874, chapit. I ;
RAVENEZ, *Histoire du cardinal de Sourdis*, 1867 ; AULAGNE, *La Réforme
catholique du XVIIe siècle dans le diocèse de Limoges*, Paris, 1908 ;
PRUNEL, *Sébastien Zamet, évêque de Langres*, Paris, 1912.

rappellera l'obligation de la résidence ; il les invitera
à la faire respecter par leurs prêtres ; il s'opposera à ce
que des curés se déchargent sur des suppléants de leurs
fonctions pastorales. Il importe plus encore, pour extirper
les abus et en prévenir le retour, de choisir de bons
évêques, des curés zélés, aux doctrines sûres, aux
mœurs exemplaires. Le Saint-Siège recommande surtout de préparer à l'Église de dignes ministres en culti-
vant « les délicates plantes ecclésiastiques en des séminaires bien formés et sagement gouvernés » (1). Dans
l'instruction destinée à Bagni, le cardinal François
Barberini insiste sur ce dernier point : après avoir montré
les divers avantages que rapporteraient au catholicisme
ces institutions prévues et prescrites par le concile de
Trente, il indique par quels moyens pratiques elles
pourraient être fondées ; ordre est donné au nonce de
ne rien négliger pour décider les évêques à créer des
séminaires. Ces avis sont d'autant plus opportuns, que
dans le temps même où ils sont donnés, la question de
l'éducation des clercs est à l'ordre du jour en France.
Non seulement elle a retenu, comme on le sait, l'attention de prêtres pieux tels que le cardinal de Bérulle,
saint Vincent de Paul, d'évêques vigilants comme Richelieu à Luçon, Zamet à Langres, mais elle a été l'objet
d'intéressants échanges de vues à l'Assemblée du clergé
de 1625 (2).

Pour ramener les religieux à leur idéal monastique,
le Saint-Siège ne souhaite pas qu'on use de rigueur.
« Le remède de la correction n'est pas tellement efficace,

---

(1) Instruction de Bagni, p. 101.
(2) Degert, *Histoire des séminaires français jusqu'à la Révolution*,
Paris, 1912, I, pp. 124-126.

écrit le cardinal neveu ; maintes fois il produit des effets contraires (1). » Les nonces s'emploieront plutôt à favoriser le mouvement de la réforme ; ils s'efforceront de l'étendre.

Aux yeux du pape, le seul remède qui puisse régénérer le clergé régulier et séculier et assurer la conservation du catholicisme, c'est l'application des décrets du concile de Trente. En dépit des promesses du roi Henri IV, des instances du clergé de France, ce concile n'a pas encore été reçu dans le royaume ; les nonces insisteront auprès du roi pour qu'il le soit. En attendant que Louis XIII y ait consenti, les ministres pontificaux presseront les évêques de se conformer aux décisions conciliaires. L'usage démontrera qu'il n'en est aucune qui soit contraire aux constitutions du royaume. S'en rencontrerait-il, le Saint-Siège ne demande pas mieux que de se concerter avec l'autorité royale pour tout accommoder.

La lutte contre l'hérésie n'importe pas moins à Urbain VIII que le maintien de la foi catholique. C'est à l'organiser qu'est consacrée une partie notable des instructions. Le ministre pontifical n'aura pas à exciter le roi à combattre les hérétiques par les armes : Sa Majesté n'y est que trop portée ; au reste, ajoute sagement le cardinal François Barberini, « l'expérience n'a que trop montré que pousser ouvertement à la guerre irrite davantage les hérétiques et leur rend plus odieux le Saint-Siège (2). » Il suffit que le nonce approuve les projets d'expédition militaire dont on l'entretiendra. Ce qu'il demandera au roi, c'est d'interdire aux apostats

____

(1) Instruction de Bolognetti, p. 175. Cf. l'instruction de Spada, p. 26.
(2) Instruction de Bagni, p. 91.

de passer au protestantisme, d'éloigner les ministres calvinistes les plus dangereux, d'assurer des pensions à ceux qui se convertissent. Les diplomates romains insisteront pour que des restrictions soient apportées à la liberté de la presse. « Il est on ne peut plus étrange, écrit le cardinal neveu, que le prédicant huguenot puisse, sans aucun obstacle, agir par la voie du livre et de la brochure, là où il n'ose élever la voix et n'est pas autorisé à prêcher (1). »

Avant tout, le Saint-Siège compte sur l'efficacité de l'apostolat catholique pour combattre l'hérésie. Ses représentants feront appel non seulement au zèle des missionnaires, des prédicateurs et des supérieurs des maisons religieuses, mais encore à celui des archevêques et des évêques. Les chefs des diocèses seront avertis du compte qu'ils auront à rendre à Dieu s'ils ne s'efforcent, par des catéchismes, des prédications et des missions, de récolter, avec le concours de leurs curés, la mission que leur a préparée le Père de famille (2). C'est par les missions, principalement, que sera répandue la vraie foi dans les régions hérétiques; pour les organiser, les nonces reçoivent de la congrégation de la Propagande des instructions spéciales qui complètent et précisent les avis contenus dans l'instruction générale.

La sollicitude des agents pontificaux pour la propagation de la foi catholique ne se limitera pas aux frontières du royaume ; elle s'étendra à l'Angleterre, à l'Écosse, aux Provinces-Unies, aux Grisons et à la Savoie, aux pays de l'Orient comme la Grèce, la Turquie,

----

(1) *Ibid.*, p. 95.
(2) *Ibid.*, p. 94.

la Syrie, la Palestine, l'Égypte, la Babylonie et la Perse,
partout en un mot où s'exerce l'influence du roi de
France.

Tout en cherchant à étendre le champ d'action du
catholicisme, le souverain pontife se préoccupe de
maintenir en France sa propre autorité. N'est-elle pas
battue en brèche à la Sorbonne, au Parlement ? Les
doctrines gallicanes sur la souveraineté des évêques et
sur la subordination du pape aux conciles, sur l'entière
indépendance du pouvoir civil à l'égard du pouvoir
spirituel y sont fort en faveur. Le *Libellus de ecclesiastica
ac politica potestate* qu'Edmond Richer a publié en 1611
a provoqué entre les gallicans et les ultramontains de
vives discussions qui ne se sont pas toujours terminées
à l'avantage du Saint-Siège. Les débats auxquels a donné
lieu, en 1626, l'ouvrage du jésuite italien Sanctarelli (1),
ont abouti à la condamnation, par la Sorbonne et le
Parlement, des doctrines sur le droit absolu du pape de
déposer les rois. Les parlementaires ne s'élèvent pas
seulement contre les prétentions de l'autorité apostolique ;
ils empiètent sur ses droits. « Après avoir usurpé le titre
de défenseurs des saints canons, dit François Barberini,
ils s'ingèrent dans toutes les affaires spirituelles par la
voie du possessoire ; ils prononcent encore au pétitoire ;
ils soumettent les brefs pontificaux, les expéditions de
la Daterie à de rigoureux examens, à des censures (2). »

Afin d'arrêter le progrès des erreurs gallicanes les
nonces prieront le roi d'interdire la publication d'ouvrages

----

(1) *Tractatus de haeresi, schismate, apostasia, sollicitatione in
sacramento poenitentiae et de potestate Summi Pontificis, in his
delictis puniendis.* Rome, 1625. — Voir plus loin, l'instruction de
Bagni, pp. 115-119.
(2) Instruction de Spada, p. 38.

attaquant l'autorité pontificale, de réprimer, le cas échéant, l'audace des parlementaires. Le cardinal les invite à entretenir les meilleures relations avec les membres de la Sorbonne et du Parlement. « Se montrer plein d'affection pour les docteurs de la Sorbonne, et surtout pour ses dignitaires, tenir la main à ce que les principales charges soient confiées à des personnages dévoués au Saint-Siège, mettre en avant, pour les nominations aux cures et aux chaires professorales, ceux des sorbonistes qui sont les plus respectueux du pouvoir pontifical », telle est la tactique qui, au sentiment du cardinal neveu, permettra au nonce Bagni d'apaiser les querelles et de prévenir le retour d'incidents fâcheux pareils à ceux provoqués par l'affaire Sanctarelli. (1).

C'est encore pour protéger son autorité que le pape s'oppose à la création d'un patriarcat en France, qu'il se montre peu favorable aux Assemblées du clergé. Si Urbain VIII n'ose demander la suppression complète de ces réunions que tiennent périodiquement les évêques de France à l'effet de voter des subsides au roi, du moins ordonne-t-il au nonce de faire qu'elles ne sortent pas de leur rôle primitif et qu'elles prennent de moins en moins d'importance.

Le zèle avec lequel les religieux avaient défendu l'autorité apostolique avaient excité contre eux l'animosité des sorbonistes et des parlementaires ; leurs privilèges d'exemption et d'immunité étaient contestés. Les évêques eux-mêmes cherchaient à y porter atteinte. Ordre est donné au représentant du Saint-Siège de protéger les religieux, de faire respecter leurs privilèges

---

(1) Instruction de Bagni, p. 121.

tout en en veillant à ce qu'ils n'en abusent pas. Les
jésuites étaient particulièrement en butte à la haine des
gallicans ; ils seront soutenus et encouragés ; il est
toutefois prescrit au nonce d'user de tempéraments pour
ne pas s'exposer au ressentiment de leurs ennemis.

C'est avec la préoccupation de servir les intérêts supérieurs de la religion que le cardinal François Barberini
aborde dans les instructions aux nonces les problèmes
de politique extérieure. Pour le Saint-Siège, ils se ramè-
nent tous à un seul : assurer la prédominance aux puissances catholiques. Depuis 1618 s'est engagé entre les
catholiques et les protestants d'Allemagne une lutte
dont l'enjeu n'est autre que la suprématie dans l'empire ;
les efforts de la diplomatie d'Urbain VIII tendent à
faire triompher les catholiques. Louis XIII sera prié de
n'accorder aucun secours aux hérétiques, de rompre les
alliances qu'il aurait contractées avec eux ; ne sont-elles
pas aussi dangereuses pour son royaume que pour
l'Empire ? Le nonce pressera le roi d'appuyer les catholiques d'Allemagne, de les soutenir de son crédit, de ses
forces ; il l'invitera à prendre en main la défense des
intérêts du duc de Bavière, Maximilien, à tout faire pour
que la dignité électorale soit conservée à un prince si
zélé pour la cause du catholicisme.

Il importe souverainement au chef de l'Église, que la
France et la maison d'Autriche entretiennent d'amicales
relations. Volontiers Urbain VIII aurait uni ces puissances si longtemps rivales. En 1627, François Barberini
prescrit à Bagni de favoriser la formation d'une alliance
entre Louis XIII et Philippe IV, qui serait dirigée
contre le roi d'Angleterre. S'il est impossible d'établir
une union aussi étroite, du moins faut-il que la paix

soit maintenue entre les Bourbon et les Habsbourg. « De cela dépend le bonheur ou le malheur de la chrétienté », est-il dit à Bolognetti (1). Malheureusement la bonne harmonie tant souhaitée à Rome est sans cesse menacée : tour à tour viennent la troubler les difficultés de la Valteline, l'occupation de Pignerol et de Moyenvic, les affaires de Lorraine, les dissentiments de Louis XIII avec Marie de Médicis et Gaston d'Orléans, ses alliances avec le roi de Suède et les princes protestants d'Allemagne. Les nonces s'efforceront de supprimer les causes de conflit, ils chercheront à accommoder les différends. Pour conjurer le péril d'une rupture entre la France et la maison d'Autriche, les agents du Saint-Siège poursuivront la conclusion d'une paix générale en Allemagne ; leur zèle ne connaîtra d'autres limites que celles que leur imposera la nécessité de ne pas se départir de la neutralité la plus stricte et de ne pas se commettre en des négociations avec les hérétiques.

Ces avis sur la politique générale sont suivis d'autres ayant plus directement trait aux intérêts particuliers du Saint-Siège. Naturellement, la présence d'hérétiques dans les provinces françaises voisines d'Avignon et du Comtat Venaissin, le passage de la principauté d'Orange sous la domination du calviniste Maurice de Nassau, inquiètent le pape ; les nonces recourront au roi de France pour que les régions soumises à l'autorité pontificale soient protégées contre tout péril d'hérésie. Ils ont aussi charge de faire appel à Louis XIII pour assurer le retour du duché d'Urbin à l'État temporel à la mort du duc François-Marie II, le dernier représentant de la famille des della

---

(1) Instruction de Bolognetti, p. 192.

Rovere, pour régler à l'avantage de Rome un différend de frontières avec la République de Venise.

Favoriser le progrès du catholicisme, défendre les droits de l'autorité apostolique, telles sont, on le voit, les principales tâches assignées aux représentants du Saint-Siège. Il leur est ordonné de les remplir avec une habile modération. Que les nonces laissent Louis XIII combattre l'hérésie par les armes ; il leur conviendra mieux d'exhorter le roi à favoriser la conversion des ministres calvinistes, d'exciter les évêques et les religieux à éclairer les égarés. Dans les milieux parlementaires et sorbonistes aussi bien que parmi les membres du clergé, les agents pontificaux chercheront à se concilier des sympathies ; ils verront à prévenir les différends ; leur est-il impossible d'éviter les *conflits*, ils *s'attacheront à les résoudre par les voies les plus pacifiques*.

Inspirées par un grand esprit de sagesse et de prudence, ces instructions ne nous montrent pas seulement qu'à la cour pontificale on est à la fois très averti de la situation religieuse en France et des problèmes de politique internationale ; elles nous permettent de mieux apprécier ces qualités de chef prévoyant et de politique avisé qui ont fait d'Urbain VIII l'un des papes les plus remarquables du XVIIᵉ siècle.

INSTRUCTION DE SPADA

(23 Janvier 1624)

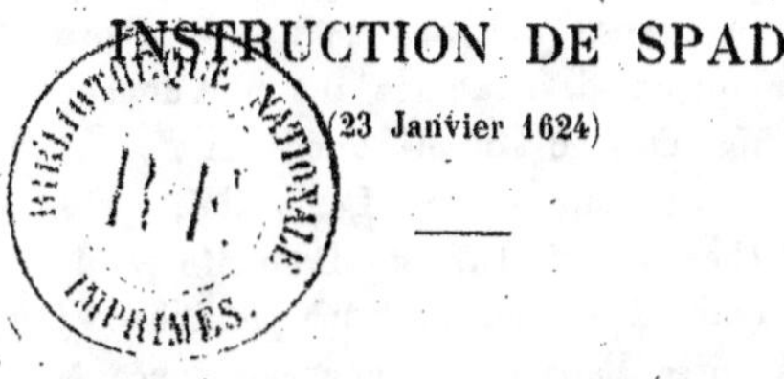

———

I. — Notice biographique

Bernardino Spada (1) était dans sa trentième année,
quand, en 1624, il fut désigné par le pape Urbain VIII
pour aller remplir en France les fonctions de nonce
ordinaire (2). Il était né le 21 avril 1593, à Brisighella,
petite ville de la Romagne. Venu à Rome de bonne
heure, il avait reçu au Collège Romain une éducation
très soignée. Après avoir ensuite étudié successivement
la philosophie à Bologne, le droit à Bologne et à Pérouse,
Spada avait achevé à Rome ses études juridiques et les
avait couronnées en prenant le titre de docteur. Nommé
référendaire de la Signature sous Paul V, alors qu'il
n'avait pas encore vingt-trois ans, il avait eu, sous ce
pape et sous son successeur, un avancement rapide.

---

(1) Ciaconius, *Vitae et res gestae pontificum Romanorum et S. R. E.
cardinalium*, t. IV, Rome, 1677, p. 542. — Ughelli, *Italia sacra*, t. I,
Venise, 1717, p. 277.

(2) Ses lettres de nomination sont du 30 décembre 1623. Cf. Biaudet,
Les nonciatures apostoliques permanentes jusqu'en 1648, Helsingfors,
1910, p. 287.

2

A son avènement, Urbain VIII le trouva clerc de la
Chambre Apostolique, président de l'Acqua Paola, membre des diverses congrégations des Marais, Pontins, de
la fabrique de Saint-Pierre, de la Consulta, etc.

Avant son exaltation au rang suprême, le cardinal
Maffeo Barberini avait remarqué ce jeune prélat, à l'intelligence ouverte, à l'esprit cultivé. Aussi son choix
s'arrêta-t-il sur lui quand, devenu pape, il voulut donner
un successeur à Mgr Ottavio Corsini, nonce en France
depuis 1621. Il l'envoya auprès du roi Louis XIII, après
l'avoir nommé archevêque titulaire de Damiette et lui
avoir conféré la dignité d'assistant au trône pontifical.

Peu de temps après l'arrivée du nouveau nonce à
Paris (1), le cardinal de Richelieu était rentré au conseil
du roi (29 avril 1624) ; au mois d'août suivant, il devint
premier ministre. Ce fut donc avec le grand ministre de
Louis XIII que Spada eut surtout à traiter. Dans toutes
les affaires qui survinrent, que ce fût celle du mariage
du prince de Galles avec Henriette de France, celle de la
Valteline, ou celle du livre du jésuite italien Sanctarelli,
pour ne citer que les plus importantes, le nonce défendit,
sinon avec souplesse, du moins avec intrépidité, les intérêts de la religion catholique et les droits du Saint-Siège (2).
« C'était un homme d'esprit qui savait soutenir son caractère », a écrit de lui Michel Le Vassor, un historien qui
n'est pas suspect d'une trop grande sympathie pour les

---

(1) Spada est entré à Paris le 30 mars 1624 ; voir sa lettre au cardinal neveu du 5 avril 1624 (Archives Vaticanes, fonds des Nunziature, *Francia*, 61, 139).

(2) Sur les négociations de Spada à la cour de France, voir FAGNIEZ, *Le père Joseph et Richelieu*, I, chapit. IV et V ; Abbé HOUSSAYE, *Le père de Bérulle et l'Oratoire de Jésus*, chapit. XIII ; *Le cardinal de Bérulle et le cardinal de Richelieu*, chapit. IV et V.

agents de la cour pontificale (1). Son intransigeante
fermeté contraria à plus d'une reprise les desseins du
cardinal ministre. Aussi, quand, en 1627, Urbain VIII
rappela Spada à Rome, Richelieu vit partir sans regret
ce diplomate aux dispositions peu conciliantes.

Spada avait été promu cardinal au consistoire du 26
janvier 1626, tandis qu'il était encore nonce en France.
A sa rentrée à Rome, il reçut le chapeau et le titre de
Saint-Etienne-le-Rond. Envoyé peu après comme légat
dans la province de Bologne, il y demeura un peu plus
de trois ans. De retour à Rome, Spada y vécut désormais
dépensant son activité dans de nombreuses congrégations.
Urbain VIII ne fit plus appel à ses talents de diplomate
que lors de la guerre de Parme : il le chargea en
septembre 1642 d'aller négocier la paix avec le duc de
Parme. Cette mission fut du reste sans résultats (2).

« Rompu et corrompu dans les affaires » suivant le
mot du cardinal de Retz (3), le cardinal Spada était aussi
un des membres des plus cultivés du Sacré Collège (4).
Son érudition servie par une excellente mémoire était
très étendue. Son goût pour les choses de l'esprit le
porta non seulement à s'adonner aux lettres, mais encore
à encourager les arts : à Bologne, au temps de sa légation,

---

(1) LE VASSOR, *Histoire de Louis XIII*, t. V, Amsterdam, 1717, p. 240.
(2) Sur la mission de Spada, voir Vittorio SIRI, *Il Mercurio*, t. II,
Casal, 1647, pp. 1325-1329.
(3) RETZ, *Mémoires* (édit. FEILLET, GOURDAULT, CHANTELAUZE), V,
Paris, 1880, p. 47.
(4) Dans un ouvrage imprimé à Rome en 1650, *La Balance des cardinaux vivants* (traduction française à Paris en 1652), un contemporain
de Spada a porté sur lui ce jugement : « Ce cardinal est un subjet de
conséquence et a une cervelle bien timbrée et remplie de choses non
vulgaires. Il est docte, historien, politique, et si fort enclain et porté
aux bonnes lettres qu'il laisseroit volontiers toute sorte de conver-
sation pour cette estude ». Cité par AVENEL, *Lettres et papiers d'Etat
du cardinal de Richelieu*, t. II, p. 558.

il aimait à visiter les ateliers des maîtres les plus réputés
de l'Ecole bolonaise, Guido Reni, Guerchin, Albani (1).
Spada aurait pu prétendre à la tiare. Dans l'instruction
au cardinal d'Este pour le conclave qui devait suivre
la mort d'Innocent X, Mazarin le signalait parmi ceux
qui étaient « les plus dignes sujets et plus capables de
soutenir un si grand poids que celui du gouvernement
de l'Église universelle », et il le mettait au nombre des
candidats français (2). Comme Spada ne jouissait pas
au même degré de la faveur du gouvernement d'Espagne,
son élection n'était pas possible. Aussi ne fut-il guère
question de lui au conclave de 1655.

Spada mourut cardinal évêque de Palestrina le
10 novembre 1661 ; il était passé de l'ordre des cardinaux prêtres dans celui des cardinaux évêques en 1646 ;
il avait été successivement titulaire des évêchés subur-
bicaires d'Albano (19 février 1646), de Frascati (29 avril
1652), de la Sabine (23 septembre 1652), de Palestrina
(11 octobre 1655 (3).

II. — Sources du texte de l'instruction

Le texte original de l'instruction n'a pas été retrouvé,
mais il en existe un assez bon nombre de copies
conservées à la Bibliothèque Vaticane (fonds latin de la
Bibliothèque Barberini, mss. 5208, 5256, 5260, 5261,
5537), aux Archives Vaticanes (fonds Bolognetti, ms. 74 ;

---

(1) Moroni. *Dizionario di erudizione storico-ecclesiastica*, t. LXVIII,
Venise, 1854, p. 18.
(2) Hanotaux, *Recueil des instructions données aux ambassadeurs
et ministres de France depuis les traités de Westphalie. Rome*, t. I,
Paris, 1888, p. 9.
(3) Ughelli, *Italia Sacra*, t. I, Venise, 1717, pp. 277, 245, 187, 224.

fonds des Nunziature diverse, ms. 256), à la Bibliothèque
Corsini (ms. 491), à la Bibliothèque de Carpentras (fonds
Inguimbert, ms. 579), à la Bibliothèque Nationale de
Paris (fonds italien, ms. 683). Nous avons presque toujours suivi le texte du manuscrit 5256 de la Bibliothèque
Vaticane qui nous a paru être ordinairement le plus
correct. La comparaison du texte adopté avec les principales variantes que nous indiquerons (1), justifiera,
croyons-nous, notre choix.

III. — Sommaire

Sentiments d'affection du pape Urbain VIII pour la
France, pour le roi et toute la famille royale. Souvenir de
sa nonciature en France. Nomination de Spada. Excel-
lentes dispositions de Louis XIII.

I. — Situation religieuse de la France.

Clergé séculier. Il compte beaucoup d'évêques et de
prêtres aptes à la prédication ; leur zèle doit être excité
parce qu'il y a pénurie de prêtres. Abus auxquels il faut
remédier : la non résidence des curés, des évêques ; la
concession des bénéfices à des indignes ; la vie licencieuse
des curés de campagne.

Clergé régulier. Nécessité d'une réforme dans les ordres
religieux d'hommes et de femmes. Différends des capucins
et des récollets, des oratoriens et des carmes. L'affaire
des carmélites. Les oratoriens et les jésuites.

La Sorbonne. Doctrines gallicanes professées par plusieurs de ses membres. Elles ont trouvé dans Richer un

---

(1) Au texte du ms. 5256 du fonds latin de la Bibliothèque Barberini (B. B.), nous avons surtout comparé celui des manuscrits du
fonds Bolognetti des Archives Vaticanes (A. V.), de la Bibliothèque
de Carpentras (B. C.) et de la Bibliothèque Nationale de Paris (B. N.).

interprète dangereux qu'il faut combattre. La Sorbonne et les privilèges des réguliers. L'archévêque de Paris et les réguliers. Mesures à prendre pour empêcher l'impression et la diffusion des livres dangereux. Les disciples de Richer seront à écarter des cures et des chaires d'enseignement.

Pour guérir ces maux qui affligent l'Eglise de France, le meilleur remède consiste à recevoir les décrets du concile de Trente conformément aux promesses faites par le roi Henri IV, aux désirs exprimés par le clergé et la noblesse. Les nonces l'ont jusqu'ici demandé vainement ; il appartient à Spada de l'obtenir.

Les Huguenots. Le nonce surveillera les agissements de leurs ministres ; afin d'encourager les conversions des pasteurs, il excitera le roi à assurer des pensions à ceux qui reviendraient au catholicisme.

Le Parlement. Ses entreprises contre l'autorité ecclésiastique. Son différend avec l'évêque d'Angers ; Spada s'emploiera pour qu'intervienne une solution qui respecte l'autorité de l'Église. Entraves qu'apporte le Parlement à la réforme du clergé, à l'exercice du droit de répression des livres dangereux. Ses prétentions à faire rentrer sous la loi du concordat de 1516 des provinces qui doivent y être soustraites.

Affaires particulières. Le mariage de M. de Créquy. Correction à demander à Richelieu d'un passage de son traité : *Les principaux points de la foi catholique*, ayant trait à la juridiction ecclésiastique.

II. — Propagation de la foi catholique.

Le nonce ne limitera pas son zèle aux frontières de la France.

Pour favoriser le développement du catholicisme en

Angleterre, le nonce agira de concert avec Tobbie Matthew et Bishop, l'évêque de Chalcédoine. Heureux effets à attendre pour la religion du mariage du prince de Galles avec l'Infante d'Espagne. Spada persuadera au roi de France de ne pas en entraver la conclusion ; la rupture des négociations serait des plus dommageables. Louis XIII sera prié d'intervenir en faveur des catholiques d'Angleterre.

Le Palatin ne doit ni être remis en possession de ses biens, ni recouvrer la dignité électorale. Il importe, au contraire, que le duc de Bavière conserve le titre d'électeur.

Plaintes au sujet de secours donnés à Mansfeld et à Halberstadt.

Principauté d'Orange. Le nonce demandera au roi d'empêcher Maurice de Nassau d'y nommer un président hérétique, d'y continuer les fortifications commencées, d'y donner asile aux hérétiques du voisinage.

III. — Affaires politiques.

La paix universelle dépend des bonnes relations de la France et de l'Espagne. La rivalité de ces puissances a provoqué la ligue de Lyon qui a causé de graves dommages au catholicisme.

Le pape désire maintenir la paix en Italie ; pour l'assurer, il est intervenu dans les négociations de la France et de l'Espagne relatives à la Valteline. Charges qu'impose au trésor pontifical l'occupation de la Valteline ; le roi de France sera prié de l'en indemniser quand même l'Espagne s'y refuserait. Louis XIII n'a rien à craindre de l'accommodement des affaires de la Valteline ; qu'il rassure les princes d'Italie sur l'ambition de l'Espagne.

Succession du duché d'Urbin. Sur la demande du

pape le duc d'Urbir a stipulé qu'à sa mort le Vicariat, Sinigaglia et les autres fiefs appartenant à l'Eglise romaine retourneront au Saint-Siège ; le grand duc de Toscane et les princesses ses tutrices ont promis de respecter cette disposition. La République de Venise et la France l'ont approuvée ; les intentions de l'empereur sont moins claires.

Instructions au nonce pour terminer le différend des capucins et des récollets.

Il n'y avait entre le Saint-Siège et la France d'autre affaire pendante que celle du conflit survenu entre les habitants d'Avignon et ceux du comté de Provence à propos du barrage de la Durance ; elle est aujourd'hui réglée ; il suffira de veiller à l'exécution de l'accord conclu.

IV. — Instructions particulières.

Renseignements concernant la personne du roi, Toiras, les membres du conseil, le duc d'Anjou, Anne d'Autriche, Marie de Médicis.

Le nonce commencera par gagner les esprits par sa franchise et sa largeur de vues ; ce ne sera qu'ensuite qu'il abordera les affaires difficiles. Protestations de dévouement du cardinal François Barberini envers le roi de France.

Intérêts particuliers qu'aura à défendre le nonce ; il informera le cardinal François Barberini de tout ce qui concerne les catholiques d'Écosse.

Enumération de diverses personnes auxquelles le nonce manifestera les sentiments de bienveillance du Saint-Siège.

Relations du nonce avec les ministres des autres princes, avec les nonces des autres cours. Chiffres, brefs et lettres. La maison du nonce.

APPENDICE. — Instruction de la Propagande.

Le patriarche de Constantinople, Cyrille Lukaris, qui répandait en Orient les doctrines calvinistes, a été déposé grâce à l'intervention du roi de France ; un successeur lui a été donné. Mais les Hollandais l'ont fait rétablir. Le nonce remontrera au roi combien l'expulsion de Cyrille importe au catholicisme. Louis XIII sera encore sollicité d'obtenir de la Porte l'autorisation pour les capucins de s'établir à Constantinople ; qu'il recommãnde à ses ambassadeurs de protéger les catholiques d'Orient.

Les archevêques et évêques de France seront invités à s'employer à la conversion des hérétiques. Beaucoup d'archevêques et évêques n'ont pas envoyé au pape et à la congrégation les rapports demandés sur l'état religieux de leurs diocèses ; ils seront priés de s'exécuter.

Droit d'anneau cardinalice. Venue à Rome de Gabriel Sionite pour travailler à la correction de la bible arabe.

Missions des capucins en France. La lutte contre l'hérésie dans les diocèses de Vienne, de Condom, Saint-Malo, Montpellier, Saintes.

Affaire du collège Ecossais à Paris. Son administration a été confiée aux chartreux ; le nonce fera en sorte qu'il passe sous la direction des jésuites.

Nouvelles recommandations au nonce sur la nécessité d'être discret avec le roi.

Obligation pour les carmélites de se soumettre au bref de Grégoire XV confirmé par Urbain VIII.

Instruttione a Monsignor Spada, arcivescovo di Damiata, nuntio destinato appresso la Maestà Cristianissima.

La Francia è *(a)* oggidi con la scorta del suo Cristianissimo re non meno ammirabile per la virtù della cattolica pietà, che formidabile per il valore delle armi *(b)*. A questa corona et a sudditi di essa ha rivolto la Santità di N^{ro} S^{re} une parte del cuor suo. A Sua B^{ne} è molto cara la gloriosa memoria del Grand'Arrigo; verso Luigi il Giusto, oggi regnante, è tenerissima in affetto; e per occasione della nascità di Sua $M^{tà}$, ella vi fu mandata nuntio straordinario (1). La regina madre fece (2) sempre gran conto della $S^{tà}$ Sua tutto quel tempo che N^{ro} S^{re} fu nuntio in Francia e dopo ancora, senza interrompimento d'alcuno benchè minimo dispiacere. Alla regina regnante (3) porta il papa quell'affet-

---

(a) che (B. N.). — *(b)* armi si fa temere et insieme amare, viene honorata della paterna affettione di Sua Beatitudine, gli effetti della quale ne gode insieme Luigi il Giusto, per esser molto cara a S. Stà la gloriosa memoria del Grand'Enrico, padre del regnante, allora che vi fu mandato nuntio straordinario. La regina madre (B. C.).

---

(1) Maffeo Barberini, qui fut pape sous le nom d'Urbain VIII (1568-1644), fut, en 1601, envoyé une première fois en France, comme nonce extraordinaire, pour féliciter Henri IV de la naissance du dauphin, le futur Louis XIII (Couzard, *Une ambassade à Rome sous Henri IV*, Paris, 1901, p. 228 ; Weech, *Urban VIII*, Londres, 1903, p. 24). Il y retourna à la fin de 1604 comme nonce ordinaire. Créé cardinal le 11 septembre 1606, il reçut le chapeau à sa rentrée à Rome le 30 octobre 1607 (Ciaconius, *Vitae et res gestae pontificum Romanorum*, etc., t. IV, Rome, 1677, pp. 494 et 495 ; Weech, *op. cit.*, pp. 25 et 28).

(2) Marie de Médicis (1573-1642), fille de François-Marie de Médicis, grand duc de Toscane et de Jeanne d'Autriche, épousa Henri IV le 27 décembre 1600.

(3) Anne d'Autriche (1602-1666), fille de Philippe III, roi d'Espagne et de Marguerite d'Autriche, épousa Louis XIII en 1615.

tione che merita chi nasce dall' augustissimo *(a)* sangue
austriaco, e chi prima succhiò per *(b)* alimento dell'anima
spiriti grandi di cristiana pietà, che per nodrimento del
corpo il latte.

S. B^ne hebbe fra mano, tutto quel tempo che dimorò
nuntio ordinario nella corte di Francia, negotii gravissimi per honore di questa Santa Sede, per accrescimento
della religione cattolica e per la pace universale del
cristianesimo (1). Sa eccelentemente *(c)* l'importanza
della carica che si appoggia a V. S. ; ond' ella non può
star dubbiosa del gran concetto che habbiamo della
prudenza, del valore, delle buone maniere e de' candidi
costumi di lei, coi quali mezzi si spera che ben presto
ella s'accrediterà et guadagnerà i cuori di chiunque ha
da trattare con V. S. nella corte di Francia, come l'ha
fatto in questa di Roma, alla quale, s'ella tornerà con
accrescimento di merito, non vi ha dubbio che a
proporzione di esso, conseguirà il premio delle sue
honorate fatiche.

Nel re si può credere difficilmente che V. S. habbia
a trovar mai contraditione alle proposte che ella farà

(a) augustissimo austriaco (B. B.). — *(b)* in (A. V.) ; succhiò
alimento (B. N.); succhiò al merito (B. C.). — *(c)* Sa quanta e quale
sia la mole et l'importanza (B. C.).

---

(1) Pour défendre « l'honneur du Saint-Siège », Maffeo Barberini
combattit le gallicanisme ; pour favoriser « le progrès de la religion »,
il pressa Henri IV d'introduire en France les décrets du concile de
Trente ; il obtint en outre du roi la réunion d'une commission de cardinaux et d'évêques chargés de réformer les abus ecclésiastiques et
fit supprimer les livres hérétiques qui, de La Rochelle, se répandaient
dans le royaume. Pour « assurer la paix universelle dans la chrétienté », il entreprit de rapprocher les maisons de France et d'Espagne ;
il chercha même à les unir par les mariages de l'aînée des filles de
Henri IV avec le prince des Asturies, de la troisième avec l'infant
don Carlos (PERRENS, *Les mariages espagnols sous le règne de
Henri IV et la régence de Marie de Médicis*, Paris, 1871, p. 40). Sur
l'activité de Maffeo Barberini pendant sa nonciature, voir WEECH,
op. cit., pp. 26-27.

per avvanzamento della religione cattolica e per stabilire salda pace tra prencipi cristiani, perchè S. M^{tà} è una viva imagine *(a)* de' Pipini, de' Carli, e de' Ludovici, e gareggia con loro nella voglia di beneficare questa S. Sede, e di propagare il nome cattolico.

Quanto alla religione fioriscono *(b)* nel reame di Francia molti ecclesiastici e vescovi *(c)* in particolare, a quali diede Iddio talento non ordinario di predicare, ed ha voluto che lo traffichino pel cielo ne' luoghi di maggior guadagno e più vicini al paese infetto dell'eresia, dando loro la cura sacerdotale et apostolica di quelle chiese. Di questi ella s'informi, et ad essi ricordi ben spesso che non si lascino sedurre dalla libertà del vivere di quelle parti, ne s'atterrischino che, col formento *(d)* della parola evangelica, rinasca talvolta la zizania d'eretica superstitione.

Conoschino che vi è necessaria immediatamente l'opera loro, perchè de' sacerdoti vi è gran penuria, abborrendo essi di stare fra nemici senza gran premio di rendite ecclesiastiche, e se alcuno vi va *(e)*, per lo più non è capace ne sufficiente a sostenere il peso della cura, ne a fare *(f)* alcun profitto spirituale. Le parrocchie *(g)* ampie e copiose di rendite si commettono *(h)* tal volta a persone, le quali, preso che hanno la cura, indi a poco accecate dall'ambitione, la lasciano ritenendo l'entrate, e ne delegano l'amministratione con piccolo interesse a gente che poco vale.

(a) imagine de' Carli (B. C.). — *(b)* favoriscano (B. B.). — *(c)* vescovi a quali in particolare (B. C.). — *(d)* fomento (A. V.; B. C., B. N.). — *(e)* è (A. V.); ha (B. N.); e se vi si trova alcuno (B. C.). — *(f)* ne a fare il solito o veramente alcun (B. C.). — *(g)* Le parrocchie sono ampie e copiose di rendite che si comettono talvolta a persone avare, le quali (B. C.). — *(h)* commettano (B. B.).

Lo scandalo di concedere a laici, anche eretici, e sino alle femmine, i benefitii ecclesiastici, acciochè dandone ad altri il titolo, godino essi tutte le entrate, va togliendolo Sua M^tà (1); ma di maggior profitto per levar via questo abuso sarà che i vescovi abbraccino prontamente l'institutione della Congregatione de Propaganda Fide, e faccino spesse missioni di buoni e dotti religiosi.

S' intende che alcuni vescovi non riseggono nelle loro diocesi, ma dimorano ne luoghi più dilitiosi *(a)* fuori di quelle. Di qua nasce troppo gran pregiuditio alle anime e sono scorse tant'oltre le cose, che vi è stata necessaria l'esortatione a quei vescovi, perchè si astenghino da simile errore ; col re se ne è tenuto proposito e col confessore di S. M^tà, e V. S. facci di nuovo in ciò le sue parti, ma a tempo debito e con destrezza.

I parrochi della campagna menando vita licentiosa tengono strettissima famigliarità con femine, e lo scandalo non è men'abbominevole dell'attione che lo cagiona ; sia d'uopo *(b)* dunque porre ogni studio a sradicarlo, come ancora a rimediare che non si faccino lecito l'andare in abito laicale.

Il Francese non è tolerante dell' *(c)* austerità e delle fatighe del chiostro, ond'avviene che le religioni nel reame di Francia facilmente si rilassano e precipitano in una scandalosa dissolutione. Il rimedio della correttione è malagevole, e più tosto sia di giovamento il

(a) dilettevoli (A. V., B. C., B. N.). — *(b)* sia di scopo (B. C.). — *(c)* nell' austerità (A. V., B. C., B. N.).

---

(1) Un arrêt de règlement du Grand Conseil du 27 mars 1623 avait déclaré « les abbayes et prieurés conventuels vacans et impétrables », et ordonné « la restitution des fruits contre ceux qui ne se font pas promouvoir à l'ordre de prêtrise ». Voir le texte de l'arrêt dans GOHARD, *Traité des Bénéfices ecclésiastiques*, t. VI, Paris, 1774, p. 455.

guadagnare l'animo di chi erra con ottenergli il perdono de'suoi falli ; e l'introduttione delle riforme può contrapesare un tanto male, come ha ben conosciuto il s. cardinale della Rochefoucault (1), il quale si è dato tutto alla riforma de'monaci cluniacensi e cisterciensi, benchè non senza gran resistenza dell'invecchiato cattivo habito di quegli *(a)*. Più detestabile è questo abuso nelle monache non riformate, le quali vivono *(b)* in libertà, non osservano la clausura e macchiano indicibilmente quel candore di pudicitia, che sopra ogn'altra virtù dovrebbe risplendere in loro.

Tra *(c)* medesimi riformati semina il nemico del genere humano triboli di discordie, come si scorge particolarmente tra i francescani chiamati ricolletti e tra i cappucini, a quali cercano quelli d'assomigliarsi ne vestimenti esterni (2). Tra i padri dell' Oratorio et i

(a) quegli più detestabili. Vi è anche un abuso delle monache (B. C.). — *(b)* durano (B. C., B. N.). — *(c)* Le fragment : « Tra medesimi.... esterni » manque dans B. C.

---

(1) Le cardinal François de La Rochefoucauld (1558-1645), grand aumônier de France, évêque de Senlis, reçut du pape Grégoire XV, par le bref *Speculatores domus Israel* du 8 avril 1622, mission de visiter et de réformer les monastères de religieux des ordres de Saint-Augustin, Saint-Benoît, Cluny et Citeaux *(Gallia Christiana,* t. VII, Instrumenta, pp. 168-169). Pour se donner tout entier à l'œuvre de la réforme, le cardinal se démit de son évêché de Senlis, en 1622, et se retira dans son abbaye de Sainte-Geneviève. Sur les réformes qu'il entreprit de 1622 à 1627, voir Dom Paul Denys, *Le cardinal de Richelieu et la réforme des monastères bénédictins,* Paris, 1913, pp. 12-30 ; Féret, *L'Abbaye de Sainte-Geneviève et la Congrégation de France,* t. I, Paris, 1883, pp. 194-210.

(2) Les récollets et les capucins formaient deux branches dans l'ordre des frères mineurs. Les premiers étaient des franciscains réformés que le désir de mener une vie contemplative avait déterminés à vivre dans des maisons de retraite, des *domus recollectionis,* d'où leur était venu leur nom en France. Ils avaient obtenu leur autonomie au commencement du XVIIe siècle. Les seconds avaient, vers 1528, commencé à former un groupe distinct dans la famille franciscaine, afin de pratiquer plus strictement la pauvreté. Des différences dans le costume, surtout dans la forme du capuchon, les distinguaient les uns des autres. De graves dissentiments se produisirent, quand

carmelitani scalzi s'intende che naschino dispareri per
conto delle monache di quest'ordine, le quali furono
introdotte in Francia dal padre Berul, autore dell'Oratorio (1), e commesse alla cura di lui da Clemente VIII
di santa memoria, fino a tanto che i carmelitani
havessero fermato il piede ne' luoghi dove sono le
medesime monache ; le quali procurarono di entrare
sotto il governo di quelli, ma non riuscì loro, perchè
di nuovo da papa Paolo V fu data la cura al medesimo
padre Berul, benchè sei monasterii, cioè due di Bordeaux,
di Limoges, di Burges e di Morlaix habbino ricusato
di obbedire (2) ; onde fu ricorso a papa Gregorio XV,
quale dichiarò doversi tal cura al detto padre, ma
sempre con tanta difficoltà nell' esecuttione per colpa
principalmente delle monache di Bordeaux e di quelle
di Burges, che pertinacemente *(a)* elessero più tosto di

(a) pertinacissime (A. V., B. C., B. N.).

---

les récollets prétendirent supprimer ces différences et s'habiller à la
manière des capucins. Ceux-ci recoururent au pape et, le 23 décembre
1622, ils obtinrent de Grégoire XV une bulle *(Bullarium,* édit. de
Turin, t. XII, p. 646), rappelant celles de Grégoire XIII du 4 octobre
1581 *(Ibid.),* et de Grégoire XIV du 6 juillet 1591 *(Bullarium,* t. IX,
p. 442), qui leur réservaient l'usage exclusif de leur costume. Comme
on le verra plus loin, Urbain VIII fixa les détails du costume des
récollets.

(1) Pierre de Bérulle (1575-1629), fils de Claude de Bérulle, conseiller
au Parlement de Paris et de Louise Séguier, fonda le 11 novembre 1611,
la congrégation de l'Oratoire de Jésus, destinée à raviver la ferveur
dans le clergé et à former des prêtres instruits et vertueux. Non
seulement il a été un des meilleurs ouvriers de la renaissance religieuse en France au commencement du XVII° siècle, mais il a encore
joué un rôle politique important. Son action a été très bien mise en
lumière par l'abbé HOUSSAYE dans ses trois ouvrages : *M. de Bérulle
et les carmélites de France* (1575-1611), Paris 1872 ; *Le père de Bérulle
et l'Oratoire de Jésus* (1611-1625), Paris, 1874 ; *Le cardinal de Bérulle
et le cardinal de Richelieu,* Paris, 1875.

(2) Aucun des manuscrits ne mentionne le carmel de Saintes qui,
comme on le verra par la note suivante, était l'un des six qui avaient
refusé de se soumettre à l'autorité de Bérulle ; selon toute vraisemblance, le texte original devait le signaler.

trasferirsi nella Fiandra che di obbedire (1). Autori di
questa deliberatione furono giudicati alcuni religiosi e
gesuiti in particolare ; uno de' quali, che legge casi di

---

(1) Pierre de Bérulle avait, à l'instigation de Mme Acarie, fondé des
carmels en France avec le concours des carmélites d'Espagne. Par la
bulle du 13 novembre 1603, le pape Clément VIII l'avait établi supérieur des monastères français avec Jacques Gallemant et André
Duval, deux prêtres du diocèse de Rouen ; il avait en outre décidé
« que ces monastères seraient soumis et assujettis à la visite, correction, obéissance et totale juridiction dans les choses spirituelles du
commissaire général de l'ordre des frères dits déchaussés ou réformés
de Notre-Dame du Mont-Carmel alors en charge, et, jusqu'à ce que la
dite règle réformée fût reçue et introduite au royaume de France où
ne se trouvait aucun monastère d'hommes où Dieu fût servi suivant
cette règle, au prieur général de l'ordre des Chartreux ». (HOUSSAYE,
M. de Bérulle et les carmélites de France, p. 532).
Comme les chartreux n'avaient pas accepté la mission qui leur avait
été confiée, Paul V décida, par le bref du 9 septembre 1606, que le
visiteur serait choisi par le nonce de Paris sur une liste de deux noms
présentés par les trois supérieurs généraux ; son mandat serait de
trois ans et serait renouvelable. Les privilèges réservés aux carmes
furent révoqués par ce même bref. En 1614, par un bref du 17 avril,
le pape rendit perpétuelle la charge de visiteur, et l'attribua au
père de Bérulle et à ses successeurs dans les fonctions de supérieur
général de la congrégation de l'Oratoire.
Les carmes réformés avaient, sur l'entrefaite, réussi à établir leur
premier couvent à Paris en 1611. Bientôt ils prétendirent s'ingérer
dans le gouvernement des carmélites ; en 1618, ils acceptèrent de
fonder à Morlaix un carmel qui serait sous leur entière juridiction ;
ils réclamèrent ensuite la direction de tous les monastères érigés en
France. Pour aboutir à leurs fins, ils se concilièrent l'archevêque de
Bordeaux, le cardinal de Sourdis, et ils minèrent sourdement l'autorité du père de Bérulle auprès des religieuses. En 1619 et 1620, leur
campagne commença à produire ses résultats. Des carmélites, dans les
monastères de Bordeaux, de Saintes, de Bourges, de Limoges, contestèrent le pouvoir du supérieur de l'Oratoire et lui refusèrent obéissance. A Bordeaux, le cardinal de Sourdis rendit à l'instigation des
dissidentes une ordonnance plaçant les deux couvents de cette ville
sous « la juridiction, supériorité et visite des carmes déchaussés » ;
en attendant que le provincial fût réellement en exercice de sa charge,
il prit « les dits couvents sous sa conduite, direction et juridiction ».
Peu après, l'archevêque étendit son autorité sur les religieuses de
Saintes qui avaient refusé au père de Bérulle l'entrée de leur monastère. Si les révoltées de Bourges n'obtinrent pas de l'ordinaire,
Mgr Frémiot, de passer sous la juridiction des carmes, du moins
furent-elles soustraites à celle de Bérulle.
Les entreprises des carmes à Morlaix, les premières manifestations
de Saintes et de Bordeaux avaient déterminé Paul V à confirmer par
son bref du 14 mars 1620, celui du 17 avril 1614. Saisi d'une requête
des dissidentes, le pape fit instruire l'affaire et rendit sa sentence
dans le consistoire du 12 octobre suivant. Le père de Bérulle eut
entièrement gain de cause ; les religieuses rebelles se virent imposer
l'obligation de rentrer sous sa juridiction ; ordre fut donné au général
des carmes en résidence à Rome d'imposer silence à ses religieux de

coscienza nel collegio di Claramonte, ha messo fuori una scrittura molto ardita intorno all'autorità del papa, della quale è bene che V. S. *(a)* mandi uno o due volumi, giunta ch' ella sarà alla sua carica (1).

Questo modo di procedere è stata la pietra dello scandalo fra padri dell' Oratorio e la Compagnia di Gesù. Onde è avvenuto che sopra di essa si sono appoggiate

(a) V. S. ne mandi (B. C., B. N.).

France. Par son bref du 20 mars 1621, Grégoire XV confirma le jugement de son prédécesseur.

En dépit des injonctions du Saint-Siège, les carmes ne cessèrent pas de s'agiter, de mener contre le supérieur de l'Oratoire une campagne scandaleuse. Fortes de l'appui du cardinal de Sourdis, les religieuses révoltées s'obstinèrent; il fallut avoir recours à la force pour pénétrer dans les monastères de Bordeaux et de Saintes et notifier aux intéressées les ordres pontificaux. Mais Rome tint bon. Une manœuvre déloyale de l'archevêque de Bordeaux n'eut d'autre effet que celui d'amener Grégoire XV à obliger derechef les dissidentes à obéir à leur supérieur et visiteur ordinaire (bref du 12 septembre 1622). Le bref que publia Urbain VIII, le 20 décembre 1623, confirma toutes les décisions antérieures. Il sera seulement fait allusion à ce dernier bref à la fin de l'instruction.

Plutôt que de se soumettre, les religieuses de Bourges s'exilèrent; elles errèrent de Bruxelles à Anvers, jusqu'au jour où elles s'établirent définitivement à Ypres: Celles de Morlaix se transportèrent en un faubourg de cette ville dépendant de Mgr de Rieux, évêque de Saint-Pol de Léon, qui les prit sous sa protection.

Michel de Marillac, le futur garde des sceaux, a réuni toutes les pièces relatives à cette affaire, dans le *Discours sommaire de l'établissement de l'ordre des religieuses de Notre-Dame du Mont Carmel...*, à Paris, chez Edme Martin, 1623. Le point de vue carme, sur toute cette affaire; a été défendu récemment par le R. P. Albert de Saint-Sauveur, dans son ouvrage, *Les Carmes déchaussés en France. Une persécution qui ne désarme pas*, 3 vol., Paris, 1886-1890. Cf. Abbé Houssaye, *M. de Bérulle et les carmélites de France*, Paris, 1872; *Le père de Bérulle et l'Oratoire de Jésus*, Paris, 1874. Voir surtout le *Mémoire sur la fondation, le gouvernement et l'observance des carmélites déchaussées, publié par les soins du premier monastère à Paris*, t. II, Paris, 1894, pp. 606-819.

(1) Dans l'affaire des carmélites, des jésuites de marque, comme le père Coton, prirent le parti de Bérulle ; d'autres soutinrent, au contraire, les prétentions des carmes. L'un de ces derniers, qui passe pour être le père Bauny (1564-1649), écrivit, pour justifier la conduite des carmélites réfractaires, un mémoire intitulé *Réponse à la demande de M. de Marillac*. Cet opuscule fut publié en 1623 par un éditeur qui disait avoir « recouvert *(sic)* cette réponse contre l'intention de l'auteur et de ses supérieurs ». Serait-ce l'ouvrage auquel fait allusion l'instruction ? (*Mémoire sur la fondation...*, t. II, pp. 799-800 ; et Houssaye, *Le père de Bérulle et l'Oratoire de Jésus*, p. 439).

fabbriche di vilipendio per parte de' cattivi con gran dolore de' buoni. E se bene Mons. l'arcivescovo di Tarsi (1) applicò l'animo a comporre queste discordie, contuttociò resta che far molto a V. S., e sarà lodevole l'opera del suo zelo la reconciliatione di questi religiosi (2).

Il collegio della Sorbona non solamente è il capo dell' Università di Parigi, ma è l'oracolo di tutta la Francia. Con i sorbonisti dunque è necessario che ella tenga buona corrispondenza, ma vi ha tra essi di quelli che, ingannati dall' immaginario nome della Chiesa Gallicana, procurano di sottrarsi dalla maggiore e vera potestà della Romana; non si vergognano di voler limitare l'autorità pontificia, seminano perverse opinioni che il papa sia soggetto al concilio, e che nel temporale manchi di giuridica autorità, che non possa scommunicare i prencipi, non assolvere i vassalli dal giuramento, che i curati habbino nel concilio *(a)* voto decisivo come i vescovi, e che questi non dalla Sede Apostolica ma da Dio immediatamente dej · dino con assoluto dominio dentro alle loro diocesi. Di qua nasce la divisione delle dottrine : la prima è di coloro che difendono l'autorità apostolica come sono i vescovi, in gran parte i regolari,

(a) ne ' concilii (A. V., B. C.).

---

(1) Mgr Ottavio Corsini (1588-1642), archevêque de Tarse, fut nonce en France de 1621 à 1624.

(2) Les griefs des oratoriens contre les jésuites, ceux des jésuites contre les oratoriens ont été exposés dans deux mémoires que Richelieu demanda à l'une et l'autre compagnie à la fin de 1623 en vue de préparer un accommodement. Le mémoire des oratoriens eut pour auteur le père de Bérulle. Le père Prat, dans ses *Recherches historiques et critiques sur la Compagnie de Jésus en France du temps du père Coton*, t. IV, Lyon, 1876, p. 629, conjecture que le mémoire des jésuites fut rédigé par le père Ignace Armand. Ces deux mémoires ont été publiés par l'abbé Houssaye dans *Le père de Bérulle et l'Oratoire de Jésus*, pp. 588 et suiv.

molti preti secolari e dottori della Sorbona ; la seconda,
di quegli che a vescovi danno tanto di autorità che
dicano *(a)* potere nelle loro diocesi lo stesso che' l papa
in Roma, senza che da lui la riconoschino ; di questa
opinione sono seguaci molti vescovi e non pochi del
Parlamento ; la terza, che i curati nelle loro parrocchie
habbino la stessa autorità che i vescovi nelle proprie
diocesi. Dalla perversità di queste due ultime abominevoli dottrine alcuni ascrivono *(b)* la cagione alla copia
de' privilegii concessi alle religioni, de' quali *(c)* e
dell'essentione dalla giuridittione dell' ordinario abusano
i religiosi ; ma la più vera cagione d'ogni male è l'humana
superbia ; è da questa accecato il mondo *(d)*.

Richier, sorbonista, diede fuori un libro di pestifera
dottrina, ch'abbracciato *(e)* da molti avidamente mosse
il cardinale Ubaldino e l'arcivescovo di Sens à condan-
narlo in un sinodo provinciale e a fare che il re lo
facesse imprigionare nella Bastiglia ; dove, imperversato
più che mai, sostiene anche oggi si esecranda opinione,
e benchè scommunicato, non si astiene dal celebrar la
messa, contuttochè contro di lui habbi proceduto il card.
della Rochefoucault (1). Non si è però venuto ad altro

(a) dicono (A. V., B. C., B. N.). — *(b)* asseriscono (B. C., B. N.). —
(c) de' quali trattanti dell' esentione della giuridittione e dell' ordinarii
si abusano (B. C.). — *(d)* Emondo (B. B.). — *(e)* e ch'abbracciato (A. V.,
B. B.).

---

(1) Edmond Richer (1560-1631) a été en quelque manière le réno-
vateur du gallicanisme au commencement du XVIIe siècle. Etant
syndic de la Faculté de Théologie, il publia en 1611, sous le voile de
l'anonymat, un opuscule in-4° de trente pages, intitulé *Libellus de
ecclesiastica et politica potestate*, où il défendait toutes les doctrines
gallicanes sur la constitution de l'Eglise et sur les rapports entre
l'Eglise et l'Etat. Selon lui, le pouvoir réel dans l'Eglise appartient à
l'épiscopat ; véritables souverains dans leurs diocèses, les évêques
réunis forment un corps ayant toute autorité dans l'Eglise universelle ; le pape est à leur tête, mais il n'est que leur mandataire ; il est
un monarque constitutionnel dont les droits sont limités par de nom-

risentimento senza saperne la cagione; perciò V. S.
procuri di penetrarla, et applichi il pensiero a porvi
rimedio; altrimente questo veleno piglierà piéde, e darà
morte alle anime di molti, come pur troppo lo manifesta
la novità che, l'anno passato, fece la Sorbona, censurando
l'opera dal Rodriguez *De priuilegiis regularium*, benchè
S. M^ta e la parte più sana del collegio si opponesse, di
modo che il male non andò più oltre (1); ma, per svellerne

---

breuses lois. Le pouvoir civil n'est pas seulement indépendant du
pouvoir ecclésiastique; il lui est supérieur. Evêque du dehors, le
prince est protecteur de l'Eglise, son gardien, son défenseur; en cette
qualité, il a un droit de surveillance sur l'Eglise, il a le devoir de
maintenir et de garantir les libertés du pays (libertés gallicanes) contre
les usurpations pontificales.

Ces doctrines firent scandale. Défendues par les parlémentaires et
un certain nombre de membres de la Faculté de Théologie, elles trou-
vèrent de nombreux contradicteurs. L'opposition du Parlement empêcha
le nonce Ubaldini d'obtenir de la Faculté de Théologie une sentence de
réprobation; au moins le *Libellus* fut censuré par les évêques de la
province de Sens réunis en concile sous la présidence du métropolitain
le cardinal du Perron (13 mars 1612). Le 24 mai suivant, le concile
provincial d'Aix s'associa à cette condamnation. Le 10 mai, le pape
Paul V l'avait ratifiée et un décret de la congrégation de l'Index de la
même date avait inscrit le *Libellus* au catalogue des livres défendus
(Voir dans E. Puyol, *Edmond Richer*, t. I, Paris, 1876, pp. 366 et suiv.,
la sentence du pape et celle des conciles). Le 1er juillet 1612, Richer se
vit enlever ses fonctions de syndic. Le nonce et les défenseurs de
l'autorité pontificale ne parvinrent pas à le faire incarcérer à la Bastille.
Nous ne voyons pas qu'il ait été excommunié, comme le dit l'instruction.

Ces mesures de rigueur n'amenèrent pas l'auteur du *Libellus* à rési-
piscence; le nombre de ses partisans alla s'augmentant à la Faculté de
Théologie et parmi les curés de Paris. Pour détruire la faction dite des
richéristes, le cardinal de Retz, évêque de Paris, entreprit en 1620 de
faire signer à l'ancien syndic une formule de rétractation qui avait été
rédigée par le docteur André Duval. Non seulement Richer s'y refusa,
mais, en 1622, il publia une nouvelle édition du *Libellus* accompagnée
d'une *Démonstration* où il prétendait établir la parfaite orthodoxie de
son ouvrage. Le cardinal de la Rochefoucauld intervint à son tour:
lorsqu'il alla féliciter Louis XIII de l'heureuse issue de sa campagne
contre les huguenots (1622), il lui dénonça la nouvelle hérésie. Mais
Richer trouva des protecteurs parmi les membres des conseils royaux
gagnés aux idées gallicanes. Après deux entrevues avec Richer,
entrevues qui restèrent sans résultats, le cardinal reçut ordre de
modérer son zèle. E. Puyol, *Edmond Richer*, tt. I et II, Paris, 1876;
Féret, *La Faculté de Théologie de Paris et ses docteurs les plus
célèbres. Epoque moderne*, t. III, Paris, 1904, pp. 389-394; t. IV,
Paris, 1906, pp. 1-15.

(1) Le père Emmanuel Rodriguez (?-1613), portugais, de l'ordre des
frères mineurs de l'Observance, publia à Salamanque, en 1598, le
traité *Quaestiones regulares et canonicae*, qui se répandit beaucoup.

affatto la radice, si procurò che i parrochi sottoscrivessero e professassero avanti a S. M.^{tà} quelle buone opinioni che prima havevano impugnato, a che fare diede molto animo il card. di Richelieu (1) ; nondimeno

Réimprimé à plusieurs reprises; à Tours (1609), à Lyon (1609 et 1613), à Anvers (1616 et 1638), à Cologne (1622), cet ouvrage fut abrégé une première fois par les franciscains de Belgique (Anvers, 1622), une deuxième fois par Jérôme Rodriguez, le neveu de l'auteur (Lyon, 1630 et 1634). (Hurter, *Nomenclator litterarius*, t. I, 2me édit., 1892, p. 229 ; Schulte, *Die Geschichte der Quellen und Litteratur des canonischen Rechtes*, t. III, 1re partie, Stuttgart, 1880, pp. 751-752). En 1609, le père Rodriguez fit paraître à Lyon un autre travail sous le titre : *Noua collectio et compilatio priuilegiorum regularium mendicantium* (réimprimé à Venise en 1611, à Douai en 1613). C'est le premier de ces deux ouvrages avec son résumé, et non le second, comme semble le dire l'instruction pontificale, qui retint l'attention de la Faculté de Théologie de Paris en 1622.

Certains docteurs de la Faculté plus ou moins imbus des doctrines dites richéristes, s'étaient émus des opinions qui s'y trouvaient professées sur les privilèges des religieux, et sur l'indépendance des religieux à l'égard du pouvoir séculier. A la suite de leurs réclamations, la Faculté commit à l'examen des écrits incriminés, MM. de Flavigny, Merlet, Dupuis et Bouret. Dans le rapport qu'ils présentèrent à l'assemblée du 1er juin 1622, ces docteurs déclarèrent avoir trouvé dans l'un et l'autre livre, « différentes propositions très contraires aux deux états (propositiones statui utriusque reipublicae maxime aduersantes...), pernicieuses, erronées, scandaleuses, téméraires, dans lesquelles on abuse des bulles des papes, qui dérogent au concile de Trente, qui sont injurieuses à la dignité des apôtres, qui détruisent l'autorité des pasteurs et des curez dont la véritable bulle est l'Evangile, qui renversent tout l'ordre hiérarchique et même qui outragent les rois et les princes ». (Conclusio S. Facultatis Theologiae parisiensis, D'Argentré, *Collectio iudiciorum*, t. II, Paris, 1728, p. 133). La Faculté renvoya sa sentence à la réunion suivante. Mais, à la suite de démarches d'André Duval et d'autres docteurs qui voulaient empêcher que ne fût prise une décision injurieuse pour le Saint-Siège, le chancelier manda à la Faculté que le roi défendait de passer outre à la censure de ces ouvrages (D'Argentré, *op. cit.*, p. 134).

Il ne servit de rien à la faction gallicane de faire observer au chancelier que l'ordre royal n'avait pas été notifié suivant les formes d'usage (D'Argentré, *op. cit.*, p. 136) ; force fut à la Faculté d'arrêter « que comme on étoit assûré de l'ordre du Roy, il falloit obéir, attendre le retour de Sa Majesté et ne point passer outre dans cette affaire sans sçavoir certainement quelle sera sa volonté » (D'Argentré, *op. cit.*, p. 137). L'ouvrage du père Rodriguez échappa ainsi à la censure. Cf. Puyol, *Edmond Richer*, t. II, Paris, 1876, pp. 191-203 ; Féret, *La Faculté de Théologie de Paris et ses docteurs les plus célèbres. Epoque moderne*, t. III, Paris, 1906, p. 154.

(1) Devenu proviseur de la Sorbonne à la mort du cardinal de Retz (1622), Richelieu s'était, en février 1623, entretenu avec Richer et les principaux docteurs de la Sorbonne ; il avait ensuite signifié aux sorbonistes qu'il assisterait, avec l'archevêque de Rouen, les évêques de Nantes et de Chartres à la prochaine assemblée de la Faculté de Théologie, qu'il leur demanderait de signer deux propositions affir-

appena si mostrarono quelli *(a)* disposti che, dissuasi da
altri, se ne pentirono, mettendo a campo pestifere ragioni,
le 'quali Mons. di Tarsi soppresse *(b)*, restando questo
fuoco *(c)* non estinto ma sopito appena, per gloria di
V. S. che pur dovrà farvi la sua parte prudentemente.

L'arcivescovo di Parigi proibì a qualunque persona che
non fosse parroco, o che dal vescovo non havesse licenza,
di udire le confessioni per otto giorni avanti e dopo la
Pasqua ; onde si rinnovò lo sdegno ne' regolari, i quali,
quantunque habbino obbedito finora *(d)*, vi è però dubbio
se'l faranno *(e)* da qui avanti (1), caso che persista
l'arcivescovo nel suo proposito. Il predecessore di V. S.
ha prudentemente fatto intendere al medesimo arcivescovo che saria forse bene andare destreggiando ; ed ella,
informata che sarà pienamente di questo fatto, potrà
interporre gli ufficii suoi conforme al bisogno che vi
conoscerà.

Le stampe de' libri proibiti *(f)* sono il fomite delle
dottrine false, et è necessario che ella procuri di tenersi
amorevoli i librari, acciochè l'avvisino di mano in mano

(a) quegli deposti che discacciati da altri se ne pentirono (B. C.).
— *(b)* sopì (B. C., B. N.). — *(c)* fuoco sopito non estinto, ma sarà
più gloria di V. S. se, col far la parte sua prudentemente, estinguerà
del tutto il foco già sopito (B. C.). Le fragment « per gloria… prudentemente » manque dans A. V. — *(d)* sin hora, vi è puoco dubbio se'l
faranno (B. N.). — *(e)* faranno per l'avvenire (B. C., B. N.). —
(f) « proibiti » manque dans B. B.

mant le droit du pape de faire des lois obligeant en conscience les
fidèles, de donner aux religieux des privilèges pour entendre les
confessions par tous les diocèses. Il ne semble pas que le cardinal ait
donné suite à ce dessein. Cf. E. Puyol, *Edmond Richer*, t. II,
pp. 207-210.

(1) Jean François de Gondi (1584-1654) avait succédé à son frère
le cardinal Henri de Gondi sur le siège de Paris en 1622. L'évêché avait
été à cette même date érigé en archevêché.

D'après une lettre du nonce Corsini à Jacques Camus, évêque de
Séez, du 26 décembre 1623, cette mesure hostile aux religieux aurait
été prise à la fin de 1622 (Prat, *Recherches historiques et critiques
sur la Compagnie de Jésus en France du temps du père Coton*, t. IV,
Lyon, 1876, p. 657).

de' libri che si stampano, imperocchè, stampati che sono, porta seco difficoltà l'ottenerne la proibitione. L'istessa cautela conviene usare con l'impressore, e quando si trovi ritroso in ubbidire a lei, ella ricorra al Gran Cancelliere che vi provegga (1).

I seguaci di Richier, V. S. procuri che non siano ammessi alla cura delle parrocchie et alle cathedre pubbliche.

A tanti abusi et inconvenienti niun rimedio vi è che più opportuno sia dell'osservanza del sacro concilio di Trento, alla quale è tenuto di cooperare con la sovrana autorità sua il re, perchè il detto concilio s'havesse a ricever et osservare nella Francia; fu una delle conditioni con le quali Herrigo IV ottenne di esser ribenedetto, e ch' *(a)* egli promise di osservarlo alli cardinali di Fiorenzà et Aldobrandino, legati in quei tempi (2). Il clero ne fa

(a) et egli (A. V., B. C., B. N.).

---

(1) Depuis la seconde moitié du XVI° siècle, le chancelier était chargé de la surveillance de la librairie. Aux termes de la lettre-patente de Charles IX du 10 septembre 1563, aucun livre ne pouvait être imprimé sans examen préalable et sans permission du roi expédiée sous le grand sceau de la chancellerie. Cette disposition fut maintenue par l'ordonnance de 1566, les lettres-patentes de 1571, la déclaration du 11 mai 1612. Cf. VIOLLET, *Le roi et ses ministres*, Paris, 1912, pp. 186-189.

(2) Une des obligations que le pape Clément VIII avait imposées à Henri IV, lorsqu'il avait consenti à lui accorder, le 17 septembre 1595, la sentence d'absolution, avait été de publier le concile de Trente. Les représentants du roi, Du Perron et d'Ossat, n'y avaient pas contredit, tout en faisant des réserves pour les décrets qui pouvaient être contraires aux lois du royaume (MIGNOT, *Histoire de la réception du concile de Trente dans les divers états catholiques*, t. II, Paris, 1756, p. 230). En 1596, Henri IV renouvela au cardinal légat, Alexandre de Médicis, les promesses de ses mandataires (L'EPINOIS, *La Ligue et les papes*, Paris, 1886, pp. 631-641). Il fut encore question de la réception du concile de Trente en janvier 1601, dans les conférences que le roi eut à Lyon avec le cardinal Aldobrandini (RICHARD, *La légation du cardinal Aldobrandini et le traité de Lyon*, dans la *Revue d'histoire et de littérature religieuses*, t. IX, 1903, p. 146).

Le cardinal Alexandre Médicis, le futur Léon XI, connu jusqu'à son élévation au rang suprême sous le nom de cardinal de Florence (1535-1605), fut en 1596 envoyé en France comme *légat a latere* pour sceller la réconciliation du roi avec le Saint-Siège. (L'EPINOIS, *op. cit.*).

Le cardinal Pierre Aldobrandini (1571-1621), neveu de Clément VIII,

frequentissime istanze ; l'ordine ecclesiastico e la nobiltà
l'hanno accettato *(a)* e soscritto. L'antecessore di V. S.
e gli altri nuntii avanti lui incessantemente hanno *(b)*
premuto in questo negotio, e gli ha proposto che si
deputassero persone ben informate delle costitutioni della
Francia ad effetto di riconoscere quali siano quelle cose *(c)*
del concilio predetto che contrariano all'autorità et ordini reali, per potervi applicare rimedio con l'autorità de'
Sommi Pontefici. I ministri hanno ricusato il partito col
pretesto che perciò si sarebbono sdegnati et intimoriti
gli ugonotti, che i Parlamenti violentemente *(d)* si
sarebbero opposti. Questa è cura che resta a V. S., ma
conviene, prima di reassumerla, ch'ella si sia accreditata
col re e coi ministri, e v'ha bisogno *(e)* di spirito, di
destrezza e zelo. per condurre a fine una simile negotiatione (1).

(a) ricevuto (B. C.). — *(b)* hanno con ogni instanza proposto che
(B. C.). — *(c)* cose che dal concilio sono state proposte per contrastare a gli ordini reali e contrariare all'autorità de' supremi ministri,
acciò vi si possa applicare il rimedio con la potestà de' Sommi Pontefici
(B. C.). — *(d)* « violentemente » manque dans A. V., B. C., B. N. —
(e) bisogno di suprema destrezza (B. C., B. N.).

vint en France en 1600, en qualité de légat a latere, afin de rétablir
la paix entre Henri IV et le duc de Savoie et d'obtenir le concours de
ces deux princes pour une expédition que le pape méditait contre les
Turcs. Sur sa mission, voir RICHARD, *La légation du cardinal Aldobrandini et le traité de Lyon* dans *la Revue d'histoire et de littérature
religieuses*, t. VIII (1902) et t. IX (1903).
(1) Depuis la clôture du concile de Trente, le clergé de France
avait à maintes reprises demandé en ses Assemblées la réception et la
publication des décrets. Aux Etats Généraux de Blois, en 1576, il
décida de supplier le pape de permettre de publier le concile avec
toutes réserves pour les libertés de l'Eglise gallicane. Les conciles
provinciaux de Rouen (1581), de Reims, Tours et Bordeaux (1583), de
Bourges (1584), d'Aix (1585), de Toulouse (1590), de Narbonne (1609)
réclamèrent la publication intégrale du concile de Trente. Une
dernière tentative fut faite aux Etats Généraux de 1614 : le clergé y
demanda la publication « sans préjudice des droits du roi et privilèges de l'Eglise gallicane » (RICHELIEU, *Mémoires*, t. I. édit. de la
Société de l'Histoire de France, Paris, 1907, p. 325). Le clergé rallia la
noblesse, mais il se heurta à l'opposition du Tiers-Etat. Après cet
échec, l'Assemblée du clergé de 1615 proclama solennellement que

Tra gli ugonotti vi sono i ministri, i quali s'usurpano
il ministerio di predicare, di sopraintendere alla disciplina, e di distribuire elemosine; questi, come persone
d'autorità, vomitano sempre veleno di zizanie fra cattolici e contro i Sommi Pontifici Romani; fanno ben
spesso colloquii et assemblee nelle quali, se V. S.
potesse comperare la relatione d'alcuni di quegli che
v' intervengono, le riuscirebbe ancora *(a)* troncare
molti disegni perversi con implorare a tempo gli aiuti di
S. M^tà. I detti ministri, oltre a gli stipendi *(b)* proprii
che cavano dalle loro nuncupate chiese, hanno sussidi
dal re per virtù degli editti di Nantes; ma, perchè tra
essi vi ha alcuni che perseverano nel dannato ministerio
per timore di povertà, l'ordine ecclesiastico della Francia
suol concedere pensione a quegli che vengono *(c)* alla
vera religione cattolica (1). Il re si è lasciato intendere

(a) ancora per troncare (B. C., B. N.). — *(b)* incendii (A. V.); sus-
sidii (B. C.). — *(c)* vengono nella religione (A. V.); alla religione (B. C.,
B. N.).

---

l'Eglise de France tenait le concile pour bon et publié et se confor-
merait en *tout à ses décrets.*
  Dès 1588, le pape Sixte V avait promis d'accorder toutes les
concessions possibles en ce qui touchait la discipline. Voir Serbat,
Les Assemblées du clergé de France, Paris, 1906, pp. 271-321. Cf.
Mignot, *op. cit.*
  (1) En 1598, l'Assemblée du clergé avait résolu, sur la proposition
de l'agent général Berthier, de lever chaque année une somme de
3.000 écus sur tous les bénéficiers de France, les curés exceptés, afin
de distribuer des secours « aux ministres vraiment convertis et qui
auront fait preuve de leur conversion par bonne vie et fruits dignes
de pénitence entre lesquels seront préférés les originaires français. »
*(Collection des procès-verbaux des Assemblées générales du clergé
de France*, Paris, 1767, pp. 653-654). A la suite du bref que le pape
Paul V avait, le 10 juin 1608, envoyé au clergé de France pour
l'exhorter, suivant le désir du roi Henri IV, à consacrer une partie
de ses revenus à venir en aide aux nouveaux convertis, l'Assemblée
du clergé de 1608 éleva l'allocation à 30.000 écus, et précisa, dans sa
séance du 6 août, les conditions auxquelles les ministres convertis
seraient admis à avoir une pension sur ce fonds. Voir le texte du bref
et les dispositions arrêtées dans le *Recueil des actes, titres et
mémoires concernant les affaires du clergé de France*, t. VIII, Paris,
1769, pp. 1503-1506. L'Assemblée du clergé, en 1615, donna une forme

di voler fondar per questi un' entrata *(a)* certa, operà
veramente degna di un re Cristianissimo e d'esser pro-
mossa e riscaldata da un ministro apostolico com' è V. S.

De' Parlamenti è grandissimo l'ardire, e non solamente alzano talvolta la testa contro l'autorità regia,
ma calpestrano la giuridittione ecclesiastica, e col
titolo che si sono arrogati di difensori de' sacri canoni,
s'ingeriscono in tutte le materie spirituali per via di
possessorio *(b)*, mediante una biasemevole introduttione
che chiamano di appello come d'abuso, e pronunciano
ancora nel petitorio (1) ; sopra i brevi pontificii et alle

(a) entrata, certo opera (B. C., B. N.). — *(b)* possesso (B. C., B. N.).

définitive à cette institution par son règlement du 15 juillet (*Ibid.*,
p. 1507). Une légère modification fut apportée à ce règlement en 1621 :
jusque là, l'Assemblée du clergé s'était réservé de fixer le taux de la
pension ; comme elle ne se tenait qu'à des intervalles assez éloignés, il
fut décidé que les prélats résidant à Paris pourraient accorder des pensions (*Collection des procès-verbaux, etc.*, t. II, Paris, 1768, p. 373). Cf.
Serbat, *Les Assemblées du clergé de France*, Paris, 1906, pp. 326-329 ;
Bourlon, *Les Assemblées du clergé et le protestantisme*, Paris, 1909,
pp. 109-113.

(1) Lorsqu'un bénéfice est matière à contestation, deux procès peuvent s'instruire : l'un, pour établir qui détient ou *possède* le bénéfice,
que ce soit légitimement ou non ; l'autre, pour décider qui en est le
véritable propriétaire. Le jugement qui intervient dans le premier est
dit *iudicium possessorium* ou possessoire ; celui qui termine le second
est le *iudicium petitorium* ou pétitoire. L'appel comme d'abus est un
appel juridique par lequel est demandée au roi ou à ses officiers « répa-
ration de quelque grief reçu de la part du pape ou des évêques »,
réformation ou annulation d'un jugement rendu en cour ecclésiastique
contrairement aux lois, coutumes du royaume ou canons reçus dans
le royaume.

Jusqu'au XVI* siècle, les tribunaux ecclésiastiques et civils se
disputèrent la connaissance du possessoire ; l'ordonnance de Villers-
Cotterets, du mois d'août 1539, consacra la victoire des Parlements.
« On n'a guère vu depuis, écrit Févret, l'auteur d'un ouvrage clas-
sique sur la matière, que les juges ecclésiastiques, en quelque cas que
ce soit, se soient entremis à vouloir connaître du possessoire des
choses spirituelles. » (*Traité de l'Abus*, t. I, Lausanne, 1778, p. 429).
D'une manière générale, la connaissance du pétitoire resta, jusqu'à la
fin du XVI* siècle, réservée au tribunal ecclésiastique ; mais l'empiètement sur le possessoire ne tarda pas à avoir pour effet de lui
enlever aussi la connaissance du pétitoire. Les Parlements s'effor-
cèrent, d'une part, de rendre inutile le recours au pétitoire devant le
juge ecclésiastique, en prononçant un jugement dit de pleine maintenue, c'est-à-dire un jugement accordant le bénéfice à la partie dont
les droits étaient bien évidents ; ils exigèrent, d'autre part, que le

speditioni di Dateria fanno rigorosi esami e censure ; e se
alcuno zelante dell' immunità e giuridittione ecclesiastica la difende, lo maltrattano con aspre minacce. Non
deve però tralasciarsi di dar lode all'attione ch'ultimamente fece il Gran Consiglio, qual preferì a *(a)* Giovanne
Maierau e René Ravault, respettivamente provisti da S.
M^ta di un canonicato della cathedrale di Nantes, Michel
du Breil, provisto *(b)* apostolico del medesimo canonicato ;
l'accuratezza del quale fu tanta che fece stampare
l'arresto del Parlamento (1).

Ma fa di bisogno ripigliare le doglianze de' travagli
che ingiustamente vengono dati, sotto pretesto d'applicatione come d'abuso, a Mons. vescovo d'Angiers ; il quale
havendo prescritto una certa legge concernente le pro-
cessioni e punito li trasgressori di quella con la scommu-
nica, l'arcidiacono, che fu uno *(c)* de' disubbidienti,
appellò come d'abuso al Parlamento. Donde si mosse il
vescovo a replicar contro di costui le censure, perchè
havesse ricorso al tribunale laico. Sdegnossi perciò il
Parlamento, e contro la persona del vescovo fece un
arresto molto scandaloso, comandando al medesimo
vescovo ch'assolvesse il reo, e perchè, come doveva *(d)*,
non obbedì, un consigliere ecclesiastico hebbe ardire di

(a) Giovanne e Reno Prauaule (A. V.). — *(b)* provisto appresso del.
(B. C., B. N.). — *(c)* un disubbidiente (B. C.). — *(d)* diceva (B. B.).

jugement au pétitoire fût conforme au jugement au possessoire ;
quand il n'en était pas ainsi, ils en appelaient comme d'abus. Par
ces diverses manœuvres, les magistrats se rendirent maîtres du pétitoire. Toutes ces entreprises *contre la juridiction ecclésiastique,*
entreprises auxquelles fait allusion l'instruction, furent dénoncées à
plusieurs reprises par le clergé dans ses Assemblées et aux Etats
Généraux de 1614. Cf. Delannoy, *La Juridiction Ecclésiastique en
matière bénéficiale dans l'ancien régime en France,* Paris, 1910,
pp. 120-159.

(1) En 1624, Michel Du Breuil appartient, comme aumônier, à la
maison de Mme Henriette-Marie de France. Voir Griselle, *Etat de la
Maison du Roi Louis XIII,* etc., Paris, 1912, p. 84.

conceder tale assolutione. Al vescovo sono state sequestrate l' entrate; i prelati della corte ricorrono al re, il Parlamento s'oppone (1). L'antecessore di V. S. s'è

---

(1) Charles Miron (1570-1628), avait été nommé évêque d'Angers en 1588. En 1616, il s'était démis de son évêché en faveur de Guillaume Fouquet de la Varenne; mais, à la mort de ce dernier, en 1621, il avait repris possession de son siège. En 1626, il fut transféré à l'archevêché de Lyon, où il mourut en 1628.

Charles Miron était entré en conflit avec le Parlement à la suite de mesures de rigueur qu'il avait prises contre Pierre Garande, archidiacre de l'église Saint-Maurice, l'église cathédrale d'Angers. Brouillé avec son chapitre qui avait argué de privilèges d'exemption pour refuser de se soumettre à sa juridiction, l'évêque d'Angers avait, en 1623, décidé d'accomplir les cérémonies de la Semaine Sainte dans une autre église que son église cathédrale; le 8 avril 1623, il avait commandé aux curés de la ville et des faubourgs d'Angers d'assister en l'église Saint-Pierre à la bénédiction des saintes huiles, le Jeudi Saint. Comme l'archidiacre Pierre Garande avait refusé d'obtempérer à cet ordre, Charles Miron avait prononcé contre lui la peine de la suspense (13 avril 1623). Garande en appela au Parlement comme d'abus et demanda aux magistrats de lui désigner un évêque qui lui donnerait l'absolution ad cautelam. Mis en demeure par son évêque les 31 mai, 6 et 10 juin de « délaisser les poursuites de son appel devant les juges temporels », l'archidiacre s'obstina; pour cette raison, il fut excommunié le 14 juin. Pierre Garande en appela derechef. Le Parlement qui avait pris fait et cause pour lui, rendit, le 30 juin, un arrêt enjoignant à l'évêque d'absoudre l'archidiacre; le temporel de l'évêque serait saisi jusqu'au temps où il aurait été satisfait audit arrêt. L'évêque de Maillezais avait, le 31 mai, reçu des magistrats mission d'absoudre ad cautelam Pierre Garande. A son défaut, Guillaume Ruelle, conseiller clerc, chantre et chanoine de l'église de Paris, grand vicaire de l'archevêque de Lyon, fut désigné par un arrêt du 24 juillet; le 25 juillet, il s'exécuta.

Charles Miron préféra laisser saisir ses biens plutôt que de céder aux injonctions du Parlement. Les prélats présents à la cour protestèrent contre cet empiètement des magistrats sur les droits de l'autorité ecclésiastique; en une requête signée par Blondeau, l'agent général du clergé de France, ils demandèrent à Sa Majesté de « donner mainlevée de toute saisie... sur les biens dudit sieur évêque d'Angers ou ses dits officiers, sauf audit archidiacre à se pourvoir, si bon lui semble, par devant les supérieurs ecclésiastiques. » Louis XIII répondit à cette requête en évoquant à sa personne le différend (6 octobre 1623). Voir toutes les pièces relatives à cette affaire dans le *Mercure François*, t. X, Paris, 1625, pp. 512-561; cf. Le Vassor, *Histoire du règne de Louis XIII*, t. V, Amsterdam, 1717, pp. 49-56.

C'est à tort, ce nous semble, que le cardinal François Barberini met à l'origine du conflit de l'évêque d'Angers avec son archidiacre la violation d'une ordonnance sur les processions. L'ordonnance à laquelle il songe est sans doute celle par laquelle Charles Miron avait, en 1612, interdit aux religieuses du Ronceray de sortir de la clôture et de se mêler au peuple lors du passage du Saint Sacrement dans leur église. Elle avait été cassée, en 1615, par un arrêt du Parlement; l'évêque prétendit néanmoins la faire respecter en 1623. On ne voit pas qu'il en ait été directement question dans le différend avec Pierre Garande. Voir le *Mercure François*, t. X, pp. 563-566.

adoperato efficacemente con S. M^{tà}, acciochè per questa
via non resti abolita l'autorità apostolica, et ha risposto
S. M^{tà} che in tutto quello che concerne la Chiesa e'l
contentamento proprio di N^{ro} S^{re} egli farà il possibile,
ma che talvolta i prelati transcorrono. Al che prudentemente rispose *(a)* l'arcivescovo di Tarsi esser dovere che
anche questi si trattenghino dentro a i limiti della loro
autorità, ma ch' era insoffribile l'animosità con la quale i
Parlamenti si arrogano la giudicatura *(b)* delle cose
spirituali, et è cosa inaudita e scandalosa che essi
ponghino mano ad assolvere gli scommunicati *(c)* dagli
ordinarii. Per queste medesime orme *(d)* dovrà V. S.
promuover *(e)* cosi grave affare, ne ha da cedere se non
con vittoria, avvisando di mano in mano quanto farà
bisogno, acciochè qui ancora possiamo dar calore a gli
uffici che V. S. farà, lasciandoci *(f)* intendere all'ambasciatore di S. M^{tà} del dispiacere che N^{ro} S^{re} è per
prendere di questo fatto, se non vi si trova rimedio
con dignità della Sede Apostolica.

Osano d'avvantaggio i medesimi Parlamenti d'impedire
che le deliberationi de' vescovi *(g)* e de' superiori de'
regolari per correttione de' proprii sudditi; s'oppongono *(h)*
alla proibitione de' libri perniciosi. Onde è convenuto
all'antecessore di V. S. di tralasciar l'impresa ch'haveva
incominciato per ordine del Santo Offizio di far proibire
l'opere dello Servino, del Vigor, del Richer, et del
Tuano (1).

(a) ha replicato (A. V., B. C., B. N.). — *(b)* giustitia (A. V., B. C.,
B. N.). — *(c)* scommunicati offitii soliti degli (B. C.). — *(d)* armi
(B. C.). — *(e)* promuovere i grandi affari (B. C.). — *(f)* lasciandosi
(B. C.). — *(g)* vescovi de' superiori e de' regolari (B. C.). — *(h)* oppo-
nendosi (B. C.).

—————————————————————

(1) *Louis Servin (1555-1626), conseiller du roi en son conseil d'Etat,
avocat général au Parlement de Paris, fut, parmi les parlementaires,
un des principaux tenants des doctrines gallicanes. Il les défendit*

Trapassano anche questo segno, e con l'avidità di
usurparsi le ragioni che non son loro, favoriscono chiunque a essi ricorre, et, in questa maniera, procurano di
soggiogare le provincie a loro non soggette, come la
Bretagna, la Provenza e la Borgombrescia e le città
ancora, nelle quali *(a)* non ha luogo il concordato di
Francia, ma i Germanici *(b)* come Metz, Toul e Verdun (1);

(a) quali ancora (A. V., B. N.). — *(b)* ma i compatti di Germania
(A. V.); i compattati di Germania (B. C., B. N.).

---

avec âpreté dans des ouvrages et des discours qui furent vivement
attaqués par les partisans de l'autorité pontificale. Ses principaux
écrits sont les *Vindiciae secundum libertatem Ecclesiae Gallicanae et
defensio regii status Gallo-Francorum sub Henrico rege,* Tours,
1590, Genève, 1593, réimprimé dans GOLDAST, *Monarchia S. Romani
Imperii,* t. II, Francfort, 1613, pp. 178-276 ; *Actions notables et
plaidoyés,* 1603, réimprimé en 1620, 1626, 1650 ; *Pro libertate status
et reipublicae Venetorum Gallo-Franci ad Philenetum epistulae,* 1606.

Simon Vigor (1655-1624), conseiller au Grand Conseil, a été un
des plus chauds défenseurs de Richer. C'est pour soutenir les thèses
du *Libellus* qu'il publia à Cologne, en 1613, le *Ex responsione synodali
data Basileae oratoribus D. Eugenii papae IV in congregatione
generali III non. septembris MCDXXXII. De auctoritate cuiuslibet
concilii generalis supra papam et quoslibet fideles pars praecipua et
in eam commentarius.* A la réponse que le docteur André Duval
opposa l'année suivante (voir plus loin, p. 65, n. 6), Vigor répliqua, en 1615,
par son *Apologia de suprema Ecclesiae auctoritate aduersus
M. Andraeam Duval,* qui fut publiée à Troyes. Il fit paraître ensuite
les traités suivants : *Assertio fidei catholicæ ex quatuor prioribus
conciliis œcumenicis,* 1618 ; *De l'estat et gouvernement de l'Eglise,*
Troyes, 1621. Ces divers ouvrages devaient avoir un regain de faveur
lors des querelles gallicanes de 1682 ; ils furent alors réunis en un
volume et publiés en 1685 par les libraires Pierre AUBOUYN et Jacques
SILLERY. Cf. PUYOL, *Edmond Richer,* t. II, pp. 228-254.

Jacques Auguste de Thou (1553-1617) baron de Meslai, président
à mortier au Parlement de Paris a laissé entre autres ouvrages une
Histoire de son temps, où il a exposé la suite des événements de 1545
à 1607 (*Historiae sui temporis libri CXXXVIII,* 7 vol., Londres, 1733).
Cette œuvre très réputée était suspecte à Rome à cause de ses ten-
dances gallicanes. Mise à l'index par un décret du 14 novembre 1609,
elle y fut maintenue, en dépit des protestations du Parlement, par un
nouveau décret du 30 janvier 1610. Sur les incidents auxquels donna
lieu cette condamnation, voir PRAT, *Recherches historiques et critiques sur la Compagnie de Jésus en France du temps du père Coton,*
t. III, Lyon, 1876, pp. 186-189 ; RANCE, *De Thou, son Histoire universelle et ses démêlés avec Rome,* Paris, 1884, pp. 144-158.

(1) Le Saint-Siège prétendait que le concordat de 1516 n'était
applicable en tous ses articles que dans les provinces qui faisaient
partie du royaume à l'époque où il avait été conclu. La Provence
dont le roi de France était devenu comte en 1481, mais qui, en 1516,
n'était pas encore considérée comme une province de France (VIOLLET,

ammettono ne loro consigli declamationi contro questa Santa Sede e la corte Romana di chiunque si fa seguace del pessimo esempio del Servino. A questi abusi e pessime introduttioni non acconsentono il Procurator Generale (1), alcuni presidenti e consiglieri del Parlamento, de' quali ella piglierà notitia dal suo antecessore, et al favore di quegli ricorrerà ne' prefati e simili bisogni.

È seguito ultimamente un accidente di molta consideratione, del quale *(a)* sino a quest' hora il nuntio si è dimostrato non consapevole ; et è che Monsu de Crichi, havendo preso per moglie un altra figliuola del Gran Contestabile Dighières e pretendendo consumar con essa il matrimonio senza altra dispensa (2), andò alla parrocchia

(a) quale fin hora (A. V., B. C., B. N.).

Le roi et ses ministres, pp. 13-14), la Bretagne réunie au domaine en 1532, la Bresse annexée à la suite du traité de Lyon de 1601, les Trois Évêchés de Metz, Toul et Verdun occupés depuis 1552, devaient donc, suivant la théorie romaine, échapper à la loi du concordat de 1516. Les parlementaires n'admettaient pas ces distinctions : l'accord de Léon X et de François Ier avait eu pour objet, disaient-ils, de fixer les formes du gouvernement ecclésiastique dans tous les pays qui seraient de la dépendance du roi de France ; il valait pour toute l'étendue du territoire (*Recueil des actes, titres et mémoires concernant les affaires du clergé de France*, t. X, Paris, 1770, pp. 304 et 305 et l'*Abregé des Mémoires du clergé de France*, Paris, 1771, pp. 421 et 422).

Par les concordats d'Allemagne (*i Germanici*), le cardinal François Barberini entend l'acte signé le 17 février 1448 par le pape Nicolas V, l'empereur Frédéric III et les princes d'Allemagne pour régler les relations du Saint-Siège avec l'Église d'Allemagne.

(1) Mathieu Molé (1584-1656), seigneur de Lassi et de Champlastreux, conseiller au Parlement de Paris en 1606, président aux enquêtes en 1610, avait été nommé procureur général en 1614. Il devint premier président en 1641, garde des sceaux en 1656. Il a laissé des *Mémoires* (édit. CHAMPOLLION et FIGEAC, *Société de l'Histoire de France*, 4 vol., Paris, 1855-1857).

(2) Charles de Créquy (1578-1636), sire de Créquy et de Canaples, prince de Poix, maréchal de France depuis 1621, avait, en mars 1595, épousé Magdeleine de Bonne, fille de François de Bonne, seigneur, puis duc de Lesdiguières et de Claudine Berenger. Devenu veuf, il épousa, en décembre 1623, sa belle-sœur, Françoise de Bonne, issue d'un second mariage du duc de Lesdiguières avec Marie Vignon. Françoise de Bonne avait été mariée, à l'âge de huit ans, à Charles-René du Puy, seigneur de Montbrun; mais le mariage n'avait pas été consommé. Pour qu'elle pût contracter une nouvelle union avec le duc de Créquy, elle devait obtenir de l'autorité ecclésiastique une sentence annulant son premier mariage et une dispense de l'empêchement d'affinité. Comme Françoise

per udir la messa e per celebrar con l'intervento del parroco il matrimonio ; il che ricusando *(a)* di fare il parroco
per defetto delle solennità richieste dal sacro concilio di
Trento (1), se ne tornarono i pretesi sposi alle case loro, e
da un semplice sacerdote fecero solennizare il matrimonio
loro, con haverlo consumato la sera stessa. Come questo
negotio resti alla partita del suo antecessore *(b)*, ella
l'udirà da lui, rimettendosi, quando le ne *(c)* sarà
trattato, alle determinationi che si faranno qui, dove
scrive l'arcivescovo di Tarsi che giugnerà un tal padre
Riviera per supplicare della dispensa (2).

Mons. Illmo cardinale di Richelieu ha scritto elegante-
mente in idioma francese, la Difesa di alcuni capi principali della fede cattolica contro una di alcuni ministri
eretici di Sciarantone *(d)*, tradotto poi in lingua latina (3).

(a) negando (A. V., B. C., B. N.). — *(b)* antecessore, l'udirà (B. C.);
l'intenderà (B. N.). — *(c)* le sarà (A. V., B. C., B. N.). — *(d)* Schira-
monte (A. V.); Sciarmont (B. C., B. N.).

-----

de Bonne avait appartenu à la religion réformée, l'autorité ecclésiastique prétendait en outre s'assurer qu'elle avait vraiment abjuré. Voir
la lettre de Spada au cardinal secrétaire d'Etat du 9 mai 1624 (Archives
Vaticanes, Nunziature, *Francia*, 61, f° 196).

(1) Le concile de Trente avait défendu de célébrer solennellement
les mariages en temps clos, c'est-à-dire dans la période qui s'écoule
entre le premier dimanche de l'Avent et le jour de l'Epiphanie, entre
le mercredi des Cendres et la fin de l'Octave de Pâques (Sess. XXIV,
cap. X). Le duc de Créquy et Françoise de Bonne ne pouvaient donc,
sans dispense, se marier solennellement au mois de décembre 1623.

(2) Le père de la Rivière appartenait à l'ordre des minimes (voir la
lettre de Corsini au cardinal neveu, du 5 janvier 1624, Archives Vaticanes, Nunz. *Francia*, 61, f° 19). Il n'est pas sans doute différent de ce
père Louis de la Rivière qui, après avoir dirigé la conscience de Marie
Teyssonnier, une personne de Valence qui jouissait d'une grande réputation de sainteté, écrivit ensuite sa vie sous le titre : *Histoire de la vie
et mœurs de Marie Teyssonnier*, Lyon, 1650. Sur le père Louis de la
Rivière, voir H. BREMOND, *Histoire littéraire du sentiment religieux
en France*, t. II, Paris, 1916, pp. 42-44.

(3) En octobre 1617, Richelieu avait publié *Les principaux points de
la foi catholique défendus contre l'écrit adressé au Roi par les quatre
ministres de Charenton* (LACROIX, *Richelieu à Luçon*, p. 303 et suiv.).
Une traduction latine de cet ouvrage parut en 1623 ; elle avait pour
auteur Raoul ou Rodolphe Gasile, docteur en Sorbonne (FÉRET, *La
Faculté de Théologie de Paris et ses docteurs les plus célèbres. Epoque
moderne*, t. IV, Paris, 1906, p. 328).

Ma, a fol. 217 *(a)*, nel verso *falsum*, nel mezzo vi sono queste parole : « *falsum quod foris, iudiciisque temporalibus nos non submittamus, quasi uero, cum exemptione quibusdam rebus praetendimus idque (b) nostrorum principum concessu, de quorum auctoritate agitur, hoc esset nos (c) ab eorum iurisdictione eximere, atque etiamsi (d) beneficio uti a rege ui diplomatis concesso, hoc non esset eius auctoritatem agnoscere, non autem ab ea desciscere, quod (e) in temporalibus alium a rege nostro supremum agnoscamus* ». Quella parte che risguarda l'ossequio e'l rispetto e la fede degli ecclesiastici al re non solamente non si biasima, ma si commanda. Vero è che tutte le parole che sonano giuridittione dovrebbe torle via il s. cardinale, e V. S., come le parerà d'haver guadagnato l'animo di S. S^{ria} Illustrissima con somma lode del restante dell' opera, potrebbe mostrare *(f)*, come da se, di dubitare nella parte sopra notata et haver campo di essortare il s. cardinale a moderare quel che suona contro l'immunità ecclesiastica.

L'accrescimento della religione cattolica, sebene in questa scrittura *(g)* se gli da il secondo luogo, ottiene nondimeno il primo nell' animo di S. B^{ne} et ha da ottenerlo fra tutte le operationi di V. S., la quale in queste materie non solamente ha da rivolger l'occhio del suo zelo dentro a' limiti della Francia, ma ha da stenderlo a l'Inghilterra (1). V. S. udirà più da vicino *(h)*

(a) 117 (B. C.). — *(b)* id quod (B. B.). — *(c)* non (A. V., B. C., B. N.). — *(d)* etiamsi bene uti a lege (B. C., B. N.). — *(e)* cum (B. C.). — *(f)* mostrare et esortare il s. cardinale (B. C.). — *(g)* lettera (B. C., B. N.). — *(h)* dal vicario (B. C., B. N).

---

(1) Le 15 janvier 1582, le pape Grégoire XIII avait, à l'instigation du cardinal Allen, donné au nonce de France la charge de veiller sur les

che qualsivoglia altro ministro apostolico il bisogno di quei cattolici, e procurerà d'intendersi cautamente con D. Tobbia Matthei, ottimo cattolico e sacerdote, destinato elemosiniero della Ser^ma Infanta sposa (1), col dott.r Bisopo, creato vescovo Calcedonense, chiesto dal clero cattolico inglese perchè in quel regno eserciti la giuridittione ordinaria, e mandatovi a quest' effetto nel fine del pontificato passato (2). Dagli avvisi ch' esso

intérêts religieux de l'Angleterre (Knox, *The first and second diaries of the english college Douay*, Londres, 1878, p. 364 ; cf. Bellesheim, *Geschichte der Kirche in Schottland*, t. II, p. 148). Lorsque, par un acte du 8 mars 1622, la congrégation de la Propagande répartit entre les nonces les pays hérétiques sur lesquels devrait s'étendre leur sollicitude, elle attribua l'Angleterre au nonce de Bruxelles (Pieper, *Das Propaganda Archiv.*, dans la *Roemische Quartalschrift*, 1887, p. 264). La secrétairerie d'Etat n'en continua pas moins à considérer les nonces de France comme étant principalement chargés des intérêts de l'Angleterre ; voir les instructions de Bagni, p. 141, et de Bolognetti, p. 183. Dans l'instruction au nonce de Flandre, Falconieri, d'avril 1635, il est dit de même : « Sebene la cura principale degli affari d'Inghilterra è commessa al nuntio di Francia » (Cauchie et Maere, *Recueil des instructions générales aux nonces de Flandre*, Bruxelles, 1904, p. 242).

(1) Tobbie Matthew (1577-1655) appartenait par ses origines à l'église anglicane ; son père Tobbie Matthew, qui mourut archevêque d'York, sa mère Françoise Barlow, fille de l'évêque anglican de Chichester, l'élevèrent dans l'anglicanisme. Il était déjà membre du Parlement quand, au cours d'un voyage qu'il fit en France et en Italie en 1604 et 1605, il se convertit au catholicisme. Emprisonné à son retour en Angleterre, il fut ensuite exilé sur le continent. En 1614, Tobbie Matthew fut ordonné prêtre à Rome par le cardinal Bellarmin. Autorisé à revenir en Angleterre en 1617, il fut de nouveau contraint d'en partir en 1619. En 1622, Jacques lui rendit sa faveur et l'envoya, en 1623, à Madrid pour faire aboutir les négociations relatives au mariage du prince de Galles avec l'Infante d'Espagne. Sous le règne de Charles Ier, Tobbie Matthew jouira d'un grand crédit à la cour ; il en usera pour le plus grand avantage de ses coreligionnaires. En 1640, lorsqu'éclatera la guerre civile, il se retirera à Gand dans la maison des jésuites anglais ; il y mourra en 1655 probablement membre de la Compagnie de Jésus. *The Catholic Encyclopedia*, t. X, New-York, 1911, p. 65.

(2) Guillaume Bishop (1553-1624) a été le premier supérieur ecclésiastique de l'Angleterre qui ait été revêtu de la dignité épiscopale depuis la suppression de la hiérarchie catholique sous Elisabeth. Il est surtout connu par le rôle qu'il joua dans la controverse qui s'éleva, au delà du détroit, entre les réguliers et les séculiers. Les réguliers avaient obtenu du Saint-Siège que les missions anglaises seraient placées sous l'autorité d'un archiprêtre ; les séculiers, que l'on nommait les appelants, demandèrent que fût rétablie une façon de gouvernement épiscopal. Venu à Rome en 1598 pour y défendre ces idées, Bishop y avait été précédé par la plus fâcheuse des réputations ;

da qua, egli apparisce molto zelante, ma ha constituto una tal forma di governo ecclesiastico che hora si sta esaminando qui (1), e se ne scriverà a V. S. tutto quello che farà di mestieri ; ella procuri di haver notitia degli andamenti di lui, se la passa bene co' padri della Compagnia di Gesù, e se s'astiene dal toccare i privilegi de' regolari conforme a che gli fu ordinato. Ricordigli a non irritare con imprudente zelo gli animi degli heretici contro cattolici, e di mano in mano ella avvisi qua.

Il matrimonio della Ser^ma Infanta di Spagna col Ser^mo Prencipe di Galles, s'egli havrà effetto, come si spera non ostante le voci che passano di rottura (2), doverebbe

aussi, dès son arrivée, fut-il incarcéré au collège anglais sur l'ordre du cardinal Cajetan. Relâché après trois mois d'emprisonnement, il lui fut interdit de retourner en Angleterre. Cette défense ne fut levée que quatre ans plus tard.

Longtemps le Saint-Siège refusa de donner satisfaction aux vœux des appelants, et d'élever à la dignité épiscopale le chef du clergé anglais. « Ciò non è stato giudicato espediente da questa Santa Sede », écrira, le 23 octobre 1615, le cardinal Borghèse dans l'instruction au nonce de Flandre (CAUCHIE et MAERE, *Recueil des instructions générales aux nonces de Flandre*, Bruxelles, 1904, p. 50). L'idée défendue par les appelants finit cependant par triompher. Désigné le 23 mai 1623 pour remplacer, en la qualité de vicaire apostolique, l'archiprêtre Guillaume Harrison, Bishop fut nommé évêque *titulaire de Chalcédoine*. Il mourut peu de temps après. *The Catholic Encyclopedia*, t. II, New-York, 1907, p. 589.

(1) Guillaume Bishop avait *organisé l'administration ecclésiastique en partageant sa charge pastorale avec cinq vicaires généraux assistés d'archidiacres et de doyens*; il avait, de plus, établi un chapitre de vingt-quatre chanoines et stipulé que ce chapitre aurait la juridiction sur toute l'Angleterre, dans le cas où il n'y aurait pas de vicaire apostolique. *The Catholic Encyclopedia, loc. cit.*

(2) Nouées depuis 1611, les négociations relatives au mariage du prince de Galles avec l'infante Marie, fille de Philippe III, avaient paru aboutir en 1623. Le 4 août, avait été signé le contrat de mariage ; le 7 septembre suivant, le prince Charles avait juré d'épouser la princesse espagnole et promis de laisser à l'ambassadeur d'Angleterre sa procuration, afin que le mariage pût être célébré dix jours après l'arrivée des dispenses pontificales. Mais le refus de Philippe IV de contraindre par les armes l'empereur à restituer au Palatin le Palatinat et la dignité électorale, avait éclairé le gouvernement anglais sur les intentions de l'Espagne. Le prince de Galles avait renoncé à tout projet d'union quand il prit congé du roi d'Espagne, le 12 septembre 1623. Toutefois, les négociations n'étaient pas encore officiellement rompues, au moment où fut rédigée l'instruction. GARDINER, *History of England from the accession of James I to the outbreak of the War*, t. IV, Londres, 1908, pp. 364-411 et t. V, pp. 1-172.

arrecare grande utile alla religione cattolica; pel quale
fine e non altro ha questa Santa Sede dispensato agl'im-
pedimenti (1). Onde, com'è necessario operar di modo
che da ogni parte si cospiri a questo, cosi V. S. ha sempre
da interporre amorevolissimi officii con cotesto re, acciò
che la Maestà Sua non comporti mai che dal suo canto o
da quello de' suoi ministri eschino cagioni di gelosie *(a)*
atte a rompere questo trattato, essendo chiaro che o
nella pace che tanto si procura tra le corone *(b)*, o nella
religione verremmo *(c)* danneggiati; questi pericoli sono
evidenti perchè, se il re Cattolico e l'Inglese si rompe-
ranno fra di loro non seguendo il matrimonio, chiaro è
che l'Inglese, per haver calore, si getterà nelle braccia
del suo Parlamento, nel quale, non potendo con buona
coscienza entrare i cattolici rispetto a giuramenti illeciti
che converrebbe lor fare (2), resteranno solamente i
puritani dichiarati nemici acerrimi di nostra santa fede,
tanto più essacerbati quanto che, dalle gratie ch'ha fatto il
re d'Inghilterra a cattolici in riguardo del matrimonio, si
sono intimoriti ancora che i cattolici possano per questa
via prevalere un giorno contro di loro, e già prorompono
a minacce che i beni de' i medesimi cattolici habbino a
servire per mantenere l'assistenza al Palatino.

(a) glosse (B. C.). — *(b)* fra le due corone (A. V., B. C., B. N.). —
(c) veranno (B. B.).

---

(1) Comme le prince de Galles était anglican, une dispense pour
disparité de culte était nécessaire.

(2) A la suite de la conspiration des poudres (septembre 1605), le roi
d'Angleterre, Jacques Ier, avait imposé aux catholiques un serment de
fidélité où il était dit que le pape ne pouvait ni excommunier les rois,
ni les déposer. Par ses brefs des 22 septembre 1606 et 23 août 1607,
Paul V avait interdit de prêter un tel serment. Sur les controverses
qui s'élevèrent entre les catholiques anglais au sujet de la licéité de
ce serment, voir J. DE LA SERVIÈRE, *De Jacobo I Angliae rege cum
cardinali Roberto Bellarmino super potestate cum regia tum pontificia
disputante*, Paris, 1900, pp. 12-35.

La Maestà Cristianissima ha largo campo d'interpor-
si con l'Inglese per favorire a cattolici, non solamente
perchè cosi richiede la causa di Dio, il nome e la profes-
sione di *(a)* S. M^{tà} di Cristianissimo, come ogni giorno
più lo dimostra nelle sue non meno pie che eroiche
attioni, ma ancora perchè egli ode e vede da vicino
quanti mali gli vengono dall'Inghilterra per fomento
de' suoi ribelli ugonotti, e di chi malecontento della
podestà reale a loro aderisce. Inoltre è ben dovere che,
se il re d'Inghilterra ha tante volte interceduto per gli
ugonotti della Francia (1), S. M^{tà} Cristianissima inter-
ceda per i miseri *(b)* cattolici d'Inghilterra. De'pensieri
del re franzese e de' suoi parlamenti intorno questo
matrimonio, V. S. cerchi di toccare *(c)* il fondo
avvisandocine *(d)*.

E quanto alle cose del Palatino, rappresenti pure
che il rimetterlo ne'suoi stati e nella voce elettorale (2),
anche per via di trattato di matrimonio, non è sicuro
per la religione cattolica; e dalle lettere passate tra
il re d'Inghilterra e'l suo genero, delle quali habbiamo
copia, si vede che i pensieri non sono d'educare il figlio
del Palatino alla cattolica, imperocchè, mentre trattano
di parentado del sudetto figliolo del Palatino con una
figliuola dell'imperatore (3), scrive il re Inglese che,

(a) che fa S. M^{tà} (B. C., B. N.). — *(b)* medesimi (A. V., B. C.,
B. N.). — *(c)* trovare (B. C.). — *(d)* per assicurarsene (A. V.); per
avisarne (B. C.); per avvisarcene (B. N.).

---

(1) En 1621, lors de l'expédition entreprise par Louis XIII contre les
huguenots du midi de la France, Jacques Ier avait député un agent pour
négocier un accord entre le roi de *France* et ses sujets révoltés
(GARDINER, *op. cit.*, t. IV, pp. 290-292).

(2) Mis au ban de l'Empire le 23 janvier 1621, après avoir été vaincu
à la Montagne Blanche le 8 novembre 1620, l'électeur palatin Frédéric V
avait par suite perdu sa dignité électorale et tous ses biens.

(3) C'était d'Espagne qu'était venue l'idée de résoudre la question du
Palatin en faisant épouser au fils de l'électeur palatin, Frédéric, une

quando la M.ta Cesarea domandasse che il putto fosse
allevato nella sua corte, non vede alcuna cagione
di ritirarsi, mentre che al giovane si potrà dare un
governatore tale quale vorrà il padre, benchè non fosse
cattolico romano, e che quelli della sua famiglia non
riceveranno forza nelle coscienze loro. E poi, chi ci
assicura della vita di questo, quando fosse il miglior
cattolico del mondo, di modo che, morendo egli, non
possa succedergli un'altro eretico, con irreparabil perdita
della riputatione di questa [Sede] *(a)* e della Chiesa
cattolica, se il papa havesse condesceso con indicibile
danno de' cattolici che tanti e tanti anni bramarno
senza poterlo sperare non che ottenere il quarto elettore
cattolico. I pregiudici che ne nascerebbero al duca di
Baviera nella riputatione e negli interessi di stato,
sarebbono molti et esca d'una fiamma inestinguibile
d'atrocissime guerre *(1)*. In somma, non vi è male del
quale non possa giustamente temersi, se in questo
negotio si caminerà con trascuraggine *(b)*, e se, senza

(a) Tous les mss donnent « fatto »; le sens appelle « Sede ». —
(b) trascuraggine. Queste et altre simili considerationi dovevanno
ponderarsi da prencipi cattolici. Lo (B. C.).

---

fille de l'empereur Ferdinand II ; le jeune prince aurait été élevé à la
cour impériale dans la religion catholique ; à sa majorité, il aurait été
mis en possession des états et titres qui avaient été enlevés à son père.
Soumis au conseil d'Etat d'Espagne, le 18 janvier 1622, par le premier
ministre don Baltasar Zuniga, ce plan rallia tous les suffrages. Il fut
ensuite préconisé à plusieurs reprises au cours des négociations relatives au mariage anglo-espagnol. Voir GARDINER, *op. cit.*, t. IV, pp. 329,
393; t. V, pp. 105-107, 131, 138, etc.

(1) Le duc de Bavière, Maximilien I.er, avait recueilli la plus grande
partie des dépouilles de l'électeur palatin. A la suite de la mise au
ban de l'empire de ce dernier, il avait pris possession du Haut-
Palatinat (1621) ; en 1623, l'empereur lui avait remis en gage le Bas-
Palatinat. A la diète de Ratisbonne du 25 février 1623, Maximilien
avait été revêtu, par Ferdinand II, de la dignité électorale. Cf. CHAR-
VÉRIAT, *Histoire de la guerre de Trente ans*, t. I, Paris, 1878,
chapit. X, XI et XII.

farvi sopra *(a)* queste et altre simili considerationi *(b)*, i prencipi *(c)* vi terrano mano.

Lo stabilimento dell'elettorato in persona del duca di Baviera è di grande importanza per l'onorevole e saldo aggiustamento delle cose d'Alemagna (1) con non poco interesse di gloria e d'utilità per cotesta corona, imperciochè chi non vede che l'amicitia con la casa di Baviera è appoggiata a più stabili fondamenti di vera religione e di forze che non sarà quella del Palatino? Di questi et altri motivi che sovverranno alla prudenza di V. S., ella a da valersi con S. M.^{tà}, acciochè dichiari al duca di Sassonia (2) che la M^{tà} Sua *(d)* haverà *(e)* per bene ch'egli non s'opponga ai progressi del Bavero. Per nostro credere, ella non havrebbe a durar molta fatica in persuadere questo, perchè i Franzesi si adoperarono efficacemente, acciochè la dignità elettorale cadesse in persona del duca

(a) darvi opera (A. V., B. N.). — (b) conditioni (B. B.). — (c) prencipi cattolici (A. V., B. N.). — (d) havendosi hora per bene che la detta Mtà non si opponga (B. C.). — (e) hora per bene (B. N.).

---

(1) La translation de la dignité électorale du Palatin au duc Maximilien de Bavière avait été vivement désirée par la cour romaine, non seulement parce qu'elle satisfaisait les ambitions d'un prince qui lui était cher, mais surtout parce qu'elle assurait sans conteste la prédominance au parti catholique dans le collège des électeurs. Des sept électeurs, institués par la bulle d'or de 1356, il n'en restait plus que deux qui fussent protestants : le duc de Saxe et le margrave de Brandebourg. L'élection d'un empereur protestant, que le Saint-Siège redoutait toujours, devenait impossible. Sur les offices du Saint-Siège en faveur du duc de Bavière, entre autres ouvrages, voir J. Schnitzer, *Zur Politik des heiligen Stuhles in der ersten Haelfte des dreissigjaehrigen Krieges*, dans la *Roemische Quartalschrift*, 1899, pp. 165-167.

(2) L'électeur de Saxe, Jean-Georges, s'était, aussi bien que l'électeur de Brandebourg, élevé contre le dessein de l'empereur de dépouiller le conte palatin de la dignité électorale pour en investir le duc de Bavière ; il avait refusé d'assister à la diète de Ratisbonne. Après la diète, les électeurs de Mayence et de Cologne entreprirent de le déterminer à accepter le fait accompli. A la suite de conférences, qui auront lieu à Schleusingen en mai 1624, Jean-Georges consentira à reconnaître le duc de Bavière électeur, sa vie durant. Cf. Charvériat, *op. cit.*, t. I, pp. 320, 327.

di Baviera (1), e *(a)* secondo che scrisse l'arcivescovo di Tarsi, già la M^tà Cristianissima ha deliberato, per favorire gl' interessi di S. A., di mandare al convento di Colonia il s. di Bogy (2) ; ella procuri di confermare in questo proponimento la M^tà Sua.

Con estremo dolore sente S. B^ne che toglie non poco alla pietà del re il fomento che si da a' ribelli della religione cattolica e dell' Imperio, Mansfelt et Alberstadt, in cosi bella occasione *(b)* di debellargli (3).

Quando morì l'Alamanni, presidente d'Orange, N^ro S^re fece comandare all'antecessore di V. S. che, in riguardo del pubblico bene della religione cattolica e del privato di S. B^ne e di questa Santa Sede, interponesse caldi officii con S. M^tà, acciochè in quel presidentato, che per l'addietro essercitarono sempre cattolici, non *(c)* fosse dal prencipe

(a) essendo che (B. C., B. N.). — (b) opportunità (B. C., B. N.). — (c) non vi (B. C.).

---

(1) Louis XIII était, en effet, animé de sentiments très bienveillants à l'égard de Maximilien ; il avait favorisé ses prétentions à la dignité électorale. Cf. Fagniez, *Le père Joseph et Richelieu*, t. I, Paris, 1894, pp. 249-252 ; Hanotaux, *Histoire du cardinal de Richelieu*, t. II, 2ᵉ partie, p. 529.

(2) Le congrès que l'empereur avait, en vue de rétablir la paix générale, convoqué le 16 août 1623 à Francfort, à la suite de la trêve conclue à Bruxelles entre le roi d'Angleterre Jacques Ier et l'Infante Isabelle, avait été peu après transféré à Cologne. Il n'eut aucun résultat : l'électeur palatin avait refusé de se laisser lier par les démarches de Jacques Ier (O. Klopp, *Der dreissigjaehrige Krieg bis zum Tode Gustav-Adolfs*, t. II, p. 352).

N.., de Bar, seigneur de Baugy en Berry, était parent de Sully, le ministre de Henri IV. Il représenta longtemps la France à la cour impériale (Avenel, *Lettres et papiers d'Etat du cardinal de Richelieu*, t. I, p. 249). En 1628, il sera nommé ambassadeur de Hollande (Avenel, *op. cit.*, t. VIII, p. 213).

(3) Ernest, comte de Mansfeld (1585-1626), marquis de Castelnuovo et de Boutillère, fils naturel de Pierre-Ernest, comte de Mansfeld et d'Anne de Benzrath, Christian, duc de Brunswick-Wolfenbüttel (1599-1626), troisième fils du duc Jules-Henri de Brunswick-Wolfenbüttel et d'Elisabeth de Danemarck, administrateur de l'évêché d'Halberstadt de 1616 à 1623, avaient, dès 1618, pris le parti de l'électeur palatin Frédéric V. Après s'être ligué à Paris, le 7 février 1623, avec la République de Venise et le duc de Savoie, Louis XIII avait envoyé des troupes à Mansfeld afin de lui permettre de faire une diversion en Allemagne contre la maison d'Autriche. Cf. Charvériat, *op. cit.*, t. I, p. 333.

Mauritio collocato un' eretico, perchè ciò repugna espressamente alla pia intentione del già prencipe Guglielmo dichiarata nel testamento ch'egli fece (1). La qualità del carico e la vicinanza d'Oranges al contado Vanaissino *(a)* rendono troppo interessata et considerabile l'elettione del presidente, di maniera che, s'ella non sarà seguita all'arrivo di V. S. in corte, è molto spediente ch'ella s'adoperi con S. M^tà, acciochè segua d'un cattolico.

Nel passare ch'ella farà per Avignone, informisi bene delle fortificationi fatte *(b)* in detta città d'Oranges e delle conseguenze che ne possono venire (2), e se gli ugonotti vi si ricorrano in maggior numero del consueto, e vi concorrano da alcune parti ; di che avvisi non solamente noi, ma *(c)* con S. M^tà essageri *(d)* questo punto e facciale conoscere che questa villa diventerà un asilo di tutti gli eretici e delli malcontenti della Francia, che sempre turberanno la quiete di detto reame *(e)*, e cola commodità del Rodano, piglieranno continuati fomenti da Ginevra. Di qui hanno preso vigore le rivolutioni della Germania, la fellonia dell' Alberstat et del Mansfelt, l'altirigia degli Olandesi (3), et le speranze del Palatino et del Gabor (4).

(a) Veraisino che rende (B. C.). — *(b)* e della fattione detta d'Oranges per le conseguenze (B. C.). — *(c)* ma ne parli con S. Mtà e li facci conoscere (B. C.). — *(d)* esaggeri c faccigli (A. V., B. N.). — *(e)* Le fragment « cola commodità... Ginevra » manque dans tous les manuscrits, sauf dans B. B. Ce qui suit jusque « Gabor » est placé par A. V., B. C., B. N. au paragraphe suivant, après « accreditarsi.».

(1) Maurice, comte de Nassau (1567-1625) avait reçu en partage la principauté d'Orange à la mort de son frère aîné, Philippe-Guillaume, survenue le 20 février 1618. Maurice de Nassau était calviniste tandis que son frère avait vécu dans la religion catholique.

(2) En 1622, Maurice de Nassau avait entrepris la réfection des fortifications de la ville d'Orange. D'après le mémoire envoyé à Rome par Spada le 14 mars 1624, 400.000 écus avaient déjà été dépensés à cet effet (Archives Vaticanes, Nunziature, *Francia*, 61, f. 107).

(3) A l'expiration de la trêve de douze ans, conclue le 9 avril 1609, les hostilités avaient été reprises entre les Provinces-Unies et le roi d'Espagne.

(4) Bethlen Gabor (1580-1629 , prince de Transylvanie (1613-1629), avait

Intorno alla pace universale del cristianesimo s' offerisce in primo luogo la necessità di saldamente stabi-
lirla con la corona di Spagna, insegnandoci l'esperienza
che l'emulatione tra queste due corone sempre vive *(a)* e
più dispone gli animi regii ad accendersi all' ira. Da
questo seppero cavar argomento quei prencipi, che si
collegarono in Lione con S. M^tà, per indurla ad opporsi
alli Spagnuoli nelle cose di Valtellina (1), dalla quale
collegatione non può negarsi che non siano scaturiti
mali immensi, perchè è cresciuto l'orgoglio degli eretici e si sono fatti belli col nome de' collegati per accreditarsi.

Per quanto attiene alle cose d'Italia, ella farà palese
che N^ro S^re è molto amante della pace d'essa, e che

(a) viva più (A. V., B. C., B. N.).

---

pris le parti des protestants d'Allemagne, lorsqu'avait éclaté la guerre
de Trente ans. Le 6 janvier 1622, il avait, à Nikolsbourg, fait la paix
avec l'empereur, mais au mois d'août 1623, il avait repris les armes et
envahi la Hongrie. Cf. Charvériat, *Histoire de la guerre de Trente ans*,
t. I, Paris, 1878, pp. 170-177, 264, 347-348.

(1) Les Grisons avaient perdu la Valteline à la suite de l'entrée des
troupes espagnoles dans la haute vallée de l'Adda en juillet 1620 ; ils
ne l'avaient pas recouvrée, en dépit de la promesse faite par le roi
d'Espagne au roi de France de la leur restituer (Traité de Madrid du
25 avril 1621). Assaillis en octobre 1621 par le duc de Féria, gouverneur
de Milan, et par l'archiduc Léopold, gouverneur du Tyrol, ils avaient
dû, par le traité de Milan du 15 janvier 1622, renoncer à leurs droits
de souveraineté sur la Valteline et reconnaître l'archiduc comme souverain légitime des Droitures de la basse Engadine et du val Moutiers.
Leur ruine avait été consommée par le traité de Lindau du 30 septembre 1622, que leur avait imposé l'archiduc Léopold après une nouvelle
campagne.
Pour libérer les Grisons du joug que leur avait ainsi imposé la maison d'Autriche, pour forcer l'Espagne à évacuer la Valteline, Louis XIII
avait cherché à s'unir avec le duc de Savoie et la République de Venise.
Les négociations qu'il engagea à cette fin à Avignon, en novembre 1622,
qu'il poursuivit à Lyon, aboutirent à Paris, le 7 février 1623, à un
traité d'alliance offensive et défensive qui eut pour objet « l'entière
restitution de la Valteline et autres lieux occupez appartenans aux
Grisons » (Du Mont, *Corps universel diplomatique*, t. V, 2me partie,
Amsterdam, 1728, p. 417). Cf. Rott, *Histoire de la représentation diplomatique de la France auprès des cantons suisses*, t. III, Paris, 1906,
pp. 590-592.

mai sentirà bene degl'autori di novità e di turbolenze.
Perciò la S^{tà} Sua rivolse i primi pensieri del pontificato
all' accomodamento tra Grisoni e Valtelini, et ha tenuto
stretti propositi con gli ambasciatori, e con tutte le due
corone ha operato tanto che s'è venuto a negotiationi
d'accordo, e si sono designate varie capitulationi tanto
qui quanto in Spagna (1), delle quali se le da aggiunta
copia *(a)* ; e per quel che tocca alla religione cattolica,
lo stabilimento d'essa è serbato all' autorità pontificia,
e N^{ro} S^{re} si è lasciato intendere con l'uno e con l'altro
ambasciatore che non v' interessino i loro re *(b)*,
perchè a loro non attiene d'accordar questo, ma solamente d'assistere al papa per vantaggiar le cose de'
cattolici. Le difficoltà d'interesse di stato pare che si
riduchino ad una sola della libertà de' passi, la quale et
l'altre che s'incontrano di minor momento si andranno
spianando; e. V. S. terrà ben disposto il re, acciò che
pigli in buona parte tutto quello che N^{ro} S^{re} andrà
facendo in questo soggetto, rimostrando a S. M^{tà} che
altrimente li Spagnuoli tornerebbono nel possesso di
Valtellina e degl'altri luoghi. Non potendo il papa rompere
la sua fede e violare le leggi del deposito, nel quale non
può più lungamente stare per l'aggravio di spesa che ne

(a) Le fragment « delle quali se le da aggiunta copia » ne se trouve
que dans B. B. — *(b)* Le fragment « perchè a loro... disposto il re »
ne se trouve que dans B. B.

---

(1) Au mois de septembre 1623, peu de temps par conséquent après
son avènement au trône pontifical, Urbain VIII avait ménagé des conférences entre le commandeur de Sillery, ambassadeur de France et le
duc de Pastrana, ambassadeur d'Espagne, à l'effet de régler les différends entre les Valtelins et les Grisons. Elles avaient abouti au mois
de novembre suivant à un traité qui fut ratifié à Paris, mais ne le fut
pas à Madrid. De nouvelles négociations sont nouées au moment où
est rédigée l'instruction ; elles auront pour résultat, en février 1624,
un accord qui, cette fois, sera accepté par l'Espagne, mais rejeté par
la France. Cf. ROTT, *op. cit.*, pp. 673-674 et 693.

sente la Sede Apostolica col mantenere i presidi de' forti,
et in ogni caso che se si havesse a continuare così,
conviene ancora che la M.^{tà} Cristianissima, quando no'l
facessero li Spagnuoli, rimborsi questa Camera Apostolica di quanto ha speso, e con la cedola bancaria in Roma
l'assicuri di quanto farà bisogno di spendere in avvenire ;
altrimente, come s'è detto, al rilassamento del deposito
converrà venire (1).

L'interesse della corona di Francia, mentre che resti
intatta la sua leanza *(a)* con i Grisoni, non è tale che
il re non habbi a quietarsi di un accomodamento di
queste cose di Valtellina che sia oncrevole e sicuro per
tutti, e se pure le gelosie de'prencipi d'Italia amici
della corona l'hanno finora tenuto sospeso nelle deliberationi, conviene che S. M.^{tà} li renda capaci che non
hanno da insospettirsi de'pensieri degli Spagnuoli,
vedendosi chiaramente che non hanno mira di fare
nuovi acquisti *(b)* in Italia, come *(c)* ben lo dimostra
l'havere essi relassato Vercelli, e tolto via l'assedio
da Asti nelle guerre del Piemonte (2), et il condescendere

(a) alienanza (B. C.). — *(b)* Le fragment « acquisti... Vercelli »
manque dans B. C. — *(c)* come la restitutione di Vercelli é tolto
(B. N.).

---

(1) Par l'acte passé le 14 février 1623 entre le nonce d'Espagne et le
comte duc Olivarès, Grégoire XV avait, avec l'assentiment de la
France, accepté de recevoir en dépôt les forts de la Valteline. Le
6 juin 1623, le duc de Fiano, frère du pape, avait pris possession de
tous les forts à l'exception de ceux de Chiavenna et de Riva ; il en
avait commis la garde aux troupes pontificales commandées par le
marquis de Bagni. A son avènement, Urbain VIII exigea que les
places de Chiavenna et de Riva fussent aussi occupées par les soldats
du Saint-Siège. Cf. Rott, *op. cit.*, pp. 601-615, 643.
Grégoire XV avait admis que le trésor d'Espagne supporterait une
partie des frais d'entretien des garnisons de la Valteline. Pour être
entièrement indépendant de l'Espagne, sans que cependant l'occupation
restât entièrement à la charge du trésor pontifical alors très obéré,
Urbain VIII demanda à la France de prendre sa part des dépenses.
Cf. Rott, *op. cit.*, p. 643.
(2) Dans la guerre qui avait éclaté en 1616 entre le roi d'Espagne et
le duc de Savoie, les Espagnols s'étaient emparés de Verceil (25 juillet

al deposito di Valtellina, e presentemente alla demolitione de'forti (1).

La devolutione che soprastà di tutti i feudi che possiede il vivente duca d'Urbino, si spera che non habbia a turbare l'Italia, et a questo fine, la S^{tà} di N^{ro} S^{re} ha procurato d'indurre il detto signore duca prima, e dopo, il serenissimo gran duca e le di lui serenissime tutrici a dichiarare per loro lettere che quanto oggi possiede il medesimo duca d'Urbino de'beni giurisdittionali e feudali torna per sua natura alla Chiesa dopo la morte di S. A. ; e per quanto attiene al contenuto delle dichiarationi, il duca asserisce che il Vicariato, Sinigaglia, il Montefeltro e quanto egli ha di beni feudali e giurisdittionali tornano dopo la sua morte alla Sede Apostolica, dalla quale ne sono stati investiti i maggiori di lui, che non ne ha disposto, ne può, ne deve disporre a favor d'altri, che per questa verità, mentre havrà vita, la spenderà bisognando, che tal volere egli riterrà fino all'ultimo suo spirito e con questa dispositione vuol morire (2). Il gran

---

1617) et avaient assiégé Asti. Les renforts amenés par le maréchal de Lesdiguières permirent à Charles-Emmanuel de forcer ses ennemis à lever le siège. Par le traité de Pavie du 9 octobre 1617, Philippe III rendit ses conquêtes.

(1) Les Espagnols consentirent, à la fin de 1623, à la démolition des forts construits en Valteline ; ils ne renoncèrent pas toutefois à exiger le droit de passage dans les vallées. Cf. ROTT, *op. cit.*, p. 673.

(2) Le duché d'Urbin était situé entre la Marche d'Ancône, la Romagne, la Toscane et l'Ombrie. Il appartenait à la maison des della Rovere depuis l'adoption de François-Marie della Rovere (1491-1538) par son oncle maternel, Guidobalde de Montefeltro, duc d'Urbin. Selon toute vraisemblance, il devait en sortir bientôt, car cette maison était sur le point de s'éteindre. Son dernier représentant, le duc François-Marie II (1549-1631), n'avait d'autre héritier qu'une petite-fille, Victoire, née en 1622, du mariage de Frédéric-Ubald (?-1623) avec Claude de Médicis (?-1648), fille de Ferdinand Ier, grand duc de Toscane. Le cardinal Cennini, qu'Urbain VIII avait député à François-Marie II, fut assez heureux pour déterminer le duc à rédiger une déclaration qui assurait le retour de ses fiefs au Saint-Siège après sa mort. Voir le *Mercure François*, t. VIII, Paris, 1625, p. 182 et suiv. Cf. RANKE, *Histoire de la papauté pendant les XVIe et XVIIe siècles*, trad, HAIBER, t. III, Paris, 1848, p. 192.

duca, referendosi alla dichiaratione del ducă, la ratifica e
dichiara che ne per se, ne per ragioni che potessero venir-
gli ex persona de' suoi antenati e di donna Vittoria, ha
ragione alcuna, titolo o causa in detti stati. Le serenissime tutrici ratificano e, come tali, fanno la medesima
dichiaratione (1). Il s. cardinale Farnese (2), per validità
dell'atto del gran duca, attesta con sua lettera di haver
veduto il testamento del gran duca Cosimo II gloriosa
memoria (3), e mandò per disteso quella parte nella quale
si dispone che, finito l'anno 13 della sua età, posse il gran
duca Ferdinando parimente secondo di questo nome,
soscrivere tutte le deliberationi di qualsivoglia sorte,
e che alla soscrittione di lui si habbia da dar fede. Di tutto
ciò diede conto la Sta di N^ro S^re al Sacro Collegio nel
consistoro tenuto a ...di decembre prossimo passato, e ne
ha fatto dare avviso per mezzo de' suoi nuntii a tutti i
prencipi, ne quali si crede dover essere tanta giustitia e
pietà verso le ragioni saldissime di questa Santa Sede,
che niuno habbi haver ardire di violarle. I signori Vene-
ziani fino a quest' hora hanno mostrato contento, et hanno
dato molta lode a S. B^ne che, con questi pensieri, pre-
venga le cagioni di poca pace in Italia, come ne ha scritto
il nuntio, con sue lettere de 30 di decembre passato (4).

---

(1) Le grand duc Ferdinand II (1610-1670) était le cousin germain de
Victoire della Rovere et devait l'épouser. Le mariage ne se fit que le
26 septembre 1633. Comme le duc n'était pas majeur, il était sous la
tutelle de sa mère, Madeleine d'Autriche (1589-1631), et de sa grand-
mère, Christine de Lorraine (1565-1637).

(2) Odoardo Farnèse (1565-1626), fils du célèbre Alexandre Farnèse,
duc de Parme, avait été créé cardinal par le pape Grégoire XIV le
6 mars 1591 (CIACONIUS, *Vitae et res gestae pontificum Romanorum
et S. R. E. cardinalium*, t. IV, Rome, 1677, p. 229).

(3) Cosme II (1590-1621), grand duc de Toscane depuis 1608, était
mort le 28 février 1621.

(4) Le nonce de Venise était à ce moment Mgr Giovanni Battista
Agucchia (?-1632). Ecrivain remarquable, il avait été le secrétaire privé
de Grégoire XV. Député à la nonciature de Venise le 16 décembre
1623, il y mourut le 1er janvier 1632 (BIAUDET, *Les nonciatures apostoliques permanentes jusqu'en 1648*, Helsingfors, 1910, pp. 203 et 249).

Cotesta Maestà non solamente si crede che l'haverà sentito
volentieri per bocca dell' antecessore di V. S., ma si ha
una certa caparra della giustissima mente della Maestà
Sua nella promessa che vi ha fatta il s. ambasciatore.
Dell' imperatore solamente vi è stato alcun dubbio, perchè, havendo mandato la M^{tà} Sua a complire col duca
di Urbino per la morte del prencipe il conte Francesco di
Gambaro, questo offerì al medesimo duca l'investiture del
Montefeltro (1), come S. A. fece sapere a N^{ro} S^{re} per
mezzo del conte Angelo Mamiano, suo residente in questa
corte, e le medesime offerte fece il detto conte alle
Altezze di Toscana, ricusate com' esse hanno fatto affer-
mare a S. B^{ne}. Ne è verisimile ch'egli havesse oltre-
passato i limiti del suo mandato in negotio così grave e
geloso. Onde parve bene alla Santità di N^{ro} S^{re} di far
esplorare dal suo nuntio (2) i pensieri della Maestà
Cesarea, et il nuntio scrisse essergli stato negato che, di
commissione cesarea, il Gambaro habbi fatto simile
offerta, ma solamente che hebbe ordine di domandare al
duca se egli haveva notitia d'alcuna scrittura favorevole
all' Imperio sopra il Montefeltro, e che dopo negl'archivii
cesarei sono state fatte alcune diligenze a questo medesimo
fine senza ritrovarsi cosa veruna. Onde ha detto S. M^{tà}
che non s'ha d'havere, ne pretende ragione alcuna in
veruno de' feudi che possiede il duca, e si spera che la
M^{tà} Sua habbia ancora a dichiararsi che l'offerte del conte

---

(1) Le duc François-Marie II della Rovere s'était de bonne heure
désisté de ses droits sur le duché d'Urbin et les fiefs qui y étaient
compris, en faveur de son fils Frédéric-Ubald. Dès lors qu'il prétendait
être le suzerain de ces fiefs, l'empereur pouvait, à la mort de Frédéric-
Ubald, prétendre offrir une nouvelle investiture.

(2) Le nonce à Vienne était, depuis 1621, Charles Caraffa (?-1644),
évêque d'Aversa. Il le restera jusqu'en 1628 (BIAUDET, *Les nonciatures
apostoliques permanentes jusqu'en 1648*, Helsingfors, 1910, p. 211).

Gambaro non sono state fatte di sua commissione. Delle ragioni di questa Santa Sede le ne darà gran notitia la scrittura che se le consegna a parte sopra questo negotio.

Prima *(a)* di passare ad altro, ripiglierò quello che sopra se l'è accennato dell' emulatione tra francescani recolletti et i cappuccini, la quale vuole omninamente tor via N^ro S^re ; perciò ha commesso per breve a V. S. che riduca l'abito esterno de' recolletti nel cappuccio, nella *(b)* mozzetta, nel mantello e a altro in tal forma che non *(c)* si assomigli all'abito cappuccino, et in questo ella opererà di maniera, e con tanto amore, e destrezza, che spenga in tutto le gare e non l'accresca (1).

Degli affari che toccano l'interesse temporale di questa Santa Sede non v'è alcuno pendente per ora, imperocchè [per] *(d)* le contese che tanti anni sono state fra la città di Avignone e'l contado di Provenza per conto delle palafitte fabbricate nel fiume Durenza, il negotio restò aggiustato, mediante l'efficace opera che v'ha speso l'antecessore di V. S. e l'ottima dispositione del re e de' suoi ministri in corte (2) ; ma perchè nella speditione regia che venne qua sopra di ciò non vi è data, ne interinata *(e)*, come ordina il re, ne si vede come, rimanendo a S. M^ta la sovranità delle acque, possano i sudditi di N^ro S^re liberamente godere il transito di quelle, sia a

(a) Le fragment « Prima... accresca », manque dans B. C. — *(b)* senza (A. V.). — *(c)* che si assomigli (A. V.). — *(d)* nous avons cru devoir ajouter « per » pour la bonne intelligence du texte. — *(e)* inventariata (B. C.).

---

(1) Voir plus haut, p. 26, note 2.

(2) Le 10 décembre 1622, le pape Grégoire XV avait donné au nonce de Paris tout pouvoir pour résoudre avec le roi de France et ses ministres le différend de frontières survenu entre les habitants de Noves et ceux du Comtat Venaissin (*Bullarium*, t. XII, Turin, 1867, v. 768). En vertu de ce pouvoir, Corsini signa, le 30 avril 1623, un acco̅ avec le cabinet de Paris. Voir sa lettre au cardinal secrétaire d'Etat du 5 janvier 1624 (Archives Vaticanes, Nunziature, *Francia,* ms. 60).

proposito che col vice-legato d'Avignone, al quale tutto
ciò è stato scritto, ella s'intenda per quel che resta da
fare e procuri che s'eseguisca.

Ora che mi sono sciolto da quel che concerne
i negotii *(a)*, accennerò qualche cosa delle persone.

Il re è fuori di modo virtuoso, et abhorrisce tutti quei
vizi che sogliono accompagnarsi alla dominatione ; non
è altiero ma umanissimo ; non è amatore della propria
opinione ma più volentieri crede a buoni consigli ; non
ama il riposo ma è dedito alle fatighe e le tollera forte-
mente senza conoscer altro piacere che quello della
caccia ; non nutrisce pensieri dimessi ma è avidissimo di
gloria senza dilungarsi punto dalla pietà.

Con la Maestà Sua passano li ministri di Stato e i serventi nelle caccie, a quali volentieri s'accosta per godere
la libertà che non concede la stretta prattica de' grandi.
Il *(b)* più caro di quelli che hanno l'adito a S. M^tà con
l'occasione della caccia è il s. di Toiras, huomo cauto
e prudente e che non si rimescola negl'affari di Stato per
nascondere la sua autorità, ma ne è capace (1). De'
ministri, benchè nel Consiglio ristretto intervenghino

(a) « i negotii » manque dans A. V., B. N. — *(b)* Le fragment « Il
più caro... grande » manque dans B. C. et B. N.

---

(1) Jean du Caylar de Saint-Bonnet, seigneur de Toiras (1585-1636),
s'était signalé à l'attention de Henri IV d'abord, à celle de Louis XIII
ensuite, par son adresse à la chasse. Sur le désir du roi, il avait, en
1619, acheté la charge de capitaine de la volière des Tuileries. Si Toiras
avait ambitionné le pouvoir, il aurait sans doute pu le conquérir à
l'exemple de Luynes. En 1623, les Brulart redoutaient son influence.
« Ils ont jalousie de Toiras, lit-on dans les *Mémoires* de Richelieu ; ils
appréhendent qu'il ne s'avance dans l'esprit du roi » (RICHELIEU,
Mémoires, t. III, *Soc. de l'Histoire de France*, p. 293). Toiras préféra
servir le roi à l'armée. Capitaine aux gardes du roi en 1620, gouverneur
de l'île de Ré en 1625, il fut promu maréchal de camp en 1628 et devint
maréchal de France en 1630. Subitement disgracié en 1633, probablement parce qu'il portait ombrage à Richelieu, il passa les dernières
années de sa vie en Italie. Après avoir repoussé les nombreuses

la regina madre, il card. della Rochefoucault, il Contestabile (1), il marchese della Vieuville (2), et il sig. di Bouillon (3), nondimeno il s. di Puisieux, segretario di Stato et il Gran Cancelliere, suo padre, portano il peso della monarchia di Francia (4); sono espertissimi ne'

---

avances que lui fit le roi d'Espagne pour l'engager à son service, il consentit, en 1635, à accepter, avec la permission de Louis XIII, le commandement d'une armée du duc de Savoie, devenu l'allié de la France. Toiras périt le 14 juin 1636 à l'attaque de Fontanella, ville du Milanais.

(1) François de Bonne (1543-1626) duc de Lesdiguières, avait été fait connétable de France après avoir abjuré le calvinisme (RICHELIEU, *Mémoires*, t. III, éd. de la *Soc. de l'Histoire de France*, pp. 240-241).

(2) Charles, marquis de la Vieuville, lieutenant général au gouvernement en Champagne et Rethelois, capitaine de la première compagnie des gardes du roi (1616), maréchal de camp en 1622, avait été en 1623 appelé par les Brulart à succéder à Henri de Schomberg dans la charge de surintendant des finances. En 1624, il précipita la ruine des Brulart et fit entrer Richelieu au conseil. Peu après, il fut disgracié et emprisonné. Etant parvenu à s'évader en 1625, il fut condamné par contumace. Au lendemain de la mort de Louis XIII, le 11 juillet 1643, l'ancien ministre fut rétabli dans ses charges et dignités. En 1651, Mazarin le nomma une seconde fois surintendant des finances. Elevé à la duché pairie le 26 décembre 1651, il mourut le 2 janvier 1653.

(3) Claude de Bullion, sieur de Bonnelles (?-1640), conseiller au Parlement de Paris en 1599, maître des requêtes en 1605, avait été nommé conseiller d'Etat en 1622. Il devait être plus tard, comme surintendant des finances (1632), un des meilleurs collaborateurs de Richelieu.

(4) Nicolas Brulart, marquis de Sillery, seigneur et vicomte de Puysieux (1547-1624), avait été reçu conseiller au Parlement de Paris en 1573 et nommé maître des requêtes en 1574. Après avoir été ambassadeur en Suisse en 1589 et en 1594, il fut en 1598 un des représentants de la France aux conférences qui aboutirent au traité de Vervins. En 1600, Henri IV l'envoya négocier à Rome son divorce avec Marguerite de Valois, à Florence son mariage avec Marie de Médicis. Nommé garde des sceaux en 1604, chancelier de Navarre en 1606, Nicolas Brulart devint chancelier de France en 1607; il garda les sceaux jusqu'en 1616. Concini les lui fit retirer à cette date. En 1623, Louis XIII les lui rendit.

Pierre Brulart, vicomte de Puisieux et de Sillery (1583-1640), fils du précédent, avait été, dès 1607, secrétaire d'Etat *ad latus* du duc de Villeroy, le grand-père de son épouse. A ce titre il eut part à la direction des affaires à la fin du règne de Henri IV et dans les premières années de celui de Louis XIII. En 1616, il fut, comme son père, écarté par Concini; mais, après la chute du favori, il redevint secrétaire d'Etat. La disparition du duc de Luynes fit de lui le chef du gouvernement. Avec son père, le chancelier, il « porta le poids du royaume ».

A la date où est écrite l'instruction (23 janvier 1624), il est à la veille de perdre le pouvoir. Le 4 février, Louis XIII lui retirera sa charge et lui ordonnera de partir pour l'exil. Déjà, le 1er janvier précédent, les sceaux avaient été retirés à son père.

maneggi politici et amatori della pace dentro e fuori del regno, et hanno modo di conservarla; sono invidiati per la loro autorità et independenti da qualsivoglia altro grande.

Fra prencipi del reame sono per ordinario molte gare, mercè dell' l'emulatione de' Borboni e de' Guisi.

Del duca d'Angiò (1), non si può dir altro per ora se non ch' egli attende all'acquisto delle buone discipline; è di spirito vivace, accorto, ingegnoso, e per quanto si vede, piega alle cose militari; è timorato di Dio è riverente al re, sotto la cura del colonello d'Ornano, huomo pio e devoto (2).

La (a) regina regnante è colma di bontà e piena di conjugale amore verso il marito.

La regina madre sempre pensa alla pace et alla felicità del re suo figliolo, e vi coopera con tutto il potere. È accarezzata dal re, riverita da' ministri, e vien consigliata dal s. card. di Richelieu.

Il Francese presto ama e presto odia, tiene il punto con chi seco si mostra studioso di tenerlo, ma quando s'accorge ch' altro non habbi artificio, risponde con apertura e lealtà. Perciò e prima d'ogn'altra cosa, ella procuri di guadagnare gli animi senza doppiezza e con liberalità, e dopo ponga mano a' negotii più ardui,

(a) Le fragment « La regina regnante... marito » vient dans B. C. après le suivant : « La regina madre... Richelieu ».

---

(1) Gaston d'Orléans (1608-1660) porta d'abord le titre de duc d'Anjou. Il devint duc d'Orléans en 1626, lors de son mariage avec la princesse de Montpensier.

(2) Jean-Baptiste d'Ornano (1581-1626), colonel général des Corses, lieutenant général du roi en Normandie, fut nommé gouverneur de Gaston d'Orléans en octobre 1619. Il reçut le bâton de maréchal de France le 7 avril 1626. Peu après, le 4 mai, il fut accusé de conspiration et emprisonné au château de Vincennes. Il y mourut au commencement de septembre 1626.

usando sempre del suo maturo senno e della modestia, risentodisi con bel modo a suo tempo.

Degl' interessi privati di mia casa, dica pure che, per la Dio gratia, gli ho congiunti talmente con le cause pubbliche, e con la gloria di Dio, della sua Chiesa, e di papa Urbano, mio zio, che quando da Sua Maestà verranno promosse queste, io mi chiamerò strettamente obligato alla M^{tà} Sua anche per titolo di privata utilità. Io non dispero già che a S. M^{tà} sia per aprirsi il campo di farmi segnalatissime gratie, ne io le ricuso, e sono per lasciar di supplicarne la M^{tà} Sua, quando con l'opere gli havrò fatto conoscere che io e quei di casa mia procuriamo di farci degni della protettione sotto la quale ci ha ricevuto S. M^{tà}.

De' negotii de' persone particolari si raccommandano a V. S. gli affari e gli avanzamenti di Monsignor d'Albin, vescovo di Poitiers (1) e gli interessi del s. conte di Castel Villano (2).

Io le raccommando i negotii de' cattolici di Scotia, e desidero che ben spesso ella me ne ragguagli, perchè sono protettore di quel regno.

Al s. di Bettunes desidero che V. S. dia bene ad intendere la mia gratitudine dell'amore che questo

---

(1) Henri-Louis Chasteignier de la Rocheposaie, comte d'Albain (1577-1651) devint évêque de Poitiers en 1611. Prélat très érudit, il a composé des ouvrages de philosophie, d'histoire et surtout des commentaires de l'Ecriture (HURTER, *Nomenclator litterarius*, t. I, 2me édit., 1892, p. 436 et LELONG, *Bibliotheca Sacra*, Paris, 1723, p. 670).

(2) Scipion Diacette d'Aquaviva d'Aragon, comte de Chateauvillain, duc d'Atri et prince de Melfi (1588-1648), prétendit rentrer dans les droits qu'il tenait de sa mère, Anne d'Aquaviva d'Aragon, sur le duché d'Atri et autres terres situées dans le royaume de Naples. Après la mort de son épouse, Geneviève Doni d'Attichi, nièce du maréchal de Marillac, il entra dans l'Eglise. Pourvu par le pape de l'abbaye de Saint-Arnould de Metz, le 3 mars 1634, il ne put en prendre possession qu'en 1644. Il fut question de son élévation au cardinalat sous le pontificat d'Urbain VIII.

signore mi cominciò a portare, mentre io ero ancor bam-
bino (1),

Del merito e delle virtù del s. conte di Mores, io sono
partiale amatore (2).

Amorevoli di N^ro S^re si sono conservati particolarmente Mons. Zametto, vescovo di Langres (3), Mons.
l'abbate di S. Vittore (4), Mons. di Vaire (5), Mons. di
Bettoune, Mons. d' Vual (6), Mons. di Gambuse *(a)*,

(a) Gambase (B. C., B. N.).

----

(1) Philippe de Béthune, baron, puis comte de Selles, de Charost et
de Mors, marquis de Chabris (1561-1649), était le frère puîné de Sully,
le célèbre ministre de Henri IV. Après avoir été ambassadeur en
Ecosse en 1599, à Rome en 1601, lieutenant général du roi en Bretagne
et gouverneur de Rennes, il devint gouverneur du duc Nicolas
d'Orléans. Louis XIII l'envoya en ambassade auprès des ducs de Savoie
et de Mantoue en 1616, auprès de l'empereur et des princes d'Allemagne
en 1619. Il devait le choisir, au mois de février 1624, pour aller remplacer à Rome le commandeur de Sillery et y négocier l'accommodement des affaires de la Valteline.

(2) Louis, comte de Maure (1602-1669), grand sénéchal de Guyenne,
était le fils cadet de Gaspard de Rochechouart, marquis de Mortemart.
Par son mariage avec Anne Doni d'Attichi, il était devenu le beau-frère
du comte de Chateauvillain et le neveu du maréchal de Marillac. Après
s'être distingué dans la carrière des armes, il se donna tout entier aux
œuvres de piété.

(3) Sébastien Zamet (1588-1655), évêque-duc de Langres, pair de
France, est un des évêques des plus remarquables de la première moitié
du XVII° siècle. Son action a été mise excellemment en lumière dans
l'ouvrage de M. Prunel, *Sébastien Zamet*, Paris, 1912.

(4) Denis II de Saint-Germain (1567-1652), fut, le 10 octobre 1622,
élu abbé de Saint-Victor, en un chapitre qui se tint à l'abbaye de
Sainte-Geneviève *(Gallia christiana*, t. XV, p. 698).

(5) Pierre du Vair, frère du garde des sceaux, Guillaume du Vair,
fut évêque de Vence de 1601 à juin 1638.

(6) Il s'agit probablement d'André Duval (1564-1638), docteur de
Sorbonne, qui fut un des principaux adversaires d'Edmond Richer.
En 1617, il composa contre ce dernier un *Elenchus libelli de ecclesiastica et politica potestate pro suprema Romanorum pontificum in
Ecclesiam auctoritate*. A l'écrit anonyme publié par Vigor en 1613
(voir p. 42), Duval opposa en 1614 sa *De suprema Romani pontificis in ecclesiam potestate disputatio quadripartita* (Paris). Prêtre
zélé, André Duval avait encouragé Mme Acarie dans son dessein
d'établir les carmélites en France ; il fut associé par Rome au père
de Bérulle dans la charge de gouverner les carmels qu'elle avait
fondés. En 1621, il édita une vie de Mme Acarie : *La vie admirable de
la servante de Dieu, Sœur Marie de l'Incarnation*. Sa dernière œuvre
fut le *Commentarium in IIam partem Summae diui Thomae*, qu'il
publia en 1636. Cf. Féret, *La Faculté de Théologie de Paris et ses
docteurs les plus célèbres. Epoque moderne*, t. IV, Paris, 1906,
pp. 329-331.

Mons. di Catovillen (1), Mons. di Passompier (2),
Mons. di Sully (3), Mons. di Marigliac (4), Mons. della
Branscia, ordinario del re, e Mons. de Andegly (5),
i signori Gondi (6), i signori del Bene (7), il s. Giov.

---

(1) Il doit sans doute être question ici du comte de Chateauvillain dont il est parlé plus haut, p. 64.

(2) François de Bassompierre (1579-1646), colonel général des Suisses en 1614, maréchal de France en 1622, fut envoyé plusieurs fois en ambassade en Espagne (1621), en Suisse (1625 et 1630), en Angleterre (1626). Après que Richelieu l'eut emporté sur la reine mère, à la Journée des Dupes (11 novembre 1630), Bassompierre, qui était du parti de Marie de Médicis, fut emprisonné à la Bastille, où il demeura jusqu'au 19 janvier 1643. Ce fut pendant sa captivité qu'il rédigea ses *Mémoires* (édit. Chantérac, Soc. de *l'Histoire de France*, 4 vol., Paris, 1870-1877).

(3) Maximilien de Béthune, duc de Sully (1560-1641), vivait dans la retraite depuis qu'il avait cessé de prendre part aux affaires (26 janvier 1611). Les rapports qu'Urbain VIII avait eus, lors de ses nonciatures, avec le premier ministre de Henri IV, l'espoir que gardait la cour de Rome de voir ce protestant de marque se convertir au catholicisme, était, pour le cardinal François Barberini, des raisons suffisantes pour recommander au nonce d'entretenir avec Sully de bonnes relations.

(4) Deux Marillac sont très connus à cette époque : Michel de Marillac (1563-1632) et Louis de Marillac (1573-1632). Le premier, conseiller au Parlement de Paris (1586), maître des requêtes (1595), devint surintendant des finances en 1624. Nommé garde des sceaux en 1626, il fut disgracié le 12 novembre 1630, détenu à Caen, puis à Chateaudun, où il mourut le 7 août 1632. Catholique très zélé, il contribua beaucoup à l'établissement des carmélites en France. Il est l'auteur du *Discours sommaire de l'établissement de l'ordre des religieuses de Notre-Dame du Mont Carmel*, dont il a été parlé plus haut. Son frère, Louis de Marillac, comte de Beaumont-le-Roger, servit le roi à l'armée. Maréchal de camp en 1621, il reçut le bâton de maréchal de France en 1629. Arrêté comme son frère, après la Journée des Dupes, il fut condamné à mort le 8 mai 1632 et décapité le surlendemain. Selon toute vraisemblance, c'est de Michel de Marillac qu'il doit être question dans l'instruction.

(5) S'agirait-il ici de Robert-Arnauld d'Andilly (1588-1674), fils d'Antoine Arnauld, frère aîné du fameux Antoine Arnauld ?

(6) Par les Gondi, le cardinal François Barberini entend non seulement Jean-François Gondi, archevêque de Paris (voir p. 34 n. 1), mais encore Philippe Emmanuel de Gondi (1581-1662), comte de Joigny, marquis de Belle-Isle et des Iles d'Or, baron de Montmirail et de Dompierre, etc., etc., qui fut lieutenant général pour le roi ès mers du Levant, général des galères, chevalier des ordres en 1619. Après la mort de son épouse Françoise-Marguerite de Silly (22 juin 1625), Philippe-Emmanuel de Gondi devait se démettre de toutes ses charges, se retirer à l'Oratoire et y être ordonné prêtre. Il était le père du trop fameux cardinal de Retz.

(7) Alphonse d'Elbene (1580-1651) succéda en 1608 à son oncle Alphonse d'Elbene sur le siège d'Alby. Il devait, en 1632, prendre part à la révolte du duc de Montmorency et être exilé de France. Il n'y rentra qu'en 1643, après la mort de Richelieu.

Battista Vassallo ; et a tutti questi signori V. S. ha da
far sempre tali dimostrationi d'amore che s'accorghino
d'esser nella memoria di S. B^{ne}, e che io desidero fuor
di modo servirgli.

Con tutti i ministri degli altri prencipi cattolici ella
terrà buona corrispondenza *(a)*, e con quelli maggiore da
quali a lei sarà meglio corrisposto.

Con gli altri nuntii è necessaria la communicatione di
quegli avvisi et avvertimenti, da quali ciascuno di essi
può ricevere aiuto per ben portare il suo carico in servitio di questa Santa Sede.

Non se le ricorda la frequenza de' ragguagli di quanto
alla giornata succederà *(b)* negli affari pubblici e privati
della corte di Francia, perchè il darne è parte molto
essentiale di un buon nuntio; ma se le consegnano due
cifre, una comune con tutti gli altri nuntii, e l'altra
particolare de 'negotii più importanti della nunciatura di
Francia.

Degli affari che pendenti restano, ella havrà distinta
notitia dal suo antecessore.

Se le consegnano brevi di N^{ro} S^{re} e mie lettere non
solo per le Maestà reali, ma ancora per altri prencipi e
grandi, e se le danno ancora delle lettere in bianco,
acciò che V. S. possa valersene con quegli, a quali, per
inavertenza, può essere accaduto che non si scriva nominatamente.

Della propria famiglia di V. S. non entro a parlare,
perchè so certo ch'ella vorrà vederla un'essemplare
d'integrità e di buoni costumi, e che non permetterà mai che
le colpe di alcuni denigrino *(c)* l'autorità della sua carica.

(a) intelligenza (A. V., B. C., B. N.). — (b) le fragment « negli
affari... Francia » manque dans A. V. — (c) degenerino la buona fama
di lei e che impegnino l'autorità (A. V.).

Alla mano de 'ministri ella habbia l'occhio, e procuri
di trattenergli talmente dentro a limiti della prudenza,
che la ruvidezza o poco lor. buon modo di trattare non
s'avventuri il guadagno che, io confido, farà sempre
ella medesima con le sue destre maniere (1).

Dove si tratta di difendere e propagare la santa fede,
V. S. troverà *(a)* non meno l'autorità che l'opera del re,
facendoci avisati l'esperienza quanto egli ne sia acerrimo
defensore, e quanto presso a nationi anche straniere sia
formidabile il suo nome reale.

La Maestà Sua per mezzo del s. Cesy, suo ambasciatore
presso al Turco (2), ad istanza di detta Congregazione
fece deporre Cirillo, già patriarca di Costantinopoli,
eretico calvinista che andava spargendo l'eresia di
Calvino nella Chiesa Orientale, mandando de' suoi calo-
geri in Inghilterra, nell' Università d'Auxfort, per farli
istruire nel calvinismo e per promuovergli poi alli vescovati soggetti al suo patriarcato; et in luogo di lui fu
eletto Antimo, il quale di nuovo è stato deposto; e da
Rhodi, dov' era stato confinato Cirillo, egli è tornato,
secondo s'intende, nella sedia patriarcale per malignità
degl'Olandesi, i quali vogliono unire la Chiesa Greca
alla loro sinagoga; fu deposto Antimo come amorevole
della Chiesa Romana, e contro il volere dell'ambasciatore
francese alla Porta surrogato in luogo di quello Cirillo,

(a) trovará pronta (B. N.).

---

(1) Ici se termine l'instruction émanant de la secrétairerie d'Etat. Ce
qui suit est une instruction provenant de la congrégation de la Propagande.
(2) Philippe de Harlay (1581-1652), comte de Césy, avait, en 1620,
succédé dans l'ambassade de Constantinople à son parent Achille de
Harlay, baron de Sancy, le futur évêque de Saint-Malo.

calvinista (1). Questo *(a)*, se si lascia in detta sede patriarcale, chi ne dubita che si empirà presto l'Oriente di
vescovi e metropoliti calvinisti, i quali sedurrano facilmente tutto quel popolo sepolto nell' ignoranza per la
tirannia del Turco? Ma quel che più da temere è che,
da *(b)* tal principio, sia per venire *(c)* un giorno persecutione horribile *(d)* alla Chiesa Cattolica *(e)*. V. S.,
in nome di N^ro S^re, rappresenti tutto questo al re con
efficace modo, et operi con ogni spirito che S. M^tà si
dichiari protettore di detto patriarchato o almeno
d'Antimo, il quale, con il colore di un tanto patrocinio,
sarà restituito (come si desidera che segua) nella pristina

(a) Chi ne dubita, se questo si lascia in detta sede patriarcale, che
s'empirà (B. C.). — *(b)* che tal (B. C., B. N.). — *(c)* causare (B. C.). —
(d) terribile (B. C.). — *(e)* di Dio (B. N.).

---

(1) Cyrille Lukaris (1572-1638) était originaire de Candie en Crète.
Après avoir fait son éducation en Italie, à Venise d'abord, à Padoue
ensuite, il était retourné en Orient à l'âge de vingt-trois ans. Successivement syncelle à la cour de Mélèce Pighas, patriarche d'Alexandrie,
recteur de l'Académie russe de Vilna, il avait été, à la mort de Mélèce,
élu patriarche d'Alexandrie (1602). En 1620, il était passé sur le siège
patriarcal de Constantinople.
   Le nouveau patriarche était notoirement gagné aux idées calvinistes.
Pour qu'il ne puisse les répandre en Orient, le Saint-Siège s'est employé
auprès de l'empereur, du roi de France et de la République de Venise
afin de le faire déposer. En 1623, il a obtenu satisfaction : dans les
derniers jours d'avril, Cyrille Lukaris fut renversé et envoyé en exil
à Rhodes ; Grégoire V d'abord, Anthime d'Andrinople ensuite, lui
furent donnés pour successeurs. Mais, au mois d'octobre de la même
année, grâce à la protection de l'ambassadeur des Provinces-Unies,
Cyrille Lukaris fut rétabli sur son siège. Mission est donc donnée au
nonce d'agir auprès du roi de France pour que son représentant à
Constantinople obtienne de nouveau la déposition du patriarche calviniste. M. Fagniez (*Le père Joseph et Richelieu*, t. I, p. 321, note 1)
indique les lettres qui s'échangèrent à ce sujet entre le nonce, le cardinal neveu, Louis XIII et l'ambassadeur de France.
   Jusqu'en 1630, Cyrille parvint à se maintenir sur son siège. Il fut
ensuite plusieurs fois déposé et rétabli. En mars 1637, il recommença
son septième patriarcat ; ce fut le dernier. Renversé en juin 1638, il fut
étranglé par les Turcs le 27 de ce même mois.
   Cyrille Lukaris a laissé beaucoup d'écrits polémiques et un grand
nombre de lettres éditées en partie par LEGRAND, *Bibliographie hellé-
nique* ou *Description raisonnée des ouvrages publiés par des Grecs au
XVIIe siècle*, Paris, 1894-1896. Cf. HAUCK, *Realencyclopaedie*, t. XI,
3e édit., p. 682.

sua dignità, e la M.tà Sua ne conseguirà per premio una gloria immortale.

Volendo la Congregazione introdurre li capuccini in Costantinopoli, si scrisse à Mons. di Tarso che facesse officio con S. M.tà, acciochè impetrasse la licenza alla Porta per mezzo del sudetto ambasciatore; però V. S. dovrà seguire questo negotio per ottenere la detta licenza (1).

Spesso ricordi al re che raccommandi alla protettione del suo ambasciatore Cesy li cattolici di Levante, et in particolar li prelati, e tutti li religiosi, e le chiese, anco che non siano oppressi ne da scismatici, ne da Turchi, e che S. M.tà li comandi che seguiti d'avisare, come fa, N.ro S.re e la Sacra Congregazione, degli inconvenienti, disordini e scandali, a quali farà bisogno giornalmente rimediare per mezzo dell'autorità e giuridittione ecclesiastica, perchè opportunamente si possa a quegli provvedere da S. S.tà e dalla Congregazione.

Scrisse la Congregazione al nuncio passato che invigilasse sopra la conversione degli eretici, adesso che sono dall'armi vittoriose del re atterriti, e V. S. non lasci occasione di sollecitare i superiori de'regolari e delle Compagniē et Oratorii, e gli arcivescovi, vescovi, e altri prelati di Francia, acciò che attendino alla

---

(1) Le père Joseph avait eu le premier l'idée de fonder dans le Levant, et notamment à Constantinople, des missions de capucins. A son instigation, le père Pacifique de Provins avait fait en Orient un voyage de reconnaissance. Sur le rapport favorable de ce religieux, la congrégation de la Propagande avait, en 1623, décidé l'envoi de quatre capucins à Constantinople, et elle avait sollicité une intervention de Louis XIII auprès du sultan, pour que fût autorisé l'établissement de ces missionnaires. Le 5 février 1626, se mirent en route le père Archange des Fossés, qui devait être le supérieur; les pères Léonard de la Tour, Evangéliste de Reims (ou de Suippe, près de Reims), Raphael de Villeneuve-le-roi. Arrivés à Constantinople le 5 juillet, ils prirent possession de l'église Saint-Georges de Galata. Cf. FAGNIEZ, *op. cit.*, pp. 314-318.

conversione degli eretici per mezzo de'buoni predicatori e missionarii, e se, per far bene quest'officio, sarà necessario ch'habbino facoltà, scriva alla Congregazione de Propaganda Fide i nomi di quelli che le desiderano, che li saranno mandate.

Essendosi scritto d'ordine di Nro Sre e della S. Congregazione a tutti i prelati di Francia che mandino la relatione dello stato della religione nelle chiese loro e diocesi, e che avvisino i remedii opportuni per convertire gli eretici, et non havendo eseguito quest'ordine se non gli infrascritti vescovi, V. S. facci ogni diligenza acciochè tutti gli altri vescovi del regno la mandino a Nro Sre o alla detta Congregazione. I vescovi che hanno mandato la relatione sono : gli arcivescovi di Vienna, di Tolosa, di Narbona, i vescovi di Sarlati, di San Papul, di Corisopiti, di Condom, di San. Malo, di Nivers, di Montpelier e di Xaintes. Restano da mandare di 114 vescovadi.

Havendo la felice memoria di Gregorio XV applicati gli anelli cardinalitii alla Sacra Congregazione de Propaganda Fide (1), et essendosi scritto a Mons. di Tarso che procuri il pagamento da gli heredi del cardinale di Retz (2) e dal cardinale di Sourdis, il quale si è obbligato di pagarlo in vita sua (3), sottoscrivendo una

---

(1) Par la bulle du 22 juin 1622, Grégoire XV avait attribué à la congrégation de la Propagande le droit d'anneau cardinalice (*Bullarium*, t. XII, Turin, 1867, p. 693).

(2) Henri de Gondi (1572-1622), évêque de Paris à la suite de la démission de son oncle Pierre de Gondi, avait été créé cardinal par le pape Paul V au consistoire du 26 mars 1618. Comme sa mort, survenue le 3 août 1622, était postérieure à la bulle de Grégoire XV, ses héritiers étaient tenus de payer le droit d'anneau.

(3) François d'Escoubleau de Sourdis (1575-1628), archevêque de Bordeaux, fut créé cardinal par le pape Clément VIII, au consistoire du 3 mars 1598 (RAVENEZ, *Histoire du cardinal François de Sourdis*, Paris, 1867).

poliza qui in Roma insieme con altri cardinali, V. S,
gliel rammenti e procuri li detti pagamenti che sono per
ciascun cardinale 500 ducati di camera nuovi; i quali
fanno scudi 545 d'oro delle stampe ; e facci officio con
gli altri cardinali di Francia per vedere d'indurgli a
pagare in vita con l'essempio di tanti altri cardinali che
hanno già pagato ; eccetto però il s. cardinale di Richeleu,
il quale essendo stato creato dopo la bolla della detta
applicatione, vien'ad esser obligato di pagarlo in vita.

Essendosi scritto al medesimo mons. di Tarso dalla
Sacra Congregazione che procurasse dal re Cristianissimo la licenza di venir a Roma al s. *(a)* Gabriele
Sionita (1), professore e stipendiato da S. M^{ta} Crist^{ma} per
la lingua arabica, acciochè potesse servire la medesima
Congregazione nella correttione della Bibbia arabica che
si ha da stampare per servitio de' popoli orientali, e che la
M^{ta} Sua gli lasciasse godere lo stipendio come se fosse
a Parigi. V. S. insista e promuova questo negotio.

Ella sopraintenda et invigili alla missione de' capuccini *in finibus Pictavorum*, procurando dal provinciale di
saper i progressi di detta missione et avvisine N^{ro} S^{re} e
la Congregazione, animando quei padri *(b)* a far frutto.

(a) s. conte Gabricle (B. N.). — *(b)* popoli (A. V., B. C., B. N.).

---

(1) Gabriel Sionite (1577-1648) était un maronite originaire d'Edesse.
Amené à Rome à l'âge de sept ans, il fit ses études au collége maronite. Il s'adonna à l'étude d s langues orientales, surtout à l'arabe et
au syriaque. Savary de Brèves, ambassadeur de France à Rome en
ce temps, le distingua et le détermina à se rendre en France en 1614,
pour travailler à l'édition d'une bible polyglotte qu'avaient projetée le
cardinal du Perron et l'historien de Thou (1614). Gabriel Sionite devint
professeur au Collège de France. Lorsque l'avocat au Parlément de
Paris, Michel Le Jay, eut repris le projet d'édition abandonné par le
cardinal du Perron, Gabriel Sionite resta un de ses collaborateurs ; il
devait, plus tard, se brouiller avec lui. Sa principale œuvre a été
l'édition, dans la Polyglotte de Le Jay, parue à Paris en 1645, des
textes révisés des versions grecque et syriaque de tous les livres de
la *Bible*, à l'exception du livre de Ruth et des quatre évangiles.
(Kirro, *Cyclopedia of biblical literature*, Edimbourg, 1876, t. II, p. 48).

Il capo di questa missione è il padre fra Gioseppe, parisiense, huomo insigne per la conversione degli eretici (1).

Intenda *(a)* parimente alla missione de' cappuccini in
Bearne, in Fois, San Antonio, Carmau et altre città della
Guascogna e Linguadoca a far quello che si è di sopra
detto della altra missione.

Dalla relatione dell'arcivescovo di Vienna, s' è inteso
che in San Marcellino, terra della sua diocesi, v'è un
predicatore protervo (2), il quale, non potendosi da missionarii *(b)* superare et impedendo grandemente la conversione di quella terra, potrebbe V. S. procurare dal re che
fosse cacciato dall'arcivescovo *(c)*, se detto predicatore
tuttavia si trova.

Dalla relatione del vescovo di Condom si cava che ha
il detto vescovo la terra di Nerac, ove sono molti eretici
con una missione di gesuiti, li quali indarno si affaticano,
se con l'autorità temporale il re non da qualche buon
ordine; et ella potrà scrivere al vescovo ch' avvisi ciò che
può fare S. M^tà, perchè nella relatione non lo specifica *(d)*.

Da quella del vescovo di San Malo, s'intende che in

(a) Ella sopraintenda (B. C.); Sopraintenda (A. V., B. N.). —
(b) missioni (B. N.). — (c) arcivescovo tuttavia vi si trova (A. V.,
B. B.). — (d) significa (B. C.).

---

(1) François Le Clerc du Tremblay, en religion le père Joseph
(1577-1638), ne mérite pas seulement d'être connu à cause du
rôle politique qu'il a joué. Il a encore travaillé avec le plus grand
zèle à la restauration du catholicisme en France au commencement
du XVIIe siècle. De bonne heure, la région de l'Ouest avait été un
de ses champs d'apostolat. Des bulles, qu'il avait rapportées de Rome
en 1617, avaient placé les missions de l'Ouest sous la direction du
provincial de Touraine. Celui-ci délégua ses pouvoirs au père Joseph
qui, avec six religieux, entreprit d'évangéliser les catholiques du Poitou
et de convertir les protestants. Sur l'état religieux du Poitou et l'activité du père Joseph, voir Fagniez, *op. cit.*, t. I, pp. 282-296.

(2) Le ministre visé par l'instruction est peut-être Jacques Barbier
qui fut pasteur à Saint-Marcellin de 1614 à 1626 (Haag, *La France
protestante*, 2e édit., t. I, Paris, 1877, pp. 796-797).

un castello e villa del marchese del Moussaye (1) è solo lecito di predicare a calvinisti; però sarebbe bene di ricordare alla M.^{tà} del re che levasse li predicanti acciochè i missionarii del vescovo potessero far frutto; il castello e villa non è nominata nella relatione, e però si potrà scrivere al vescovo per saperlo.

Il vescovo di Monpelier avvisa d'haver carestia d'operarii, e che dagli eretici sono sentiti volentieri i padri cappuccini; onde se gli potrebbe procurare una missione di questi padri.

Il vescovo di Xaintes nella relatione avvisa che la sua diocesi ha 600 parrocchie, in tutte le quali vi è l'essercitio eretico con i suoi predicatori, e che bisognarebbe ricordare al re l'espulsione (a) di detti predicanti, perchè, havendo egli l'operarii, farà ogni sforzo per convertir tutte le sue parrocchie. Soggiungendo egli anche (b), gli fosse mandato qualche buon predicatore, l'impiegarebbe; se gli potrebbe mandare un tal padre Atanasio, parisiense, cappuccino (2), missionario della Congregazione per tutta la Francia; il quale, per esser huomo di valore nella conversione degli eretici, V. S. procurerà di conoscerlo e l'avvisarà che scriva alla Congregazione de' suoi progressi.

(a) esclusione (B. C.). — (b) anche che se gli fosse (A. V., B. C.); anco che se gli fosse (B. N.).

---

(1) Amaury Goyon (?-1624), comte de Plouer, vicomte de Pommerich et de Tonquédec, baron de Marcé et du Juch avait été créé marquis de la Moussaye en 1615. Il fut député à l'Assemblée générale des Eglises protestantes qui se tint à Loudun en septembre 1619. Calviniste fervent, il composa un livre intitulé *Méditations chrétiennes sur divers textes de l'Ecriture sainte*, qui fut imprimé après sa mort en 1666 (HAAG, *La France protestante*, 1re édit., t. V, Paris, 1885, pp. 944 et suiv.).

(2) Le père Athanase n'était autre qu'Edouard Molé (?-1631), un frère puîné du procureur général Mathieu Molé, le futur premier président et garde des sceaux. « Il a ce don de Dieu, lit-on dans le *Mercure François* (t. VIII, Paris, 1623, p. 492), d'être fort heureux aux conversions des religionnaires et y en convertit un grand nombre. »

Del collegio già fondato in Parigi dall'arcivescovo
Glasco bon. mem. per la natione scozzese (1), fu scritto
all'antecessore di V. S. *(a)* che s'era udito qui ch'i padri
certosini, a quali il fondatore ne concesse il governo,
l'havessero abandonnato, rilasciandone la cura ad un
procuratore secolare, economo del medesimo collegio, e
che. di 24 scolari *(b)*, che vi potrebbono alimentare,
cinque soli vi si mantingano per mancamento de'buoni
ordini. Di più si scrisse che dalla medesima natione
veniva instantemente dimandato a N^{ro} S^{re} che la cura
del collegio predetto *(c)*, tanto per l'economia quanto per
la disciplina degli alunni, fosse commessa ai padri della
Compagnia, e che a questo fine V. S. chiamasse i superiori certosini et altri interessati in questo negotio, e con
destrezza procurasse il consenso loro all' introduttione
de' gesuiti in detto collegio. Tutte le quali cose furongli
ultimamente replicate d'ordine della S. Congregazione
de Propaganda Fide, giudicandosi che per esser lontano
dall' instituto de' certosini l'occuparsi in cure simili
meramente attive, non vi sia per esser difficoltà per

(a) V. S. con dirli (A. V., B. C., B. N.). — *(b)* secolari (A. V., B. C.,
B. N.). — *(c)* presente (A. V., B. C., B. N.).

---

(1) Jacques Beaton (1517-1603), archevêque de Glasgow en 1551,
passa la plus grande partie de sa vie à Paris. Il s'y était retiré en 1560
à la suite de la crise religieuse qui s'était produite en Ecosse. Marie
Stuart l'avait chargé, en 1561, de remplir les fonctions d'ambassadeur à
la cour de France. Bien que, le 15 février 1574, il eût été mis hors
la loi par le conseil privé d'Ecosse, il fut de nouveau nommé ambassadeur en France par Jacques VI en 1586. Peu de temps avant sa
mort, en 1598, il fut par un acte du Parlement d'Ecosse « rétabli
dans ses biens, honneurs, dignités et bénéfices, quoiqu'il n'eût jamais
professé la religion reconnue dans le royaume », disait le décret.
The catholic encyclopedia, t. II, New-York, 1907, p. 374.
Le collège écossais, dont l'archevêque de Glasgow fut un bienfaiteur
insigne, avait été fondé en 1325 par l'évêque David de Moray et
agrégé à l'Université de Paris (BELLESHEIM, *Geschichte der Kirche in
Schottland*, t. II, p. 190).

indurgli a sottrarsene, non ad altro fine che di facilitar magiormente la propagatione della fede cattolica et il culto di Dio *(a)*.

Delle altre occurrenze, delle quali o presentemente non si havesse notitia, o fossero tali che io stimassi superfluo il darne ricordo *(b)*, potrà ella alla giornata andarne ragguagliando secondo il bisogno e degli avvenimenti de' suoi negotiati. Che *(c)* fra tanto Nro Sre la benedice, et io prego la Mtà Divina che le sia guida nel camino et in tutte le sue operationi.

Aggiungasi a V. S. che l'interessarsi ne' segreti e privati affari del re è cosa pericolosa, se non vien fatta con grandi opportunità, e quando S. Mtà se ne mostri contenta, e quelli che sono favoriti lo desiderano ; di che solamente può far giudicio V. S. sul fatto.

Inoltre *(d)* al governo delle monache carmelitane commesse al padre di Berul, la Santità di Nro Sre confermò per breve quello di Gregorio XV sanct. mem., e fu scritto all 'antecessore di V. S., che facesse intendere alle medesime monache che si quietino et ubbedischino, et a fautori d'esse che desistino dal fomentarle a cose nuove, et ultimamente, oltre al contenuto nella confermatione predetta *(e)*, s' è mandato *(f)* breve (1), del quale havrà copia dal suo antecessore.

Di Roma li 23 di Gennaro 1624 (g).

(a) divino (A. V., B. C., B. N.). — *(b)* il darlene ragguaglio secondo il bisogno se le somministrarà. Che fra tanto (B. C.). « Il darne ricordo » manque dans A. V. et B. N. — *(c)* E tra tanto (B. N.). — *(d)* Inoltre che quanto al (A. V., B. C., B. N.). — *(e)* « predetta » est omis dans A. V., B. C. et B. N. — *(f)* mandato novo breve (B. N.). — *(g)* 1642 (B. N.).

---

(1) Le bref dont il est parlé est celui du 20 décembre 1623. Voir plus haut, p. 29.

INSTRUCTION DE BAGNI

(1er Mars 1627)

I. — Notice biographique

L'archevêque titulaire de Patras, Jean-François Guido del Bagno, plus connu sous le nom de Bagni (1), succéda en 1627 au cardinal Spada dans la charge de nonce ordinaire en France (2).

Le nouveau ministre pontifical était né à Florence, en octobre 1578, de parents d'illustre origine : son père Fabrice, marquis de Montebello, appartenait à la vieille famille toscane des comtes Guidi del Bagno qui n'avaient reconnu qu'au milieu du XVe siècle la suzeraineté de la commune de Florence ; sa mère Laure Colonna, fille du duc de Zagarolo, était issue de la célèbre famille romaine des Colonna. Après avoir étudié successivement les

---

(1) Tomasini, *Elogia uirorum literis et sapientia illustrium*, t. II, Padoue, 1644, pp. 1-6. — Ciaconius, *Vita et res gestae pontificum Romanorum et S. R. E. cardinalium*, t. IV, Rome, 1677, pp. 571-572. — Ughelli, *Italia sacra*, t. I, Venise, 1717, p. 1215 et t. II, Venise, 1717, p. 478. — Cf. Cauchie et Maere, *Recueil des instructions générales aux nonces de Flandre*, Bruxelles, 1904, pp. xxxiii-xxxv.

(2) Ses lettres de nomination sont datées du 27 février 1627. Voir Biaudet, *Les nonciatures apostoliques permanentes jusqu'en 1648*, Helsingfors, 1910, p. 269.

6

lettres à Florence, la philosophie à Pise, le droit à Pise et à Bologne, il était entré à la cour pontificale. A dix-huit ans, Bagni avait obtenu l'abbaye de Sainte-Marie dans le diocèse de Salerne ; il avait été nommé référendaire de la Signature et prélat. En 1600, Clément VIII le désigna pour faire partie de la suite du cardinal Aldobrandini envoyé à Florence pour y bénir le mariage de Henri IV avec Marie de Médicis. Le légat se rendit ensuite en France pour négocier un traité de paix entre le roi de France et le duc de Savoie ; Bagni ne semble pas l'avoir accompagné au-delà des monts. A son retour à Rome, il fut préposé au gouvernement de plusieurs villes de l'Etat temporel. En 1614, Paul V l'envoya comme vice-légat à Avignon.

Ce ne fut qu'en 1621 que s'ouvrit pour Bagni la carrière diplomatique. Après lui avoir donné une mission extraordinaire en France, le pape Grégoire XV lui confia, la même année, la nonciature ordinaire de Flandre. Tout en conservant son poste à Bruxelles, le ministre pontifical gagna la France en 1625, en qualité de nonce extraordinaire, pour y assister le cardinal François Barberini dans l'exercice de ses fonctions de légat. En 1627, il passa de la nonciature ordinaire de Bruxelles à celle de Paris.

Le diplomate pontifical ne tarda pas à avoir un grand crédit à la cour de France. Richelieu l'avait connu au temps où, exilé à Avignon après la disgrâce de la reine mère (1617), il l'y avait rencontré à la tête de l'administration pontificale ; il avait entretenu avec lui d'amicales relations et lui avait su gré de ses bons offices (1). Le

______

(1) En 1619, Richelieu écrit à Bagni qu'il « n'a pas mis en oubli les courtoisies qu'il a reçues de lui ». Voir sa lettre dans AVENEL, *Lettres et papiers d'Etat du cardinal de Richelieu*, t. I, Paris, 1853, p. 641.

premier ministre n'avait pas oublié celui qui avait donné
une bienveillante hospitalité à l'évêque de Luçon. Le
nouveau nonce ne fit que croître dans l'estime du
cardinal. « Il était, a écrit Richelieu dans ses Mémoires,
homme de grande probité et sincérité et non de moindre
intelligence dans les affaires (1). » Bagni jouit au même
degré des bonnes grâces du roi : Louis XIII lui marqua
sa faveur en l'invitant à le suivre dans ses expéditions
soit dans le Midi de la France, soit en Savoie (2). De
toutes les questions dont il eut à s'occuper, la plus
importante fut celle de la succession de Mantoue. Elle
n'était pas encore posée quand fut rédigée l'instruction ;
aussi n'y est-elle pas abordée. Dans cette affaire qui mit
aux prises la France et la maison d'Autriche, Bagni
défendit les intérêts français autant qu'il le put faire
sans se départir de la neutralité que le Saint-Siège
prescrivait à ses agents de maintenir à tout prix (3). Il
rendit à la France un service des plus signalés en
négociant, à l'insu de sa cour, un traité d'alliance entre
Louis XIII et le duc de Bavière (4).

La nonciature de Bagni prit fin en 1630 (5) ; cardinal in
petto depuis le consistoire du 30 août 1627, sa nomination
fut publiée au consistoire du 19 novembre 1629. Le
17 mai 1627, il avait été promu évêque de Cervia, près
de Ravenne ; lorsqu'il fut de retour en Italie, il s'appliqua

---

(1) Richelieu, *Mémoires*, t. II (édit. Michaud et Poujoulat), p. 147.
(2) Ciaconius, *loc. cit.*
(3) Sur la nonciature de Bagni, voir Kiewning, *Nuntiaturberichte aus
Deutschland nebst ergaenzenden Aktenstuecken, Abteilung IV, XVII
Jahrhundert. Nuntiatur des Pallotto*, 1628-1630, tt. I et II, Berlin,
1895-1897.
(4) Voir Fagniez, *Le père Joseph et Richelieu*, t. I, Paris, 1894, p. 556
et notre ouvrage, *Urbain VIII et la rivalité de la France et de la maison
d'Autriche de 1631 à 1635*, p. 82.
(5) Voir Biaudet, *loc. cit.*

surtout à l'administration de son diocèse. De Cervia, il
fut, le 2 septembre 1635, transféré sur le siège de Rieti
en Ombrie. Évêque pieux et zélé, il restaura les églises
de ses diocèses, veilla au respect de la discipline ecclésiastique. Sa charité lui fit ériger à ses frais à Cervia,
un grenier pour fournir du blé aux pauvres.

Comme sa santé avait à souffrir du climat de Rieti,
Bagni renonça en 1639 à son évêché ; il revint à
Rome pour y passer les dernières années de sa vie.
Toute son activité s'employa au service des congrégations
cardinalices. Son goût pour les choses de l'esprit lui avait
donné grande réputation parmi les hommes de lettres (1).
L'opinion publique le désignait comme un successeur
possible d'Urbain VIII (2) ; mais il mourut prématuré-
ment le 25 juillet 1641 (3).

II. — Sources du texte de l'instruction

L'instruction de Bagni ne nous est connue que par une
seule copie conservée à la Bibliothèque Vaticane dans le
manuscrit 5121 (ff. 215-242) du fonds latin de la bibliothèque Barberini. Il s'en faut que ce texte soit correct de
tout point. Il est évident que le copiste a commis d'assez
graves inadvertances ; il a notamment transposé plusieurs

---

(1) Nous n'en voulons d'autre preuve que le fait de voir Tomasini
s'empresser de faire l'éloge du cardinal Bagni dans ses *Elogia* cités
plus haut.

(2) Ameyden, dans ses *Elogia summorum pontificum et cardinalium*
(v° Bagni, ms. de la Bibliothèque de Saint-Louis des Français à Rome),
range Bagni parmi les *papabili*.

(3) Gabriel Naudé, bibliothécaire du cardinal Bagni, fit l'éloge funèbre
de son maître en des vers qui ont été reproduits par Ughelli dans le
t. II de son *Italia sacra*, p. 478. Comme le cardinal Bagni était protecteur de l'Université de Louvain, un théologien de cette Université
composa son oraison funèbre : *Laudatio funebris in funere E. et Reue-
rend. principis D. Jo. Francisci a Balneo*, Louvain, 1641. Cf. Cauchie
et Maere, op. cit. p. xxxiv.

passages. Des corrections étaient nécessaires ; nous les
avons faites dans la mesure où elles étaient indispensables
pour la bonne intelligence du texte.

Un court fragment de notre instruction, inc. *Dopo
i vescovi...* des. *di tanto rilievo e conseguenza* (pp. 114-
124 de notre édition) se retrouve dans le même fonds
(ms. 4729, f. 421).

III. — SOMMAIRE

Éloge de Bagni. — Objet de l'instruction.

I. — Affaires religieuses.

1° La défense et le progrès de la religion.

« Maintenir le catholicisme là où il est, le rétablir et
le propager là où il n'est plus », tel est le but du pape.
Les circonstances sont des plus favorables pour l'atteindre :
Louis XIII et son entourage sont très catholiques ; le parti
huguenot est abattu en France ; il n'a plus à compter sur
l'appui des protestants de l'étranger. Au roi, il revient
de détruire l'hérésie par les armes ; au ministre du Saint-
Siège, de la ruiner par le ministère évangélique.

Il n'est guère nécessaire d'exciter le zèle de Louis XIII ;
Sa Majesté sait trop combien l'unité religieuse assure son
autorité ; il suffit d'approuver ses entreprises. Le nonce
s'appliquera plutôt à user des ressources du ministère
apostolique pour gagner les hérétiques. Il faudra favoriser le mouvement des missions, recourir au roi pour
réprimer les agissements des ministres calvinistes les
plus dangereux, surveiller les assemblées hérétiques. Au
synode de Castres a été élaboré un symbole de foi destiné
à concilier les doctrines catholique et calviniste ; il y a
été aussi question d'ériger en France un patriarcat indépendant de Rome ; l'un et l'autre projet sont inadmissibles.

La meilleure voie pour ramener les âmes séduites par l'erreur est de presser les membres du clergé séculier et régulier de les éclairer. Les religieux qui apostasient causent les plus grands dommages à la religion ; il sera demandé au roi de leur interdire de se retirer chez les huguenots. Doivent être prohibés les livres qui répandent l'hérésie et propagent les erreurs gallicanes.

2° La discipline ecclésiastique.

Le clergé séculier. L'ignorance et les mauvaises mœurs du clergé ont beaucoup nui à la religion en France. Aussi importe-t-il que soient nommés aux évêchés et aux cures des prêtres de doctrine saine, de conduite exemplaire. Seront à écarter les suspects de richérisme, ceux qui sont trop jeunes, qui ont donné de l'argent ou ont usé d'autres artifices pour se faire nommer. Grâce à la piété du roi, l'abus de la commende paraît être extirpé ; il faut veiller à ce qu'il ne réapparaisse pas. Nécessité de sauvegarder les droits du Saint-Siège sur les bénéfices dont il a la collation. Le nonce recommandera de fonder des séminaires ; non seulement ils permettront de former des clercs qui seront des chanoines exemplaires, des curés aptes à leurs fonctions, d'excellents prêtres, mais encore ils contribueront à l'extirpation du calvinisme ; car les hérétiques les feront fréquenter par leurs enfants. Avantages particuliers que retireront les évêques de cette fondation.

Le nonce rappellera le devoir de la résidence aux évêques, aux curés. Autres abus à extirper.

Le clergé régulier. Les religieux mènent une vie très relâchée ; la réforme est d'autant plus difficile que les Parlements l'entravent. Il importerait de provoquer l'élection de supérieurs réformateurs, de faire bénéficier

de la faveur royale les monastères des religieux réformés.
Affaire des conventuels réformés des provinces de France,
de Touraine, de Saint-Bonaventure et du grand couvent
de Paris qui demandent à retourner sous la juridiction
du général des conventuels. Le pape penche pour la
négative tout en inclinant à leur laisser l'usage de leurs
privilèges ; il importe de ne rien précipiter et de gagner
du temps. Les jésuites ont excité contre eux le ressentiment des parlementaires, des hommes politiques et des
autres religieux ; leur rôle dans l'affaire Sanctarelli. Le
nonce les soutiendra, mais avec discrétion. Différends des
réguliers avec les séculiers au sujet de leurs privilèges.
Bagni s'emploiera pour que, d'une part, les réguliers
n'abusent pas de leurs exemptions, d'autre part, pour
qu'il ne soit pas porté atteinte aux concessions faites par
le Saint-Siège.

Les Assemblées du clergé. Divers inconvénients qu'elles
présentent. Il est à souhaiter qu'elles soient supprimées ;
tout au moins ne doivent-elles se composer que des
représentants des évêques et ne s'occuper que des affaires
financières. En tout cas, que le nonce prenne garde à ce
qu'en ces Assemblées il ne soit pris aucune décision
contraire à l'autorité apostolique.

La Sorbonne, dès sa naissance, a toujours vénéré le
Saint-Siège et en a obtenu de nombreux privilèges. Mais
un de ses docteurs, Richer, a battu en brèche le pouvoir
pontifical ; il a eu de nombreux partisans. Débats
provoqués par l'ouvrage du jésuite Sanctarelli ; censure
de l'ouvrage par la Sorbonne. Le meilleur moyen de
terminer cette affaire serait de ne prononcer aucune
sentence. Si l'on tient à en prononcer une, qu'elle soit
très générale. Le nonce y demeurera étranger ; il agira

seulement par l'intermédiaire des cardinaux de Richelieu
et de Bérulle pour qu'y soit jointe une clause réservant
l'approbation du pape ; de toutes ses forces, il s'opposera
à une censure aussi mauvaise ou pire que celle qui a été
fulminée déjà. Mesures à prendre pour éviter le retour
de semblables incidents : favoriser les docteurs dévoués
au Saint-Siège ; se ménager des intelligences dans les
assemblées de la Faculté. Il faudra agir de même à
l'égard de l'Université de Paris qui a, elle aussi, rendu
des décrets contraires à l'autorité pontificale.

« La réception du concile de Trente remédierait à
beaucoup des abus signalés ; elle a été une des conditions
de l'absolution accordée à Henri IV. Raisons pour
lesquelles elle ne doit plus être retardée.

Le Parlement se montre très hostile à la juridiction
pontificale ; il faut obtenir du roi qu'il réprime l'audace
de ce corps et soutienne les évêques. Bagni aura à se
concilier les bonnes grâces du plus grand nombre possible
de parlementaires.

II. — Affaires politiques.

Le but à poursuivre est d'apaiser les différends et de
fortifier l'union du roi avec les princes catholiques.

Nécessité de maintenir avant tout l'entente et la bonne
harmonie entre les membres de la famille royale.

La paix de la France avec l'Espagne garantit le repos
de la chrétienté et la tranquillité de l'Italie ; le nonce verra
à écarter tout ce qui est de nature à la compromettre.

L'affaire de la Valteline a été réglée par les traités de
Monçon (5 mars 1626) et de Rome (11 novembre 1626).
Il reste à convenir de quelques détails. La question du
cens de 25.000 écus à payer par les Valtelins aux Grisons.
Refus des Ligues Grises d'accepter le traité. Le nonce

veillera à ce qu'elles n'obtiennent du roi rien qui soit préjudiciable à la religion catholique, à ce qu'elles soient combattues par lui, si elles attaquent les Valtelins. Des négociations vont, dit-on, se nouer entre le marquis de Coeuvres et l'archiduc Léopold à l'effet de reviser le traité de Lindau. Le nonce agira pour le plus grand avantage du catholicisme. Dans les difficultés d'interprétation auxquelles donnerait lieu le traité de Monçon, Bagni s'abstiendra de toute démarche favorable aux Grisons; toujours il défendra les intérêts des Valtelins. S'il était fait à l'accord quelque changement qui fût de nature à porter préjudice au catholicisme, il faudrait en avertir le roi et ses ministres, leur remontrer que la paix dépend de l'exercice libre et entier du catholicisme. Divers avantages à demander à Louis XIII en faveur des catholiques : interdiction aux hérétiques d'habiter en Valteline ; rétablissement de l'exercice exclusif du culte catholique dans les terres de Brusio, de Poschiavo et du val Bregaglia ; respect des accords passés en 1623 et 1624 entre les Ligues Grise et Cadée d'une part, le doyen de Coire d'autre part.

Affaires d'Allemagne. Le nonce persuadera le roi de ne pas soutenir les protestants et les adversaires de l'Empire, de favoriser les catholiques. Louis XIII a offert sa médiation pour rétablir la paix en Allemagne ; mais l'empereur se défie des secrètes intentions du roi ; il a préféré réunir une diète pour traiter avec les princes d'Allemagne. Le duc de Bavière en a informé le roi de France et l'a prié de ne pas assister le roi de Danemarck.

Provinces-Unies. Déjà il a été demandé à Sa Majesté d'obtenir des Provinces-Unies le libre exercice du culte catholique.

Angleterre. Contrairement à ses engagements, le roi
d'Angleterre n'a pas laissé à la reine toute facilité
de pratiquer sa religion ; il continue à persécuter les
catholiques. Que le roi de France le contraigne à
respecter les conditions du traité du mariage. S'il était
question d'une guerre entre la France et l'Angleterre,
Bagni y pousserait sans toutefois engager son gouvernement. Une ligue contre l'Angleterre se négocie entre
la France et l'Espagne ; il faut en favoriser la conclusion,
sans cependant y faire entrer le Saint-Siège.

Avignon. Le nonce a trop longtemps habité Avignon
pour qu'il soit nécessaire de s'étendre sur ce point. Qu'il
suffise de lui demander de veiller à ce que le roi ordonne
aux gouverneurs des provinces voisines d'Avignon et du
Comtat Venaissin de réprimer les agressions des huguenots, d'éclairer les fonctionnaires pontificaux sur les
agissements des hérétiques. Mesures qui pourraient être
prises contre l'hérétique Montbrun, un partisan du duc de
Rohan. Bagni insistera auprès du roi pour que soient
démolies les fortifications d'Orange, pour que le gouverneur de cette principauté soit catholique. Nécessité de faire
exécuter l'accord réglant le différend entre les habitants
d'Avignon et de Noves.

III. — Conclusion.

Heureuses dispositions du roi, de la reine, de la reine
mère, du duc d'Orléans. Dans la dernière Assemblée de
Notables présidée par le frère du roi, les parlementaires
ont fait étendre au nonce l'interdiction aux sujets du
royaume de traiter avec les représentants des souverains
étrangers ; abusant de sa candeur, ils ont gagné à leur
cause le duc d'Orléans. Le nonce verra à entretenir Son
Altesse dans des sentiments de respect et d'affection

envers le Saint-Siège ; quant à la décision prise par
l'Assemblée, elle a été annulée par Louis XIII.

Sentiments religieux des ministres. Zèle de Richelieu
pour la religion et pour le Saint-Siège.

Protestations de dévouement du cardinal François
Barberini envers le roi de France. Plusieurs fois sollicité
par le roi d'Espagne d'accepter la protection des royaumes
d'Aragon et de Portugal, il a dû finalement l'accepter ;
il n'en tiendra pas moins la balance égale entre là France
et l'Espagne. Ce que doit faire le nonce, pour qu'à Paris
on n'accuse pas le cardinal neveu de favoriser l'Espagne
au détriment de la France.

Souhaits au nonce.

Instruttione data a Mons. arcivescovo di Patras, destinato da N^ro S^re nunzio ordinario nel reame di Francia.

Il senno, la destrezza e il valor ingenito di V. S., la
prattica di tante onorate cariche di governi e nunziature
da lei egregiamente sostenute, la notitia che ha potuto
acquistare degli affari, della natura e qualità del regno di
Francia che circonda lo stato di Avignone, la cui vice-
legatione ella amministrò lo spatio di sette anni, l'aggiunta
che le ne haverà data la nunziatura di Fiandra come
propinqua, anzi contigua al medesimo regno, et atta
perciò a penetrar puntualmente i cottidiani andamenti di
esso, e finalmente, la grata e operosa assistenza che V. S.
mi prestò in Parigi et in Fontanebleo in tutto il tempo

che vi dimorai per gli affari della mia legatione (1)
possono ben dispensarmi, hora che ella va mandata da
N^{ro} S^{re} nunzio ordinario a quella corona, dal consueto
stile d'accompagnarla con alcuna sorte d'istruttione o di
ricordi ; e, se pur è necessario di osservare almeno in
parte l'uso inveterato, tralascierò quel che con esso lei
sarebbe superfluo, cioè il discorrere della natura e costitutioni del nobilissimo reame francese, e del modo con
che si governa, che, essendo veramente monarchico, rico-
nosce pure un non so che di mistura nell'autorità che
non picciola vi tengonò i Parlamenti o le Assemblee di
tre Stati, oltre che la turbolenta setta di Calvino con
strana mostruosità si è sforzata e si sforza di generargli
in grembo una perniciosa republica.

Ne meno toccherò delle qualità, inclinationi e costumi
delle persone reali, de' loro ministri e consiglieri, degli
altri principi e grandi, e di alcuni ecclesiastici, ed in
generale della nazione e de' popoli stessi, e delle maniere
di trattare con ciascuno di loro con agevolezza e con
frutto ; e finalmente, metterò di banda il rammentare le
alianze, amicitie, avversioni, gelosie, interessi e comu-
nicationi che ha questa grande e guerriera natione et
il suo potentissimo re con altri principi, republiche e
popoli, poichè di questi e di altri simiglianti capi V. S.
può anzi darne altrui che pigliarne la cognitione e gli
avvertimenti. Ma mi accontenterò di accennarle solo
alcuni particolari che, per lo più, riguardano negotii

----

(1) En 1625, le cardinal François Barberini fut envoyé en France
comme légat a latere pour négocier la paix entre les rois de France
et d'Espagne. Il arriva à Paris le 22 mai et il en partit le 23 septembre
suivant. Sur sa légation, voir Rott, *Histoire de la représentation diplomatique de la France auprès des cantons suisses*, t. III, Paris, 1906,
pp. 885-890.

ancora pendenti o imminenti, e questo, con significarle
più sotto la loro consistenza in fatto che con anteporle
la maniera di condurgli o di governarli, posciachè questa
V. S. può pienamente aggiungerla alle precedenti memorie
con la sua stessa prudenza e avvedimento, e con gli
avvisi che le lascierà Mons. Ill.mo Spada.

E perchè la conservatione della religione cattolica
dove ella è, e la restitutione e propagatione dove non è,
deve essere lo scopo principale del Sommo Pontefice, et
è in effetto il supremo e più ardente di papa Urbano VIII,
mio zio, però intorno a questo punto dico a V. S. che,
per avvantaggiarlo nel regno di Francia, non pare che
giammai si siano offerte più opportune congiunture di
quelle che hora vi sono : il re, la regina e gli altri del
regio sangue catolicissimi ; i principi e ministri imitatori
delle loro Maestà; il partito ugonotto con pochissimi
capi autorevoli e potenti, e dopo la gloriosa vittoria
maritima che S. M.tà ne riportò appresso la Roccella (1),
intimorito, abbassato et infiacchito incredibilmente,
privo di molti luoghi forti con la fiducia de' quali soleva
dianzi nudrire la propria temerità e ribellione ; ultimamente nel Delfinato levate di mano, per opera del
duca di Crequy, quasi tutte le piazze a governatori e capi
heretici (2); altre che potevano dar colore a i tentativi

---

(1) Les 15, 16 et 17 septembre 1625, le duc de Montmorency, amiral
de France, soutenu par les vaisseaux hollandais de l'amiral Haultain,
défit, dans la bataille navale du Pertuis breton, la flotte des réformés
de La Rochelle. — Voir Ch. De la Roncière, *Histoire de la marine
française*, t. IV, Paris 1910, pp. 469-475. Cette victoire fut suivie de
l'accord de La Rochelle du 5 février 1626.
(2) Le connétable de Lesdiguières avait été surpris par la mort, le
28 septembre 1626, avant d'avoir triomphé complètement des réformés
du Dauphiné et du Vivarais, qui avaient repris les armes en 1626. Son
gendre, le maréchal de Créquy, acheva son œuvre. — Voir Dufayard,
Le connétable de Lesdiguières, Paris, 1892, p. 578.

ugonotti, over poner i loro disegni d'occuparle, o sorprenderle et in esse ricoverarsi in mezo del regno, parte smantellate, e parte aspettano anch'esse la medesima percossa per gli ultimi editti publicati da S. M^{tà} (1); li protestanti della Germania, gli Olandesi e gli Inglesi o degradati ed afflitti, o intricati in altre proprie turbolenze e pericoli, i quali fanno disperare a quei di Francia le loro sovventioni et aiuti. In somma, si vede che la divina giustitia [ha] *(a)* sottrato o estenuato loro quel vigore d'armi e di violenze che il padre delle tenebre haveva somministrato tant' anni al mantenimento della sanguinosa idra dell' heresia ; onde pare riserbata alla nunziatura di V. S. la lode di valersi di tale opportunità con qualche notabile et importante effetto. Questo può ottenersi o coll' adoperar l'armi e la forza, il che tocca al re che ha già con tanta sua gloria cominciato a farlo, o con le buone arti e col ministerio evangelico, e questo spetta a noi.

Quanto al proseguire o domar l'heresia con la guerra, crediamo che S. M^{tà} non haverà bisogno d'esortatione che ve la sproni, havendo ella molto ben conosciuto che l'unità della vera religione può esser la sola assodatrice e conservatrice della piena potestà regia, e che le sette e scisme in Francia ad altro non servono se non a fare di un corpo due, acciò chi vuole contrariare al re possa offerirsi per capo a qual de' due corpi egli non

(a) Met que nous avons cru devoir ajouter.

---

(1) Le 31 juillet 1626, Louis XIII avait publié un édit ordonnant « le rasement de toutes les places fortes, soit villes ou châteaux, qui sont au milieu de notre royaume et des provinces d'icelui non situées en lieu de conséquence, soit pour frontières ou autre considération importante. » (Isambert, *Recueil général des anciennes lois françaises*, t. XVI, p. 192).

applicherà se medesimo ; laonde non farà di mestieri
che V. S. entri a passare ufficii con S. M.ᵗᵃ, ne con i suoi
ministri e consiglieri, riscalcandogli a tirar avanti le
cominciate imprese, ma doverà ben approvarle e comen-
darle, quando con esso lei se ne trattasse, o le se ne dasse
parte, vedendosi per esperienza che il professarsi irritator
di guerra contro gli heretici di quel regno per via di
scoperte instanze è un inasprirgli via più, e render loro
odioso il nome apostolico, e fargli star tanto maggiormente ritirati dal trattar con ministri e missionarii
della Santa Sede, o pure con vescovi e prelati come
dependenti da essa.

Sarà dunque meglio, che V. S. cerchi di guadagnare
le anime loro con le accurate diligenze del ministerio
apostolico, le quali diligenze non ha dubbio che hoggimai opereranno più prosperamente che per il passato,
quando erano soprafatte dal tumore della superbia
cagionata in loro da prosperi successi, o dalla stima delle
forze che parea loro di havere, e forse con effetto haveano
dentro e fuori del regno, talchè molti che, per coprirsi
sotto il riparo delle loro armi più che per altro, sentivano
con essi, e molti che vi adherivano per cavarne officii e
ministerii o per riceverne sovventioni et alimenti, con
più facilità se ne dipartivano, veggendo tuttavia crescere
la loro debolezza, se verranno dolcemente alettati e
richiamati alla vera strada della salute; oltrechè non pochi
vi sono sedotti per ignoranza e semplicità, i quali,
scorgendo la declinatione e le avversità delle pestifere
sette, cavano da questi effetti dell' ira di Dio un certo
concetto che elle siano veramente false et ingannatrici.

Hora, affine di trarre proffitto de tali congiunture, non
mancarono modi alla sagace accortezza di V. S., come

sarebbe il sopraintendere attentissimamente alle missioni
delle Sevene, di quelle *in finibus Pictauorum,* nel Bearne,
in alcune città della Guascogna e Linguadoca, e delle
altre che sono in quel reame (1) ; il procurare di saper
minutamente li progressi e li bisogni di ciascuna di esse,
vedere di rinforzarle e di aggiungervene alcuna altra,
avvisando i suoi pensieri e pareri sopra di ciò alla Sacra
Congregatione de Propaganda Fide, e consultandone i
ripieghi et i modi col padre fra Giuseppe, cappuccino,
col padre Beroul, e con altri in questo verzati et informati,
sopra di che si daranno alcuni ricordi a V. S. dalla Sacra
Congregatione sudetta che verranno registrati nel fine
della presente instrutione (2) ; parimente fare ufficio
alle volte col re e con ministri contro qualche predicante
calvinista più dannoso e protervo come pur ve ne sono
tali, aiutando in quello il vescovo, poichè, quando riesce
il cacciarne uno da un luogo e reprimerne l'insolenza,
oltre che toglie il fomite delle prave dottrine dominanti
a popoli, discredita anco appresso gli altri, et atterisce
in se stessi cotali seduttori delle anime. Al quale effetto
gioverà, qualunque volta essi tengano le loro adunanze,
ovvero assemblee e sinodi, l'havervi alcuno corrispon-
dente che riferisca a V. S., con verità, ciò che in esse si
tratta e si disegna trattarvi, per potervi rimediare a
tempo, o almeno le risolutioni che vi si prendono ;
il che è avvenuto nell'ultimo loro sinodo tenuto a
Castres *(a),* nel quale si trattò particolarmente di

(a) Ms. : Carbes.

-----

(1) Sur ce mouvement des missions en France et en particulier sur
l'activité des missionnaires dans le Poitou, le Languedoc et les
Cévennes, voir Fagniez, *Le père Joseph et Richelieu,* t. I, Paris, 1894,
pp. 282-306.

(2) Nous n'avons pas retrouvé ces instructions. Elles sont, selon
toutes probabilités, conservées dans les archives de la Propagande.

concordare la religione cattolica con la calviniana per
mezo di certi articoli de' quali vedemmo la copia, deli-
berandosi di chieder al re di poter sopra ciò venire a
conferenza con vescovi e con deputati da essi (1). Non se
ne è poi inteso altro motto, ma ben mi persuado che S. M.^tà
non darà già mai orecchie a simili impertinenze, ne
permetterà che sopra tali materie si facciano colloquii o
conferenze tra cattolici et heretici, essendo impossibile
di concordare Cristo con Belial, e render compatibile la
luce con le tenebre, se queste non si disgombrano affatto.
Nella medesima ragunanza dicesi che fu proposto il fare
che si creasse un patriarca in *Francia* indipendente dalla
Sede Apostolica (2) per non riconoscerla, e si esibivano
quei ministri di sottoporsi al detto patriarca, et alcuni
asserivano sopra ciò essere stato anco composto un libro,
quale pero non si è veduto; ma, si bene i nemici della
vera fede stimavano forse men difficile questo secondo
modo che il primo, persuadendosi di istillare tal concetto nelle menti impresse della opinione della libertà
e privilegii che dicono essi della Chiesa Gallicana, e cre-
dendosi perciò col richerismo appianare il letto del

(1) Le synode national des réformés de France commença à Castres
le 15 septembre 1626 et dura sept semaines. Vóir les Actes généraux
de ce synode dans HAAG, *La France protestante*, 1re édit., t. X, Paris,
1858, p. 311. Dans les pages qu'il a consacrées à cette réunion, Elie
Benoît (*Histoire de l'édit de Nantes*, t. II, Delft, 1693, pp. 464-472)
ne dit pas qu'il y ait été question d'un accord entre catholiques et
protestants.

(2) C'est, pensons-nous, la première fois, depuis que Richelieu est
au pouvoir, que se manifeste l'idée d'établir en France un patriarcat.
Faut-il croire que le cardinal l'a suggérée et suggérée à son profit?
Nous y inclinerions volontiers. Il est certain que, déjà à cette date,
Richelieu a l'ambition de gouverner l'Eglise de France tout entière.
Par un avis de l'abbé Scaglia, un agent du duc de Savoie à Paris,
avis du mois de mars 1627, nous savons que le premier ministre de
Louis XIII avait, au commencement de 1627, demandé le titre de légat
a latere pour prix des services rendus à la religion en combattant les
huguenots de France et le roi d'Angleterre. Cf. FAGNIEZ, *Le père
Joseph et Richelieu*, t. II, Paris, 1894, p. 46.

calvinismo e con lo scisma all' heresia, contuttociò ne
assicurava la pietà del re che a cosi fatti sensi haveria
data rigorosa repulsa e chiusa la bocca a quali che volessero esalare si velenose inventioni, proprie egualmente
d'impietà verso Dio, e di rovina e conquassamento verso
la quiete del regno. L'uno e l'altro motivo si comunica
a V. S., acciò la sua vigilanza stia sull' avviso, se altro
mai le ne venisse all' orecchie, particolarmente in occasione di qualche somigliante assemblea.

Finalmente ottima strada a guadagnare a Cristo molte
anime sedotte, sarà il riscaldare non pure i missionarii,
i predicatori et i superiori de' regolari, ma anco gli arcivescovi e vescovi del regno, dandoli a vedere l'opportunità accennata di sopra, che Dio offerisce loro di
ridurre al suo santo ovile le pecorelle smarrite, e perciò
avvertirli del conto che dovranno render a Sua Divina
Maestà, se del presente tempo non si vagliono coll' atten-
dere per mezo delle prediche, de' cathechismi, delle
elemosine, e delle missioni nelle parti bisognose delle
loro diocesi con l'assistenza loro propria e con l'opera de'
parrochi, a raccorre la messe preparata loro dal gran Padre
di famiglia, purchè si muovano a stendervi la mano con
la sollecitudine e fatiche loro, essendo certo che gran
profitto della religione cattolica si vedrebbe, se nella
corrente constitutione delle cose i prelati attendessero
con fervore al officio loro.

Grandissimo male alla vera religione fanno quelli che
apostatano da essa dopo haver apostato dall' ordine
regolare, e, per rimediarvi, sarebbe molto al proposito
che il re a questi tali prohibisse il ricetto anche tra gli
ugonotti, il che non si crede esser ripugnante a gli editti
di pacificatione fatti in diverse occasioni,

E mi sovviene a proposito della religione cattolica, e mi meraviglio come siano state inutili tante instanze fatte al re circa la repressione dell'audacia de' scrittori, stampatori e venditori di libri e di operette velenose e irreverenti non meno a Dio che a S. M^{tà} in detto regno, anzi nella città stessa di Parigi; si sa pure che i primi semi hereticali nella Francia furono, in tempo di Francesco I, per via di cotali libelli e fogli stampati, pieni di diterii contro i sacerdoti e contro la messa, i quali s'andavano dispensando per la corte e per la città, e sicome l'heresia da si fatte stampe può riconoscere il suo nascimento in Francia benchè generata in Germania, cosi dalla medesima ha ricevuta la sua conservatione; onde mette conto alla M^{tà} Sua non meno rintuzzare le spade de' combattenti, che gli stili de' scrittori ugonotti, e non meno spogliarli dal metallo con che guereggiano che di quello con che imprimono e divulgano concetti hereticali e scismatici, essendo purtroppo strano che, anche dove i predicatori ugonotti non osano alzar la voce e non hanno esercitio di prediche, possano parlare con maggior danno per via di libri e di scritture senza veruna prohibitione.

Lo stesso si dice di quei cattolici in apparenza, ma in sostanza ateisti, che con dottrine richeriane o simili allettanc le sette perverse con l'alimonia scismatica, mordendo l'autorità apostolica e l'episcopale e confondendo le cose divine e l'humane; sarebbe azione degna della grandezza e pietà di Luigi XIII, e forse Dio gliel'ha riserbata per fare in questa parte ancora glorioso il nome di cosi gran re, se, sicome ha con tanto avvedimento prohibito in perpetuo all' Università Parisiense l'ingerirsi in trattar e censurar generalmente materie pertinenti alla fede et alla potestà pontificia, per un insigne arresto del Consiglio segnato da S. M.^{tà} alli 13 di dicembre 1626 (1), cosi anco ne togliesse la facoltà a i più piccoli scrittori, almeno con punire severamente l'evulgatione de' loro scritti e il poterli a beneplacito loro mandare alle stampe ; alla quale provisione non lasci di esortare et instare secondo l'opportunità che di ciò nasceranno, et almeno procuri di tener intelligenza con stampatori e librari per subodorare se alcuna opera perniciosa s'apparecchi d'uscire in luce, per poter impiegarsi col re e con i principali ministri, e consiglieri, ma in particolare col cancelliere e col guardasigilli in supprimerla e tenerla adietro, avanti che venga pubblicata.

Alli particolari concernenti la religione cattolica succedono quelli, che spettano alla disciplina ecclesiastica et alla vita e conversatione sacerdotale ; et, a dire il vero, in nessun altro paese si è conosciuto meglio che in Francia il detrimento che fa alla Chiesa di Dio il difetto di bontà di vita e di sufficienza di dottrina ne' prelati e curati. L'ignoranza di molti, ancora che per altro costu-

---

(1) A la suite des graves incidents provoqués par la publication de l'ouvrage du jésuite italien Sanctarelli, incidents dont il sera question plus loin (pp. 115-119), l'Université de Paris s'était montrée impitoyable pour toute doctrine suspecte de trop favoriser le pouvoir pontifical. Le 26 novembre 1626, le dominicain Jean Testefort avait soutenu des thèses où il était dit que la Sainte Ecriture était contenue partie dans la Bible, partie dans les Décrétales du souverain pontife en tant qu'elles expliquent l'Ecriture. Le 3 décembre 1626, l'Université de Paris condamna cette proposition (D'ARGENTRÉ, *Collectio iudiciorum de nouis erroribus*, t. II, Paris, 1728, p. 235). Le 13 décembre suivant, sur la plainte des prélats assemblés à Paris, Louis XIII rendit un arrêt par lequel il cassait ce décret de condamnation et fit « défense au dit recteur et ses successeurs et à la dite assemblée de l'Université, présente et à venir, d'agiter, disputer, ni résoudre aucune proposition ni question concernant la Sainte Ecriture, la foy et religion catholique, apostolique et romaine, la doctrine de l'Eglise et la Théologie » ; il interdit enfin « ausdits recteur, régens, suppôts de la dite Université, docteurs de la dite Faculté et tous autres qu'ils puissent être, de composer, traiter, disputer, déterminer des propositions mentionnées ausdits arrests et décrets, concernant le pouvoir et autorité souverain de notre couronne, et des rois de France, ni des autres rois et souverains, sans notre expresse permission » (D'ARGENTRÉ, *op. cit.*, p. 234).

mati, diede campo a i pessimi dogmi hereticali di alignare e dilatarsi per la Francia, la pravità e malvagità di altri ancora, che congiunta con la scienza theologica ha portata occasione a i popoli di scandalo et a loro stessi di superbia e pertinacia nel seminare opinioni ardite tendenti alla divisione et allo scisma, et irreverenti verso la Santa Sede Apostolica; talchè V. S. haverà da usar molta sollecitudine che dal re alla catedra episcopale siano nominati, e da vescovi alle parocchie siano provisti sogetti dotati egualmente di sana dottrina e di costumi esemplari et imbevuti di sincere opinioni verso l'inviolabile unità della Chiesa di Dio e l'autorità suprema del suo Vicario. Sicome il s. cardinale Spada vivamente s'oppose et impedì che S. M^{tà} non proponesse due per vescovati, come sospetti di richerismo, cosi l'accorto zelo di V. S. osserverà nelle altre vacanze, cercando di dissuadere in quei modi che le paressero megliori, come anco le nominationi di prelati molto giovani, e bisognosi, per l'età o per altro, di dispenze, e di quei che con danari o altre abominevoli arti se li vanno procurando; in che non basta che il re non voglia quei tali per l'età, ma bisogna che S. M^{tà} s'astenga dall' intercedere loro le dispenze, overo che con V. S. si dichiari di non curarsene, benchè talvolta, per gratificare qualcheduno, lo dimandasse. Insomma faccia quanto può, che si distornino costà le propositioni di persone indegne, avanti che vengano trasmesse qua a N^{ro} S^{re}, et, in ogni caso, avvisi diligentemente le qualità, fini, appoggi e favori del nominando. Gli abusi di dare le badie et entrate ecclesiastiche anche a secolari, donne, fanciulli e persone incapaci con mettervi a nome loro un chierico, che chiamano custode, paiano dalla pietà del re ridotti a

buon termine (1); ma è da invigilarvi per la facilità di
seguitar nel medesimo sconcerto in simili materie d'interesse, dove tanto può la licenza e l'autorità de' fauttori,
e tanto poco è obbedita la giurisditione e potestà ecle-
siastica contrariata a più potere specialmente in questi
casi beneficiali da Parlamenti. È anco d'avvertire che
i ministri regii talvolta, sotto pretesto di zelo d'avanzare
le ragioni della corona, offendono quelle della S. Chiesa
e della Sede Apostolica, cercando d'introdurre pretesto
o colore di nominatione dal re etiam in quelle chiese, la
libera collatione delle quali per i concordati di Leone X,
e per la qualità delle provincie, spetta a S. B^ne (2).
Laonde, sicome in simili casi ha da stare V. S. molto
avvertita e render subito capace S. M^tà del diritto e del
giusto, prevenendo gl'impegni e'l principio delle con-
troversie, cosi ha da oprare che quelli, i quali da S. S^tà
verranno con la detta loro dispositione eletti e destinati,
non vi piglino sopra anche brevetti o cotali provisioni
regie, che possono apportare alcun colorato pregiuditio
a questa Santa Sede, ne vi si intrometta il Parlamento.

Per il fine delle provisioni delle chiese, particolarmente
curate, in persone idonee, non vi è strada migliore delle
istitutioni di seminarii di chierici nelle città e nelle terre
populate di ciascuna diocesi, del quale salubre et utilis-
simo istituto è maraviglia ch' il floridissimo regno di
Francia sia tanto manchevole; e, sebene il sacro concilio
di Trento ha rimessi in uso et in frequenza questi seminarii, non è però che la loro istitutione non sia molto più

____

(1) Voir l'instruction de Spada, p. 25.
(2) Comme on l'a vu plus haut (instruction de Spada, p. 42), le
Saint-Siège prétendait que le concordat de 1516 ne s'étendait ni à la
Bretagne, ni à la Provence, ni à la Bresse, ni aux Trois Evêchés.

antica e pratticata anco negli andati secoli e conosciuta
da i sacri canoni. Laonde, benchè il sacro concilio di
Trento, come a suo luogo dirassi, non sia peranco stato
ricevuto senon da alcuni pochi luoghi della Francia,
tuttavia ciò non impedisce che non vi si debbano o possano erigere i seminarii, da quali, per certo, non solamente
derivarebbe l'allievo de' dotti e disciplinati chierici da
potersene cavare esemplari canonici, idonei curati et
ottimi sacerdoti, ma ne risultarebbe anco inestimabile
depressione dell'heresia e restauratione della santa fede
cattolica, perchè è da credere che anco molti padri eretici
porrebbono i loro figlioli ad imparare le lettere et i costumi in detti honorati luoghi, se non per altro almeno
tirati dalla comodità degli alimenti che vi havrebbero i
giovani e da quella del maestro, e dalla cura loro senza
spesa o pensiero degli stessi padri ; se cotal opera venisse
effettuata in tutte quelle parti di Francia, nelle quali v'è
il modo di farla, che senza dubio sono molte, io tengo per
sicurissimo che giovarebbe all'estirpatione del calvinismo
al paro d'ogn'altro gran rimedio, e sarebbero seminarii
non meno fruttuosi al servitio del re che a quello di Dio.
Laonde S. S^(tà), ad instanza de' vescovi e di altri che havessero interesse ne i beneficii e rendite ecclesiastiche, assen-
tirebbe all'unire a detti seminarii quella quantità che in
ciascun luogo fosse giudicata espediente ; et i detti vescovi
dovrebbero premere efficacemente e risolutamente in cosi
lodevole impresa per l'honore che ne derivarebbe ad essi
et alle loro chiese ne i divini officii, delli quali sogliono
in certi tempi servire e fare lodevole corona i seminaristi,
per la facoltà che hebbero di conoscere il loro clero fin
dall' infanzia e conseguentemente di accertare le provisioni delle chiese, e per la dispositione del governo che a

loro spettarebbe di tali luoghi con la deputazione de'
maestri, de' prefetti e d'altri salariati, e con l'elettione et
admissione de' fanciulli alieni ; per le quali cause si può
dire che non si privarebbero de' beneficii uniti a i detti
seminarii, anzi perpetuamente gli amministrerebbono e ne
dispensarebbero i frutti a chi essi volessero admettervi,
oltre che, havendo l'ordine ecclesiastico in quanto a se
già accettato il sacro concilio di Trento, potrebbe, per una
certa imitatione almeno degli ordini salutosi di esso,
introdurre nelle diocesi questo fruttuoso istituto, benchè
sarebbe forse più sicuro il tacere per hora tal motivo,
acciò i contradittori del concilio Tridentino non s'oppo-
nessero anco a i seminarii come preludii o effetti di
quello. Hora, quando io fui in Francia, scorgendo tante
utilità che possono scaturire dall'erettione de' seminari
clericali, ne feci motto al re, e ne discorsi anche con altri ;
anzi nel mio partire, fra le istanze o motivi che lasciai
in scritto a S. M^{tà} per servitio spirituale del regno, uno
fu questo dell'erigervi de' seminarii de' chierici, al che
S. M^{tà} diede benigne orecchie e rispose che ne haverebbe tenuto memoria. Per tanto troverà V. S. introdotto
il negotio et acquistarà gloria grande e merito uguale ad
ogni fatica, applicatione, et industria che impiegherà per
condurlo e persuaderlo a cavarne qualche buono effetto.
Soggiungerei la necessità che vi è degli officii e
consigli zelanti di V. S., affine che la residenza de' vescovi
nelle loro chiese tanto male osservata in Francia sia
effettivamente riconosciuta per strettissimo debito del
carico episcopale e inviolabilmente mantenuta, acciò
potessero con altretanta esattezza farla osservare ai curati
et a gli altri che tengono obbligo di residenza. Ragionarei
dagli abusi de' sacerdoti circa l'habito indecente, l'atten-

dere all'armi, l'essere ordinati senza esame et idoneità;
e parlarei della negligenza di molti circa la custodia,
politezza e maestà delle chiese e capelle, delle suppellettili
ecclesiastiche, de' luminari, e quel che più importa, del
decoro e divotione nel celebrare le messe et i divini
uffici (1); ma questi tali difetti, benchè in molte città non
vi siano, sono però troppo generali et invecchiate nelle
popolationi e ville inferiori, et il rimedio loro depende in
gran parte dal rimediare agl'altri disordini accennati di
sopra, e specialmente dall'educatione et ammaestramento
più esatto delle tenère piante clericali dentro a i ben
formati e governati seminarii.

De' regolari poi, conviene dir poco, perchè mi saria da
dir troppo, ma tutto si comprenda in una parola, cioè
che nel regno di Francia sono per lo più inosservanti
delle regole, rilassati, contumaci a i loro superiori, anzi
alla stessa Sede Apostolica, ricorrendo a i Parlamenti
contro la giurisditione legitima ecclesiastica, et opponendosi pertinacemente alle riforme; al che si aggiunge
la poca disciplina di molti monasterii di monache non
riformate, viventi senza clausura e con secolaresca
libertà, massime in luoghi di campagna, con generarsene
de' scandali e disordini a quali è difficilissimo il porre
freno, mentre i Parlamenti contrastano d'esercitare la
loro giusta facoltà di visitare non solo al nunzio apostolico,
ma anco a gli stessi superiori regolari, specialmente
quando si tratta di riforma et osservanza. Se con opportuni
officii potesse destramente aiutarsi l'elettione de' provinciali e superiori osservanti, questo sarebbe non picciolo

---

(1) Les détails donnés par M. Aulagne dans son ouvrage, *la Réforme
catholique du XVIIe siècle dans le diocèse de Limoges*, pp. 85 et suiv.,
démontrent qu'il y avait lieu de faire de telles remarques.

rimedio a ritenere almeno la corrente di maggiori reso-
lutioni. E quanto alle suore, la moltiplicatione de' monasterii e luoghi riformati, et il procurare a questi honori
e privilegi etiandio dalle Maestà e da principi, può esser
che a poco a poco vada temprando gli altri mediante una
salutifera emulatione.

Cade in questo proposito de' regolari un negotio hora
pendente, originato da un tentativo di riforma fatto dal
padre generale de' minori osservanti quanto a conventi
delle provincie di Francia, Turena e San Bonaventura,
et al Gran Convento di Parigi (1). Questi conventi si
presuppone che fossero già de' minori conventuali, ma
quando per la relassata vita di quelli fu introdotta la
riforma de' zoccolanti, si dice che le tre provincie sudette
et il convento di Parigi non furono mossi dal primiero
stato per cagione che vivevano, rispetto a gli altri conventuali, regolarmente e con buona disciplina; ma
nulladimeno, a fine di conservarli in detta osservanza et
acciò dal vivere soggetti al generale e superiori de' conventuali non apprendessero anch' essi qualche rilassamento, furono in tempo di Leone X appartati dal governo
de' conventuali e sottoposti a quello de' minori osservanti. Sebene di questa soggettione e di tutta la detta
historia non si ha fin hora bastevolmente chiara et authen-
tica certezza, tuttavia consta che cento e più anni sono
vissuti sotto il generale e superiori degli osservanti, ma

---

(1) A la suite de la réforme des frères mineurs en 1517, les maisons
des conventuels réformés avaient été, en France, groupées en quatre
provinces : celles de France, de Touraine, d'Aquitaine, de Saint-
Bonaventure (Bourgogne). Le passage des conventuels de l'Aquitaine
au régime de l'Observance réduisit à trois le nombre des provinces.
Le grand couvent de Paris est cité à part, parce qu'il échappait à la
juridiction du vicaire provincial. Cf. HOLZAPFEL, *Manuale historiae
ordinis fratrum minorum*, Fribourg, 1909, p. 354.

però hanno sempre ritenuti certi vestigi di conventualità, come a dire quello del creare maestri, del possedere stabili in commune e di alcune differenze dell' habito. Hora, eccitati dal motivo della detta riforma con cui si pretendeva di levar loro il magistero e l'entrate perpetue e beni immobili, e ridurli affatto alle regole dell' osservanza, molti di essi hanno vivamente ricusato d' innovare cosa alcuna ; anzi hanno dimandato, col favore anche del re, di essere restituiti al corpo de' minori conventuali et aggregati al loro generale, allegando di essere stati, in tempo di Leone, levati di fatto, minacciando di usar essi il medesimo termine e ritorsi, etiandio senza licenza apostolica, dall' obbedienza de' superiori osservanti con dichiararsi omninamente conventuali. Onde per le preghiere loro proprie, e per lo desiderio delli superiori conventuali di ricuperare e acquistare que' conventi, che perciò il loro protettore generale, residente in questa corte, di natione avignonese o venaissino, o di quel contado almeno, andò à Parigi a farne broglio, si misero alcuni ministri regii a favorire la loro intentione, persuasero la Maestà del re ad aiutarla, come fece con sue lettere al papa, presentate da Mons. di Betunes con aggiunta di gagliardi e premurosi officii ; ma, conoscendo S. S^{tà} il negotio grave et in se stesso, e per le conseguenze, e tenendo relatione dal s. card. Spada che a questa pretesa riunione non consentiva pienamente la provincia di Turena, e contradiceva apertamente quella di S. Bonaventura contro i presupposti che ne erano stati fatti a S. B^{ne}, deputò tre prelati che ricevessero le informationi e ragioni delle parti et esaminassero il negotio ; et in questo termine si trovava senza essersi passato più avanti. Hora soggiungo a V. S. che, consi-

derato l'affare et le circostanze della sudetta riunione,
S. Sta propende nella negativa, poichè il transito sarebbe
ad latiorem e trovarebbe ostacolo e pericolo nella Contea
di Borgogna, la quale è parte della provincia di S. Bonaventura, sicome so che V. S. stessa l'avvisò di Francia (1)
al s. card. Spada, e contradetto continuamente dalla
detta provincia di S. Bonaventura. Cova qualche intentione politica dall' alternativar de' generali e di haver
vicario francese quando il generale è italiano, come rispetto ai zoccolanti si fa con Spagna, e vi è qualche fine
che amministrino i frati francesi la S. Inquisizione et i
governi d'Università in Italia ; e finalmente i consensi
dati dalle altre due provincie e dal convento parigino
sono informi et hanno anche de' contraditorii, e di più
verrebbono col dichiararsi conventuali, che è irragio-
nevole, degli absurdi. Inclinarebbe dunque più tosto
S. Sta a permetter loro in qualche maniera l'uso de' privilegii de' beni stabili in comunione e del crear maestri,
per quietar le loro conscienze che è il fondamento nel
quale eglino et anche il re par che fondino le loro dimande
della riunione, sichè non doverebbero curar del modo, _
purchè ne conseguissero l'effetto, e non è cosa nuova
che sotto un medesimo superiore vivano religiosi più e
meno privilegiati o riformati, e possono i superiori zoccolanti, che gli hanno retti per 120 anni incirca, allegare
qualche titolo della loro superiorità per l'immemorabile
corso del tempo ; la mira perciò di S. Sta è di mitigare
e raffredare il fervore di questo negotio, quanto si può,
insensibilmente, et acquistar tempo senza uscire a nega-
tive o dichiarationi dalle quali possano inferirsi, andando

---

(1) Ne faudrait-il pas lire « in Fiandra ? »

poi a poco a poco (quando loro seguissero a parlare) porgendo alcuna delle difficoltà che vi sono, come è la mancanza del consenso di tutte le provincie, e l'informità e dispareri di quelli delle altre due, il volere ritentione di habito e prerogative e simili inconvenienze ; nel corso del negotio si può instillare che non si lascierà d'andar pensando di provedere alla quiete della coscienza di detti religiosi, che in ogni modo saranno levati di scrupolo, che è il desiderio e motivo loro e del re Cristianissimo, et in questa forma procurare di trattenere e disporre gli animi a quello che parrà espediente a S. B^ne con tanta più facilità, quanto che il s. card. Spada ci avvisa non essere tale la premura del re e degli altri principali ministri in questo particolare, quale la rappresenta il s. de Bettune qua, e Mons. d'Arbault (1) in Parigi, il quale pare che si riscaldi in questo trattamento. Onde dice S. S^ria Illma che non è da temerne disordine ne piccamento da cotesta parte. Pure è bene esser avvertito che non si prorompesse ad innovar di fatto, come habbiamo detto di sopra essersi altre volte sussurrato, ma il caminare con la strada presa qui, di voler discutere il negotio, e con la forma accennata di sopra può provedere ad ogni violenta risolutione.

Fra i regolari, i padri della Compagnia di Gesù dovrebbero esser più utili per mantenere ne i popoli la riverenza della Sede Apostolica, ma sono anco i più odiati non solo da i Parlamenti e da i politici, ma anco da gli altri ordini de' regolari ; e massimamente dopo che, nel 1625, essendo uscito dalle stampe il libro *De heresi*

----

(1) Raymond Phelypeaux (1560-1629), sieur d'Herbault, de la Vrillière et du Verger, était devenu secrétaire d'Etat aux Affaires Etrangères en février 1624, après la disgrâce des Sillery.

di Antonio Santarelli gesuita (1), non contenti i parlamentarii et alcune Università d'haver censurate alcune propositioni del detto libro contro l'autorità del papa e lacerato con mille biasimi l'autore, presero anche a rinnovare le antiche sospicioni e molestie contro tutta la religione ; e da qui nacque anco una più fortunevole congiuntura, e fu che, dopo havere alcuni pochi assentito ad una risolutione del Consiglio segreto, tredici padri del convento di Parigi chiamati dal Parlamento, intimoriti di non esser con gl' altri della Compagnia cacciati dal regno, s'indussero ad una certa sottoscrittione non bene aggiustata d'un decreto over arresto altretanto esorbitante quanto nullo del Parlamento in materia delle sudette propositioni (2); e da indi in qua, i padri gesuiti

---

(1) Antoine Sanctarelli, religieux de la *Compagnie de Jésus*, publia, à Rome, en 1625, un traité intitulé : *Tractatus de haeresi, schismate, apostasia, sollicitatione in sacramento poenitentiae et de potestate Summi Pontificis in his delictis puniendis.* Dans les chapitres 30 et 31 de cet ouvrage, il enseignait que le pape avait le pouvoir de déposer les rois, non seulement pour cause d'hérésie, de schisme ou de quelqu'autre *crime, mais encore en raison de leur incapacité,* ou de leur négligence, ou de leur inutilité ; tout ce qu'il y avait de pouvoir sous le ciel, y était-il dit, appartenait au souverain pontife. Ces thèses, directement contraires aux doctrines gallicanes, suscitèrent une vive émotion à la cour, au Parlement, à l'Université, dans tous les milieux jaloux de défendre l'autorité du roi ; elles provoquèrent divers incidents dont il sera parlé plus loin.

(2) Après avoir ordonné, par son arrêt du 13 mars 1626, que le livre de Sanctarelli serait « lacéré et brûlé en la cour du Palais », le Parlement manda à comparaître le 14 mars devant la Grand'Chambre le père Coton, provincial de Paris, avec les supérieurs de Saint Louis, du Noviciat du collège de Clermont et trois autres pères (D'Argentré, *Coll. iudiciorum,* t. II, p. 204). Le premier président mit les jésuites en demeure de signer les quatre propositions suivantes : le roi ne tient son royaume que de Dieu et de son épée ; le roi ne reconnaît en son royaume d'autre supérieur que Dieu seul ; le pape ne peut ni mettre le roi et le royaume en interdit, ni dispenser les sujets du serment de fidélité pour quelque cause que ce soit ; le pape n'a aucune puissance ni directe, ni indirecte, ni immédiate, coactive, ni directrice sur le roi. Pour ne pas avoir à adhérer à de tels articles, les religieux cherchèrent à gagner du temps ; ils répondirent qu'ils ne les signeraient qu'après que la Sorbonne et l'Assemblée du clergé y auraient souscrit.

Le 15 mars, le père Coton se plaignit au roi des exigences du Parlement. Louis XIII décida en son conseil privé, d'ordonner au Parlement de surseoir à cette affaire, et, le 16 mars, il demanda aux religieux de

si vanno piutosto schermendo e dettreggiando che alzando
testa o trattando francamente, e può credersi che nón
mancaranno i loro avversarii d'andargli inquietando
giornalmente con varie calunnie, siché V. S. potrà
trattar con essi loro temperatamente e senza molta
asprezza, per non tirarsi addosso l'odìo di mofti, e per
non occasionar anco l'accrescimento delle sinistre opinioni
che corrono di loro, ma non lascierà però di sostenerli et
aiutarli nelle occorrenze con quei destri modi che sarà
possibile, mantenendoli tuttavia bene animati verso
questa Santa Sede, acciochè, nelle occorrenze che richieg-
gono necessariamente franchezza e intrepidezza apostolica, non paventino di mostrarla quanto bisogna, ma

signer une déclaration qui serait un désaveu du livre de Sanctarelli.
« Nous soubsignez, y était-il dit, religieux profez de la Compagnie de
Jésus, désavouons la pernicieuse doctrine contenue dans le 30ᵉ et
31ᵉ chapitre du livre de Santarelly en ce qui tousche la sacrée personne des roys, recognoissons que le roy ne tient le temporel de ses
estats que de Dieu seul ; promettons de n'enseigner jamais le contraire
et de soubscrire à la censure de la Sorbonne ou du clergé qui en
pourra estre faite ». (Nous avons cité le texte publié par le père
Garasse, dans son *Histoire des Jésuites de Paris pendant treize années*,
édit. CARAYON, Paris, 1864, p. 163. Cf. D'ARGENTRÉ, *op. cit.*, t. II,
p. 206). Le père Coton et douze de ses confrères obéirent au roi et
signèrent cette déclaration.
En dépit des ordres de Louis XIII, le Parlement rendit le 17 mars
un arrêt ordonnant aux jésuites de France non seulement de souscrire
à la censure d'un libelle intitulé *Admonitio ad regem*, censure pro-
noncée par la Sorbonne le 1ᵉʳ décembre 1625, mais encore de bailler
« acte par lequel ils désavoueraient et détesteraient le livre de
Sanctarellus » ; deux de leurs théologiens devaient en outre, dans un
délai de huit jours, remettre un écrit « contenant maximes de doctrine
contraire à celle dudit Sanctarellus » (D'ARGENTRÉ, *Ibid.*). Le 20 mars,
les jésuites s'exécutèrent : ils signèrent une déclaration où, après une
adhésion à la censure de l'*Admonitio ad regem*, il était dit : « Comme
il y a dans le livre d'Antoine Sanctarel, intitulé *De l'hérésie, de
l'apostasie et du schisme*, lequel a été condamné depuis peu par la
Cour de Parlement, quantité de choses scandaleuses, séditieuses qui
tendent au renversement des Estats, à retirer les sujets de l'obéissance
due aux rois, aux princes et aux souverains, qui touchent leurs estats
et qui mettent même leurs personnes en grand danger et péril, nous les
improuvons pareillement, rejettons et condamnons ». (D'ARGENTRÉ,
op. cit., p. 207). Sur toute cette affaire, voir PRAT, *Recherches historiques et critiques sur la Compagnie de Jésus en France du temps
du père Coton*, t. IV, Lyon, 1876, pp. 732-789. — Cf. A. DOUARCHE, *L'Université de Paris et les jésuites*, Paris, 1888, pp. 270-276.

vadano però ritenuti dal porgere occasione di risvegliare
gli humori, specialmente con libri o scritture ardite overo
contenenti materie gelose, acciò mercè de' tempi
presenti ne quali la verità ha tanti contradittori, non
cagionino più danno che utile l'inculcarla a gl' altri
depravati et induriti.

Gli altri regolari poi sono generalmente in disdetta con
gli ordinarii ecclesiastici del regno, volendo e procurando
questi spogliarli, almeno in gran parte, di quelle esentioni
e privilegii che hanno dalla Sede Apostolica, allegando
che essi gli abusano et estendono fuori dei loro limiti;
laonde V. S. sa che in una Assemblea tenuta in Parigi
da molti vescovi per altri negotii, l'anno 1625, diedero
fuori, sotto nome di esortatione, una scrittura restrettiva
e derogativa di molti privilegii de' regolari, sopra i quali
dovevano piutosto ricorrere a S. S^{tà} che metter mano in
quello di che non havevano autorità veruna, al qual
pessimo esempio vollero poi rimediare con una lettera che
stamparono diretta a S. B^{ne} (1). Conviene sapere l'ultimo

---

(1) *La question de privilèges des réguliers était depuis quelque
temps à l'ordre du jour en France. Le 5 juin 1619, le nonce Bentivoglio
écrivait à sa cour : « Il y a en France des évêques et des curés, particulièrement les curés de Paris, qui prétendent, comme j'en ai déjà
avisé Votre Seigneurie Illustrissime, que ni les pères jésuites, ni les
religieux des ordres mendiants ne peuvent entendre les confessions
et administrer la sainte communion sans leur consentement, particulièrement aux jours des fêtes principales. » Peu après, des évêques
en étaient venus aux actes. L'archevêque de Paris, en 1622 (voir
l'instruction de Spada, p. 34), l'évêque de Langres, en 1623 (Prunel,
Sébastien Zamet, p. 112), avaient interdit aux religieux, surtout aux
jésuites, de confesser huit jours avant et huit jours après Pâques.
L'évêque de Séez, Jacques Camus, défendit aux jésuites d'Alençon
de prêcher, de confesser, de donner la communion dans leurs cha-
pelles, même d'y dire la messe aux jours des principales fêtes (Prat,
op. cit., t. IV, p. 657).*

*Aux jésuites, qui en avaient appelé de la sentence de l'évêque de
Langres, la congrégation du Concile avait donné gain de cause
(Prunel, op. cit., p. 112). Estimant que leurs droits étaient mani-
festement lésés, les évêques décidèrent, en l'Assemblée du clergé de
1625, de faire des instances à Rome pour obtenir la restriction des
privilèges des réguliers. En leur nom, l'évêque de Chartres, Léonor*

fine o stato di questo negotio. Il negotio capitò in mano
a Mons. Fagnano, allora segretario della Sacra Congregazione del Concilio (1). Invigilarà perciò la prudenza
di V. S. in adoprarsi che i regolari non abusino delle
loro esenzioni, ma non lascierà dall'altro canto d'ani-
marli et assisterli anche d'officii appresso il re et altri
con i quali bisognasse, perchè non vengano tocche le
concessioni fatte loro dalla Sede Apostolica da altra mano
che da quelle del Sommo Pontefice.

E poichè si è fatta menzione dell'Assemblea de' vescovi
del 1625, mi sovviene il dirne qualche cosa, ancorchè
soglia tenersi ogni dieci anni, ma ella potrà considerare
quello che hora discorrerò, e dagli andamenti che vedrà
in Francia raccogliere almeno, se in avvenire possa a tal
soggetto di non poco momento applicarsi qualche buona
cautela. Si congregano dunque le dette Assemblee non
solo de' vescovi ma anco de' procuratori de' capitoli, affine
di trattare delle contributioni che l'ordine ecclesiastico
paga al re, delle loro esationi e partitioni in futuro, e de'
conti e revisioni del passato. Ma, benchè in fine il fine
del congregarle sia meramente pecuniario, tuttavia, da

---

d'Etampes, rédigea une *Déclaration contre les exemptions et les
privilèges des réguliers* qui, au mois de septembre 1625, fut approuvée
à la presqu'unanimité (PRUNEL, *op. cit.*, p. 118). Dans sa première
séance du 20 octobre suivant, l'Assemblée ordonna qu'il serait écrit à
Sa Sainteté avec toute soumission et respect ; dans sa deuxième
séance du même jour, elle entendit lecture de la lettre à Urbain VIII
que l'évêque de Chartres avait eu mission d'écrire. Cette lettre où il
était fait un long et pompeux éloge du pape, fut « généralement
estimée et approuvée de tous », dit le procès-verbal de la séance.
Voir PRAT, *op. cit.*, t. IV, pp. 679-683.

(1) Prosper Fagnani (1587-1678) fut secrétaire de la congrégation
du Concile pendant plus de vingt-deux ans. Devenu aveugle à l'âge de
quarante-quatre ans, il n'en continua pas moins à rendre les plus
grands services dans les congrégations romaines. Canoniste très érudit,
il composa, sur l'ordre du pape Alexandre VII, un Commentaire sur
des Décrétales qui eut le plus grand succès. Cet ouvrage en trois
volumes in-folio imprimé une première fois à Rome en 1661, fut réimprimé à Cologne en 1679, 1681, 1686 et 1704, à Venise, en 1697 (HURTER,
Nomenclator litterarius, t. II, 2e édit., p. 243).

poco tempo in qua, hanno cominciato a farle diventare
poco meno che sinodi o concilii, trattando in essi di punti
gravissimi di giurisditione ecclesiastica, di ordinatione,
di governi delle chiese, di privilegii di religiosi e di
cose somiglianti, il qual abuso produce non pochi absurdi
e pericoli; e prima, essendo queste Assemblee ne concilii, ne sinodi legitimi, e potendo andarvi e partirsene
i prelati a loro volontà, ne segue che vi vadano i meno
buoni e zelanti della vera disciplina, e ne partano talvolta
i migliori o almeno non si trovino alle congregationi;
quinci si pigliano le risolutioni più cattive e spiacevoli
anco al resto de' prelati di Francia o a gran parte di essi,
cagionando fra di loro diversioni e contese; secondo, la
lusinghiera opinione dell' immoderata libertà (che hanno
in bocca) della Chiesa Gallicana, avvengachè senza fondamento, in tali Assemblee di maniera s'infervora per
instigatione de' mali affetti che poco meno diventa pericolosa di scisma; terzo, portando ciascun vescovo i
proprii interessi e passioni concepute contro i regolari,
o suore, o anco private persone, et aiutandosi l'uno
l'altro sotto pretesto della dignità episcopale o sua inden-
nità, mandano fuori e stampano decreti, o responsi,
o pateci, che si chiamino, contro religiosi o altre persone
esenti, e contro le costitutioni apostoliche, e, talvolta,
contro i diritti della S. Sede, come avvenne nell' ultima
Assemblea circa la causa del decano di Nantes (1); quarto,

____

(1) Nous avons dit plus haut (Instruction de Spada, p. 28, note 1)
que, pour ne pas se soumettre au bref d'Urbain VIII du 20 décembre
1623 leur ordonnant de rester sous la juridiction du père de Bérulle,
les carmélites de Morlaix étaient allées s'établir dans un faubourg de
cette ville dépendant de l'évêque de Saint-Pol de Léon. Chargé par
les cardinaux de la Rochefoucauld et de la Valette de faire exécuter
le bref pontifical, Etienne Louytre, docteur de Sorbonne et doyen de
l'Eglise de Nantes, avait, en mai 1624, excommunié les religieuses
de Morlaix et leur avait interdit le manoir où leur donnait asile

espongono la loro dignità et immunità a molti affronti e
pregiuditii, pigliando occasione et ardire il Parlamento
et i ministri regli d'ingerirsi in censurare le loro delibera=
tioni, in prohibir loro il congregarsi e comandar la dissolutione delle Assemblee, ò intimarli l'andare alla residenza
con vergogna e discapito dell'esentione ecclesiastica (1) ;

---

l'évêque de Saint-Pol de Léon. Ce dernier passa outre à cette sentence : non seulement il assura aux rebelles une retraite dans le
château de Brest, mais il leur administra les sacrements. Le 25 avril
1625, Étienne Louytre revint à la charge : il excommunia nommément
les carmélites et défendit à tout ecclésiastique de quelque qualité et
condition qu'il fût de leur administrer les sacrements ; il enjoignit à
l'évêque « de se conformer aux règles et de publier, avant dix jours, une
ordonnance conforme aux brefs du pape, le tout sous peine d'interdit
ipso facto et d'irrégularité ». Blessé au plus haut point, l'évêque de
Saint-Pol dénonça le doyen de Nantes à l'Assemblée du clergé. Les
évêques réunis prirent fait et cause pour leur collègue ; ils conclurent
le 16 juin 1625 à la publication d'un mémoire où ils déclaraient
« abusif, nul et de nul effet tout ce que maître Louytre avait fait et
prononcé comme ayant esté fait par attentat et sans pouvoir et contre
les saincts canons ». Ce mémoire fut expédié à tous les archevêques
et évêques de France avec une lettre les invitant à refuser la communion ecclésiastique au doyen de Nantes. L'Assemblée ne désarma
qu'au commencement de l'année suivante, quand le doyen de Nantes
eut protesté devant Messieurs de l'Assemblée « n'avoir jamais pro-
cédé contre le dit sieur evesque de Léon qu'à grandissime regret,
respectant la dignité épiscopale autant qu'il lui était possible. » Cf.
HOUSSAYE, *Le cardinal de Bérulle et le cardinal de Richelieu*, Paris,
1875, pp. 73-83.
    (1) Le conflit du Parlement avec l'Assemblée du clergé de 1625 ne
justifiait que trop les plaintes formulées ici. Il s'était élevé à propos
de la censure de l'*Admonitio ad regem* et des *Mysteria politica*, deux
pamphlets parus en 1625, où étaient vigoureusement attaquées les
alliances que Richelieu avaient contractées avec les protestants contre
les puissances catholiques. L'Assemblée du clergé avait décidé de
condamner ces libelles. Chargé par ses collègues de rédiger le texte
de la censure, l'évêque de Chartres, Léonor d'Etampes, avait publié,
à la date du 13 décembre 1625, le *Jugement des cardinaux, archevêques, évêques et autres prélats de toutes les provinces du royaume
composant l'Assemblée générale du clergé contre certain libelle
anonyme.* (On en trouve le texte français dans DURAND DE MAILLANE,
Les Libertés de l'Eglise gallicane, t. III, Lyon, 1771, p. 826). Le
Jugement, paru sans avoir été soumis à l'approbation des évêques,
défendait toutes les thèses gallicanes sur l'indépendance absolue des
rois. L'Assemblée refusa de le faire sien ; le 12 janvier 1626, elle lui
préféra une censure rédigée en des termes différents. Le Parlement
prétendit l'obliger à agréer l'œuvre de l'évêque de Chartres ; par un
arrêt du 21 janvier, il interdit « à toutes personnes s'assembler, écrire,
imprimer ni publier aucune autre déclaration que celle de l'Assemblée
du clergé dudit jour 13 décembre » (D'ARGENTRÉ, *Coll. iudiciorum*,
t. II, p. 200) ; le 18 février, il renouvela sa défense (*Ibid.*). Les évêques
passèrent outre ; ils maintinrent dans leurs réunions des 26 et

quinto, non servono ad altro che ad infingere l'obbligo della residenza tanto per altro mal custodito in Francia, prolatandosi le dette Assemblee mesi e mesi, per non dire anni intieri ; sesto, non havendosi in esse, o per dir meglio, non dovendosi trattar d'altro che di affari pecuniarii, bastarebbe purtroppo il mandarvi procuratori o vicarii, senza che per sì fatta qualità gli arcivescovi e i vescovi abbandonassero i loro gregi e le funtioni pontificali. Per queste et altre ragioni è veramente da desiderarsi che un giorno, concorrendovi anco il compiacimento del re, vi si applicasse qualche sufficiente rimedio, e il migliore sarebbe, se gli stati ecclesiastici non se ne offendessero troppo, toglierle affatto et ordinare che vi s'inviassero procuratori o agenti, come si è accennato, overo si potrebbe prohibire che proponghino e maneggino in alcun modo altri negotii che pecuniarii, con che si dismetterebbero da se stesse, essendo probabile che molti non v'andarebbero, se d'altro che di contributioni non havesse a trattarsi, o pure per doverli prescrivere almeno un breve termine, dentro al quale terminassero le dette assemblee ; e se da tali provisioni il re si mostrasse

---

27 février, leur censure du 12 janvier et désavouèrent celle de l'évêque de Chartres (*Ibid.*, p. 201). La Cour riposta, le 3 mars, en enjoignant à tous les archevêques, évêques, de se retirer, dans les quinze jours, dans leurs diocèses, sous peine de subir saisie de leur temporel (*Ibid.*, p. 202).

Cette entreprise du Parlement contre l'Assemblée provoqua de très vives protestations, dont se firent les interprètes Charles Miron, évêque d'Angers et Léonard de Trappes, archevêque d'Auch ; les magistrats décrétèrent ajournement personnel contre eux (*Ibid.*, p. 203).

Le roi termina l'affaire en blâmant le Parlement, en promettant au clergé de le maintenir dans ses immunités ; il invita toutefois les membres du clergé à « s'abstenir en leurs réponses de termes qui piquassent cette compagnie » (RICHELIEU, *Mémoires*, t. I, édit. MICHAUD et POUJOULAT, p. 367). Sur toute cette affaire voir PUYOL, *Edmond Richer*, t. II, Paris 1876, pp. 254-267 ; PRAT, *Recherches historiques et critiques sur la Compagnie de Jésus en France du temps du père Coton*, t. IV, Lyon, 1876, pp. 695 à 709 ; PRUNEL, *Sébastien Zamet*, Paris, 1912, pp. 119-121.

alieno, per dubio di scemare le contributioni, che da
prelati può sempre sperare più vantaggiose secondando i
desiderii loro, haverebbe da considerare dall'altro canto
quei sturbi che possono cagionare alla quiete publica simili
ragunanze di tali vescovi e molti di essi possenti, e
guerniti di seguiti e parentele grandi, oltre i pericoli di
gravi disordini in materie ecclesiastiche, da quali mai
sempre seguendo anche tumulti fra i segretarii, mentre
nelle dette Assemblee non si ventillano ordinatamente et
sedatamente le propositioni, come ne sinodi, ma più tosto
si precipitano con immaturità tumultuaria o con arteficii e
machinationi. Con tutto questo discorso è bene da bra-
mare che i vescovi entrassero da se stessi nella pondera-
tione degli inconvenienti, e si risolvessero a spedire per
procuratori quello che per se medesimi non possono fare
senza offendere il proprio carico ; ma il parlarne o moti-
varne per hora sarebbe un ingelosire o disgustare più tosto
i prelati, e chi sa che altri ministri regii non apprendessero che noi concepiamo timore da cotali ragunanze, e
che per ciò non se ne servissero al contrario di quello
che è per servicio di Dio, del regno e della Chiesa.
Laonde par che sia necessaria la cautela che li nunzii, in
tempo di dette Assemblee, si stiano molto occultati e vigilati ; procurino però havervi dei detti vescovi e prelati
amici, da quali vengono puntualmente avvisati di ciò che
si pensa di trattare, per poter opporsi e rimediare a tempo ;
si adoprino a far trovarsi in tutte le congregazioni il
maggior numero che possono delli bene affetti e riverenti
alla Sede Apostolica, gli inanimiscano a contradire e
scoprirsi vivamente dove fa bisogno, distolgano o repri-
mano i male intentionati, sgannino o sincerino i sacerdoti
e mal persuasi, facciano istanza a buon hora presso il re

o altri per gli opportuni rimedii d'autorità e d'ufficii, et insomma sollecitamente provedano e dalle dette Assemblee non procedano quei maligni principii, che altre volte et ultimamente, nell'opera del vescovo di Sciartres (1), hanno minacciato gravissimi disturbi con poca riputatione dello stesso ordine ecclesiastico della Francia.

Dopo i vescovi et il clero, è di gran momento il collegio teologico della Sorbona, la cui autorità è stata sempre in molta stima ; e per haver fin dal suo nascimento riverita, anzi propugnata la Santa Sede Apostolica, tiene da essa molti privilegii. È ben vero che non ha molti anni, che in alcuni di essa degenerò dalla vecchia pietà di tali dottori antecedenti Edmondo Richerio col seminare una fantastica dottrina, temerariamente oppugnando la potestà pontificia ; e, sicome il loglio per opera del nemico, facilmente fra i germi del puro frumento apostolico trovarono le di lui falsità altri seguaci, intanto che, dopo gli obrobriosi nomi di calvinista e di ugonotto, pare che vada hora per le bocche degl'huomini anco il vocabolo di richerista, quasi indicativo di una nuova e separata specie di settarii, pericolosa tanto più per esser grata ai parlamentarii che mal sopportano la giusta autorità della giurisditione ecclesiastica. Se la prudentissima e piissima mente del re non concorre a reprimere con risolute dimostrationi il male ancora crescente, non è dubio che tenderanno al possibile a

---

(1) Léonor d'Etampes ou d'Estampes de Valençay (1589-1651) était devenu évêque de Chartres en 1620. Transféré à l'archevêché de Reims en 1641, il y mourut le 8 avril 1651. Comme il a été dit dans la note précédente, il avait été chargé par l'Assemblée du clergé de 1625 de rédiger une censure de l'*Admonitio ad regem* et des *Mysteria politica*. « Evêque courtisan, il y avait vu, écrit M. Fagniez, une occasion d'entonner un hymne d'idolâtrie monarchique » (*Le père Joseph et Richelieu*, t. II, Paris, 1894, p. 6).

travagliare cotesto regno con mille contentioni e scritture,
non senza publico danno e inquietudine. Di che si scorgono gli antecedenti preludi nel corpo della Sorbona,
non mai stato per l'addietro così discorde e fluttuante in
se medesimo come è hora per opera de' fattionarii, richeristi ; de' quali essendosi reso, l'anno 1626, antesignano
il dottore Filesac (1), e vedendosi uscito alle stampe il
libro o trattato sopramenzionato *De heresi* di Ant. Santarelli gesuita, essi presero, come V. S. sa, l'occasione
di authenticare quasi i loro errori col nome di Sorbonio ;
e tra, per l'avversione che hanno i sorbonisti alli padri
della Compagnia, quali non hanno voluto mai ricevere
nel loro collegio, e per havere apportato il tempo che i
colleghi regolari, che sogliono esser molti, si trovarono
assenti alle loro prediche quaresimali, e per havere fatta
la proposta in congregazione straordinaria senza discu-
tersi et esaminarsi maturamente, estorsero e cavarono
fuori una censura di alcune conclusioni del Santarello
molto aliena dalla consueta pietà e dalla inveterata
dottrina della Sorbona stessa, e molto offensiva della

---

(1) Jean Filesac (1556-1638), docteur de la Faculté de Théologie de
Paris, fut doyen de la dite Faculté et curé de Saint-Jean-en-Grève.
Théologien érudit plutôt que profond, il a composé un grand nombre
d'opuscules sur les matières les plus diverses ; il a notamment laissé
des traités sur le carême, l'origine des paroisses, la confession auricu-
laire, l'idolâtrie magique, l'autorité des évêques. Une dissertation qu'il
publia en 1620 sur l'origine des anciens statuts de la Faculté de Théologie de Paris lui donna grande réputation parmi les sorbonistes.
L'instruction le range à tort parmi les partisans de Richer. Filesac
avait au contraire pris nettement position contre l'auteur du *Libellus*
(PUYOL, *Edmond Richer*, t. I, p. 295). Toutefois il était gallican et il
comptait parmi les plus acharnés des adversaires des jésuites. Filesac
a joué un rôle considérable dans l'affaire Sanctarelli ; ce fut sur la
lecture des extraits qu'il fit de l'ouvrage du jésuite italien, que l'avocat
général Servin intenta une action au Parlement (GARASSE, *Histoire des
jésuites de Paris*, etc., édit. CARAYON, Paris, 1864, p. 141). Sur Filesac,
voir FÉRET, *La Faculté de Théologie de Paris et ses docteurs les plus
célèbres. Epoque moderne*, t. IV, Paris, 1906, pp. 369-376.

potestà e dignità del Sommo Pontefice (1). Et accorgendosi che la verità da solo a solo trionfa della falsità, procurano di fortificar questa con gli aiuti del Parlamento, il quale pronuntiò arresti confirmatorii della censura fatta, e per dubio che non si ritrattasse, limitò il numero delli religiosi che potesse trovarsi alle congregazioni, la dove per lo passato non v'era limitatione. Ma la pietà e rettitudine del re si oppose a tante esorbitanze, e prima rivocò l'arresto ristrettivo del numero de' regolari, dichiarando che potessero intervenire alla congregazione nel numero di prima (2), e così intervennero

---

(1) Après avoir entendu les rapports des docteurs Jean Daullry et Estienne Dupuis, députés pour l'examen des chapitres 30 et 31 du traité d'Antoine Sanctarelli, la Faculté de Théologie de Paris déclara, dans sa *séance ordinaire du 1er avril 1626*, qu'elle désapprouvait, condamnait la doctrine contenue dans ces chapitres comme « nouvelle, fausse, erronée, contraire à la parole de Dieu, rendant odieuse la dignité du pape, donnant occasion au schisme, dérogeant à la suprême autorité des rois qui ne dépend que de Dieu, mettant obstacle à la conversion des princes infidèles et hérétiques, troublant la tranquillité publique, renversant les royaumes, les estats et les républiques, détournant les sujets de l'obéissance et de la soumission, excitant aux factions, aux rebellions, aux séditions et aux parricides des princes » (D'Argentré, *Coll. iudiciorum*, t. II, p. 211). Le 4 avril suivant, elle tint une séance extraordinaire où elle publia, sous forme de censure, la conclusion du 1er avril (*Ibid.*, p. 212). Peu après, le 20 avril, *l'Université de Paris rendit à son tour* un décret par lequel il était prescrit de lire chaque année la censure du livre de Sanctarelli dans la première assemblée après l'ouverture des écoles, de la transcrire dans les registres des Facultés et des Nations, d'en déposer deux copies aux archives communes de l'Université, de la communiquer à tous les collèges ; toute attaque dirigée contre elle ferait perdre les droits académiques (*Ibid.*, p. 218).

D'après une lettre du cardinal Spada du 10 avril 1626 et une relation du religieux augustin Reverdy (Prat, *Recherches historiques et critiques...*, t. IV, p. 796), la Faculté de Théologie se serait empressée de tenir une séance extraordinaire le 4 avril, au lieu d'attendre sa réunion ordinaire du 1er mai, à l'effet de tout décider en l'absence des docteurs appartenant aux ordres religieux, retenus loin de Paris par leurs prédications quadragésimales. C'est à cette manœuvre que fait allusion l'instruction.

(2) Craignant de voir les défenseurs de l'autorité pontificale profiter de la présence des réguliers aux assemblées de la Faculté pour reprendre l'examen du livre de Sanctarelli, vingt-neuf docteurs avaient, le 6 juillet 1626, adressé au Parlement une requête afin d'obtenir que dorénavant chaque maison des ordres mendiants ne pût députer que deux docteurs aux assemblées (D'Argentré, *op. cit.*, p. 222). Le 18 juillet, le roi évoqua à sa personne cette affaire et interdit au Parlement d'en prendre connaissance (*Ibid.*). Le 24 juillet, la Cour

effettivamente nella congregazione tenuta alli 2 di gennaio *(a)* e continuano tuttora ad intervenirvi. Indi mandò S. M^ta. Mons. vescovo di Nantes (1) alla congregazione ordinaria della Sorbona tenuta il 2 di gennaio *(b)* del presente anno, facendo richiedere da tutti i dottori ivi congregati il loro parere e voto circa la censura già formata contro le propositioni del Santarello, e qui vi apparve chiaramente che la detta censura era un aborto affettato e medicato con artefitii di conventicole tumultuarie, poichè, dopo tanti mesi che è stato dibattuto e ventilato il negotio, e che l'esame e la maturità vi ha potuto haver luogo, la Sorbona non ha riconosciuta la detta censura per suo partito legitimo, e cosi, nella detta congregazione delli 2 di gennaio, di 74 dottori che vi erano, solo 18 vollero sostenerla, ma gli altri 56 la rifiutarono e improverarono (2). E quello che è special-

(a) Ms. : 23 d'ottobre. — *(b)* Ms. : 22 di gennaio.

n'en répondit pas moins au désir des vingt-neuf docteurs, et fixa à deux le nombre des docteurs mendiants qui assisteraient et auraient voix délibérative aux assemblées de la Faculté de Théologie *(Ibid.,* p. 223). Sur les réclamations des religieux, Louis XIII rendit, le 2 novembre, un arrêt ordonnant l'exécution de son arrêt du 18 juillet « de point en point selon sa forme et teneur » *(Ibid.,* p. 233). Cette décision fut notifiée à la Faculté en son assemblée du 1er décembre *(Ibid.,* p. 230). Cf. Puyol, *Edmond Richer,* t. II, pp. 318-335.

(1) Philippe de Cospéan (1568-1646), nommé évêque d'Aire le 12 décembre 1606, avait été transféré à Nantes le 16 octobre 1621. Au commencement de 1636, il passa du siège de Nantes à celui de Lisieux.

(2) Après que la Faculté de Théologie de Paris eut, au mois d'avril 1626, condamné le livre de Sanctarelli, le nonce du pape ne cessa pas de demander que fût rapportée sa sentence injurieuse pour le pape. A la fin de 1626, Louis XIII et Richelieu y consentirent. Le 2 janvier 1627, l'évêque de Nantes se rendit à l'assemblée que la Faculté tenait ce jour-là. La lettre de cachet, dont il était porteur, ordonnait aux docteurs d'enregistrer l'arrêt concernant les ordres mendiants et de cesser toute contestation relative à l'ouvrage de Sanctarelli (D'Argentré, *op. cit.,* p. 243). Après qu'il en eut donné lecture, l'évêque de Nantes ajouta qu'il avait un commandement verbal du roi de savoir si la majorité des docteurs acceptait ou rejetait la formule de censure du livre de Sanctarelli. Après une vive discussion, qui faillit dégénérer en une rixe, la majorité se déclara contre la

mente da osservarsi, non si trovarono in detta congregazione più di 12 regolari, due de' quali anche tennero per la censura, acciò si vedesse manifesto non altro haver combattuto per la giustitia se non la faccia invincibile della nuda verità. Hora a tal inopinato evento strepitarono, e con arresti riprovarono le seguita giusta attione. Anzi posero mano fino a citare e processare i dottori contrarii anco religiosi, ma la generosa costanza del re prohibì al Parlamento d'ingerirsi più oltre ; al che ne anche si quietò ; anzi in un altra congregazione il presidente di Gies (1) con quattro consiglieri vi andò di persona, parlò vivamente e inanimì a fare l'istesso il Filsac e gli altri suoi complici, ma trovarono tale incontro di fortezza e di perseveranza nel dottor Duvale, nel Reverdy, agostiniano, et altri di lingua veridica e di animo sincero, che senza far alcun frutto se ne partirono (2).

censure. L'instruction dit que cinquante-six docteurs se prononcèrent contre la censure ; dix-huit pour. D'après les *Mémoires* de RICHELIEU (t. I, éd. MICHAUD et POUJOULAT, p. 434), soixante-huit docteurs seulement auraient pris part à la délibération ; dix-huit auraient défendu la censure ; cinquante l'auraient condamnée. *Sur cette séance,* voir PUYOL, *Edmond Richer,* t. II, pp. 336-338. Sur les efforts de Spada, pour obtenir le retrait de la censure et ses négociations avec la cour de France, voir HOUSSAYE, *Le cardinal de Bérulle et le cardinal de Richelieu,* pp. 138-170.

(1) Nicolas Le Jay (1574-1640), baron de Tilly, conseiller au Parlement en 1600, avait été nommé président aux enquêtes en 1613. Après avoir été président de la Grand'Chambre, il deviendra premier président en 1630, garde des sceaux en 1636.

(2) Au vote de la Faculté de Théologie du 2 janvier 1627, le Parlement avait répondu, le 4 janvier, par un arrêt ordonnant l'enregistrement de la censure du 4 avril 1626 au greffe de la Cour, et défendant « d'écrire ou mettre en dispute proposition contraire à la dite censure »; la délibération du 2 janvier était annulée ; les arrêts du conseil seraient remis au procureur général « pour le tout vu, en délibérer au premier jour, toutes affaires cessantes » (D'ARGENTRÉ, *op. cit.,* p. 244). Le roi répliqua, le 13 janvier, en interdisant aux doyen, syndic et docteurs de la Faculté de Théologie de Paris, de traiter dorénavant de cette matière, de ne publier « aucuns actes des délibérations du 1er et 4 avril dernier et autres faits sur ce sujet, ni en délivrer aucuns extraits ou copie à qui que ce soit et quelque commandement qui vous en puisse être fait » (*Ibid.,* p. 250). Le Parlement s'obstina ; le 26 janvier, il ordonna l'exécution de son arrêt du 4 et fit défense à toute personne

Hora in questo termine si trova un tanto importante e lungo negotio del quale ella doverà attingere ogni particolarità dalla voce del s. card. Spada.

Intorno ad esso, la zelante efficacia di V. S. ha da riguardare il passato e l'avvenire.

Quanto al passato, è necessario sostenere con tutto lo sforzo la seguita revocatione della censura, il che pare agevolissimo, mentre i ben intentionati dottori venghino difesi da S. M^{tà} dall' iniqua indignatione del Parlamento, il quale ha minacciato di carcerazione o di castighi; ma non potiamo credere che S. M^{tà} gli lasci esposti alla vendicativa violenza de' parlamentarii, e ch'el s. card. di Richelieu, provisore della Sorbona, non assista col suo solito zelo nell' indemnità loro; e V. S., qualunque volta accadesse che si vegga contro alcuno delli detti dottori minimo motivo del Parlamento, sovvenga pure con offici caldissimi appresso la M^{tà} Sua e appresso chiunque bisogna, facendosi sentire con efficacia e perseveranza.

---

d'y contrevenir et à tous docteurs de la Faculté de signer aucuns actes contraires à la censure, à peine de punition exemplaire (*Ibid.*, p. 251).

Par un nouvel arrêt du 29 janvier, Louis XIII évoqua à son conseil toute l'affaire et fit défense à la cour d'en connaître. Le 1er février, le Parlement adressa au roi des remontrances sur cet arrêt et sur ceux qui l'avaient précédé; il décida de continuer l'information commencée contre ceux qui avaient contrevenu à ses propres arrêts et de député à l'assemblée de Faculté, qui se tenait le même jour, l'un de ses premiers présidents et quatre conseillers. En conséquence, le président Le Jay, accompagné de quatre conseillers de la Grand'Chambre, parut devant les docteurs assemblés et leur signifia qu'ils eussent à « ne point souffrir que de nouveau il se fît autre délibération sur le sujet de la censure ». Le docteur Filesac parla dans le même sens, mais il fut contredit par le docteur André Duval (D'ARGENTRÉ, *op. cit.*, pp. 253-255).

Louis XIII mit fin au débat en admonestant vigoureusement le premier président, le président Le Jay et les quatre conseillers. « Je vous commande, leur dit-il, et sous peine d'encourir mon indignation, de ne plus vous mêler des affaires de Sorbonne. Si vous continuez de vous y ingérer, je vous ferai voir qui est le maître de vous ou de moi. » Le Parlement n'insista plus; la Sorbonne se tut. Voir PUYOL, *Edmond Richer*, t. II, pp. 338-342; HOUSSAYE, *Le cardinal de Bérulle et le cardinal de Richelieu*, pp. 170-171.

Quanto al futuro o risguarda il medesimo affare, o gli
altri che potranno occorrere. Circa il primo, potrebbe il
negotio terminarsi col lasciarlo nel presente stato, senza
fabricare nuova censura contro le opere del Santarelli,
e questo modo a noi non può apportare dispiacere ne
danno, anzi ci sarebbe gratissimo (1) ; ma perchè io
presuppongo dover sopra ciò Mons. mio Ill.mo Spada
lasciar in poter di V. S. le notitie che egli ha havute in
molte lettere e cifre de' sentimenti di N.ro S.re, io più oltre
non mi stenderò. Se il re da se stesso lo trovasse buono,
imperocchè il procurare di persuaderlo o premervi della
parte nostra non è profittevole, si per non dar ombra di
voler in un certo modo canonizzare quel libro tanto
esoso a loro, si anco per non impegnarsi in una inchiesta
poco riuscibile, l'altra via di finir il negotio, et alla quale
pare che si pensi, è il formare una nuova censura impro-
vando in genere il libro del Santarelli, come dannoso e
scandaloso senza descendere al sindacamento di particolari propositioni ; et a questa deliberatione, quando pur
voglia venirsi, doverà V. S. tenersi come non consapevole ; ma, senza cooperarvi o mostrare connivenza
veruna, potrà però adoperarsi con quel minore impegno
che le verrà fatto, e più tosto col mezo del padre Beroul
o con l'autorità del s. card. Richelieu, che con disco-
prirsene appresso alla Sorbona, che alla censura, la quale
se formarono come di sopra, si apponga la clausola risa-
nativa del beneplacito di S. Stà e della Sede Apostolica.
Ma, in evento che l'altrui malitia cercasse di proporre

____

(1) Ce vœu de la cour romaine fut exaucé. Après avoir sollicité du
pape une condamnation de l'ouvrage de Sanctarelli, après en avoir
demandé une à l'Assemblée du clergé de France, Richelieu résolut de
tout laisser dans l'état (Puyol, *Edmond Richer*, t. II, p. 345).

ältra forma di nuova censura equivalente alla riprovata,
o forse peggiore, e pregiuditiale in specie a questa Santa
Sede, o alla verità cattolica (il che non è da credere), in
tali casi ha V. S. da impugnare valorosamente le armi
del zelo e contrastare con tutto il potere all' altrui temerità. Credo bene che, per evitare ogni intoppo, si trovarà
qualche ripiego da far che nessuna formola di censura
possa essere proposta nelle congregationi, la quale non
sia stata prima veduta almeno dal s. card. Richelieu
medesimo, ch'è provisore del collegio; anzi il re di già
si è dichiarato di volere che si deputino alcuni cardinali
e prelati a concepire la formula della nuova censura,
sebene l'intervento di tanti pare che servirebbe ad auten-
ticarla troppo et a debilitare il pretesto dell'esser occulta
al nunzio; laonde bastarebbe il modo che si è detto di
sopra, e cosi facendosi, e dovendo votarsi da i dottori,
l'admissione di quella, senza alterazione o aggiunta sostan-
ziale, si verrebbe anco ad assicurar V. S. delli pericoli
accennati di sopra.

Quanto poi alla preservativa in futuro da simili avvenimenti, non fa bisogno di ricordare all'accorgimento di
V. S. il mantenere in fede quei dottori che, amici dal
vero e dal giusto, sono contrarii a Filsac et a suoi
partigiani; il procurare di guadagnare degli altri hoggi
non cosi ben intentionati; il dimostrarsi affettuoso in
universale a tutti i sorbonisti e massime a i capi; il tener
mano al possibile, ma con destre maniere, che per i tempi
l'elettione delli principali officiali del collegio cada in
huomini saggi e ben affetti verso la Sede Apostolica, e
che vi siano ricevuti huomini gravi e di sana dottrina;
il mettere avanti et aiutare nelle vacanze di chiese quei
soggetti della Sorbona che si scorgono più reverenti

verso il Sommo Pontefice; il proteggere, quanto si può, le
ragioni de' regolari, i quali negli atti collegiali sogliono
mostrarsi più vivi attestatori dell'autorità apostolica, non
solo per dipender eglino e il loro instituto imediatamente
da quella, ma anco perchè, uscendo di quando in quando
di Francia e venendo anco in Roma, si spogliano in parte
di quelle opinioni che i secolari sogliono havere eccessive
e pertinaci de' privilegii che essi dicono della Chiesa
Gallicana; e finalmente il conservarsi non pure amici ma
confidenti alcuni soggetti autorevoli e soliti in frequentare
le congregazioni colleggiali, perciochè questi possono
discoprire tempestivamente a V. S. non tanto quel che si
tratta, ma anco quel che si macchina o si pensa di trattare,
et in questa guisa dar agio e comodità di rimediare
avanti che seguino le deliberazioni e gli impegni; e
sopratutto professar con essi in fatti et in parole che non
si vuole torre all'autorità del re, ma quella appoggiare
con l'infallibile dottrina di questa Santa Sede.

L'istesse diligenze ricercansi in rispetto di tutta l'Uniniversità Parigina, di cui, come ella sa, la Sorbona è un
membro contenendo solamente la Facoltà theologica.
Ma l'Università comprende i professori dell' altre scienze
e arti, i quali anche essi trascorrono talvolta ad attioni
di pessime conseguenze, come fecero l'anno passato,
quando i medici et altri, in tutto alieni dalla cognitione
di teologia, si arrogarono il censurare le conclusioni proposte da un padre dominicano per disputarle, conforme
al solito; e diedero fuori la condannatione di esse, riprovando anco il canone *Unam sanctam* et altre costitutioni
apostoliche, per se stesse venerabili et infallibili; e di
più espressamente ricevute da sinodi e concili francesi;
Hora un tanto inaudito eccesso fu malissimo sentito dal

re, il quale ben presto dichiarò nullo il sudetto temerario decreto, e prohibì alli detti professori il trattar più giammai di simili materie ; anzi pare che in quella prohibitione includa anche la Sorbona stessa et altri, et inoltre, con publica dimostratione di non volere ascoltare gli ufficiali dell' Università, gli ributtò e rese mortificati (1). Ma è ben vero che il non por mano a castigare il sindico o vero capo e gli autori di si fatte esorbitanze, cagiona che il male si reprima, ma non si svella affatto ; e lo stesso accade quanto alla Sorbona, poichè il Filsac, nell'essere stato notificato dal nunzio regio in Sorbona l'arresto menzionato di sopra di S. M^{tà} e del Consiglio in proposito de' regolari (2), hebbe ordine di rispondere e proporre che si pregasse S. M^{tà} d'assolverli dall' ubbidienza dovuta a gli ordini *(a)* del Parlamento, e che l'arresto in tanto non si registrasse negli atti del collegio ; e nulladimeno, come si cotal presuntione niente havesse offesa la M^{tà} regnante, se l'ha passata senza alcuna mortificatione almeno d'esiglio o altra esemplare, che assai havrebbe giovato a reprimere il mal talento di cotali genii pericolosi non meno allo stato che alla religione ; et il veder che questi collegii inferiori rimanghino impuniti fa che il Parlamento abusi più francamente della clemenza di S. M^{tà}, havendo osato dopo le revocationi e divieti fattigli da S. M^{tà} di continuare ad intromettersi ne medesimi negotii, mandando in fine il presidente di Gies e consiglieri in persona, come si è detto, dentro alla

(a) Ms. : ordinarii.

(1) Voir plus haut, p. 95.
(2) L'arrêt dont il est question est celui du 2 novembre 1626, défendant à la Sorbonne de limiter à deux le nombre des docteurs pouvant être députés à ses assemblées par chacun des ordres mendiants. Voir plus haut, pp. 116-117.

Sorbona per sollevarla contro alle ordinationi di S. M.^{tà} e
per opprimere con minaccie e spaventi la libertà di quel
collegio ne suoi atti collegiali. Ha dunque V. S., per
preservativa di cosi fatti mali, da procurare che l'elettione
de' capi e sindici dell' Università segua in persone religiose
e devote della Santa Sede, et aiutare potendo alla conse-
cutione delle cathédre dottori ben affetti ad essa Santa
Sede, procurando che prevagliano al concorso de' contrarii,
e che la prohibitione fatta all' Università di non attingere
quelle materie che a lei non spettano, si conservi nel suo
vigore, e non passino le trasgressioni senza quell' appa-
rente risentimento che conviene a falli di tanto rilievo e
conseguenza.

Gran parte degli effetti di riforma e di unione di religione, d'animi che si sono discorsi di sopra, derivarebbe
dall'accettatione del concilio di Trento promessa già dalla
bona memoria di Énrico IV per una delle conditioni della
sua ribeneditione, come pur si legge ancora tra le lettere ed
ambasciate del dottissimo card. de Peron (1), e tante volte
tentata da poi e sempre impedita dal nemico dell'humana
salute, perchè conosce questo esser l'unico e sufficiente
mezo di stabilire la residenza e sollecitudine de' prelati,
la disciplina del clero, la riforma de' regolari dall'uno e

---

(1) Jacques Davy du Perron (1556-1618), nommé évêque d'Evreux
en 1595, transféré à l'archevêché de Sens en 1601, fut créé cardinal par
Clément VIII au consistoire du 9 juin 1604. Le 10 mai 1595, Henri IV
l'avait envoyé à Rome avec le futur cardinal d'Ossat pour « présenter
au pape les déclarations et excuses et le supplier d'octroyer sa sainte
bénédiction et sa souveraine absolution et souscrire les promesses
canoniquement exigées » (L'Epinois, *La Ligue et les papes*, Paris, 1886,
p. 627). Le 17 décembre de la même année, les représentants du roi
acceptèrent les conditions mises par le pape à l'absolution. Voir les
*Articles accordés et promis au nom du roi pour l'absolution de
Sa Majesté* et le *Procès verbal de l'absolution donnée au roi Henri le
Grand par le pape Clément VIII* dans l'ouvrage auquel se réfère le
cardinal François Barberini : *Les ambassades et négociations* du cardinal Du Perron, Paris, 1623, pp. 155 et 170.

l'altro sesso, la buona elettione de' parochi, e finalmente
di abbattere la pravità hereticale di tutto punto, e conse-
quentemente di unire il regno e porlo affatto sotto l'obbedienza dovuta al re, al quale però è verisimile che venga
dissuasa questa tanta opera da chi non ama la grandezza
della regia autorità e vuole la divisione del regno. Fù
proposto una volta che si deputassero persone informate
delle costitutioni della Francia, a fine di riconoscere quelle
che non si compatiscono con il concilio predetto et
applicarvi il rimedio che si può con l'autorità della Sede
Apostolica. Ricusarono i ministri regii questo partito con
dire che effettuandolo si sarebbero sdegnati e incitati gli
ugonotti, e che i Parlamenti si sarebbero opposti. Ma al
presente cessa la ragione prima, havendo la divina mano
avvalorata quella del re, che dello sdegno ugonotto non
vi è ragione alcuna di temere, et al re metterà sempre più
conto di abbatterlo e rintuzzarlo che di sostenerlo, imperochè si vede quanto agevolmente gl'esterni et interni
mal sodisfatti dal re dano... *(a)*. E quanto alla seconda,
l'oppositione de' Parlamenti, non si fonda in altro che
nella incompatibilità di alcune constitutioni di Francia
con quelle del concilio. Mentre dunque si tratta di consi-
derarle per potervi in qualche maniera applicar rimedio,
non si vede causa per la quale la loro avversione si renda
insuperabile. Non nego però che l'impresa sia altretanto
difficoltosa quanto importante, ma possono venire congiunture nelle quali l'avveduto zelo di V. S. non sempre
da invano l'opera e le parole in promuoverla e persua-
derla, scorgendosi massimamente tanta pietà nel re
Luigi XIII, nel s. card. di Richelieu e negli altri Ill.mi

<hr>

(*a*) Le passage qui suit dans le ms. (f° 229 v°) : « e si scorga... questo
partito », où il est question des affaires de Valtelino, nous a semblé
devoir être inséré plus loin, p. 128.

suoi colleghi francesi, et in molti zelanti prelati ; l'ordine
de' quali ha di già ricevuto il concilio, et essi possono far
molto in esseguire quel che fu ottenuto nell' assemblea di
Stato in Roano, cioè che nei loro concilii provinciali e
sinodi diocesani accettino espressamente il concilio
Tridentino, o almeno conformino i decreti delli detti
sinodi alle ordinationi di esso (1) ; per la qual via, venendo
a mettersi in uso quasi insensibilmente, non sarà poi cosi
malagevole il riceverlo in forma espressa, vedendosi
addomesticato con l'esecutione, la quale haverà insegnato
che tra esso concilio et alcune constitutioni della Francia
non vi è incompatibilità riguardevole.

Converrebbe ragionar anche de' Parlamenti, de' quali
si è spesso fatta mentione, ma è pur troppo notorio quanti
eglino siano infesti non meno alla potestà regia che alla
giurisditione ecclesiastica, ingerendosi nelle materie
spirituali, beneficiali, di esecutione di brevi e bolle pon-
tificie, de' regolari e di monache per via di appello, come
chiamano, di abuso, opponendosi alcuna volta alla prohibitione di libri perniciosi et alle giuste punitioni de'.
regolari contumaci et apostati, procurando con favori a
chiunque lor ricorre di soggettar le provincie ad essi non
sottoposte e dove la Sede Apostolica ha più libero essercitio, come Bertagna, Provenza e Bearn (a), e Brescia, e

(a) Ms. : Bergamo.

---

(1) Le 24 novembre 1617, se réunit à Rouen une Assemblée de
Notables ; elle tint séance jusqu'au 29 janvier 1618. Nous ne voyons
pas qu'il y ait été question de la réception du concile de Trente ; voir
Picot, *Histoire des Etats Généraux*, t. III, Paris, 1872, pp. 410-419.
N'y a-t-il pas eu ici confusion avec la réunion des Etats Généraux de
1614 et l'Assemblée du clergé qui la suivit en 1615 ? La chambre ecclésiastique des Etats avait décidé de demander au roi la réception du
concile. L'Assemblée du clergé arrêta, le 7 juillet 1615, que des
conciles provinciaux et synodes diocésains se réuniraient pour y
recevoir le concile. Voir *Collection des procès-verbaux des Assemblées générales du clergé de France*, t. II, Paris, 1768, p. 240. Cf. Mignot,
Histoire de la réception du concile de Trente, t. II, Paris, 1756, pp. 362-381.

le città non comprese ne' concordati di Francia ma solo
ne' compatti *(a)* di Germania, come Metz, Toul e Verdun,
et, in somma, vanno tuttavia *(b)* comminando con l'esor-
bitanza de' Vigherii, Tuani e Servini, e difendono a più
potere i richeristi, come s'è veduto nel passato accidente
della Sorbona ; a i quali inconvenienti il primo riparo è il
ricorrere a tempo e con efficace premura et al re et al
suo Consiglio, che molte volte avvoca a se le cause e
reprime l'ardire de' parlamentarii ; il secondo, l'assistere
e dar animo ai vescovi e prelati, acciò francamente
facciano testa e sostentino la giurisditione ecclesiastica,
ricordando loro la stretta obligatione che in coscienza ne
portano ; il terzo è il procurare l'affetto e la confidenza
di quanti più parlamentarii si può, e massime presidenti
e ministri principali che pure ve ne sono de' buoni
timorati di Dio e riverenti alla Santa Sede.

A quel che si è toccato della religione e delle cose
ecclesiastiche succede il pensiero delle politiche ; la
buona costitutione delle quali tanto importa per la quiete
del cristianesimo e per servitio di Dio e della religione
medesima, e primieramente l'intiera pace et unione del
regno di Francia e depressione dell' heresia, riputatione
della corona, timore degli avversarii di essa, mantenimento della sua autorità fra principi e nationi straniere ; -
laddove, per il contrario, le guerre e disordini intestini
civili (toltene quelle che tendono a domare pienamente
gli ugonotti) sono nutriti dal calvinismo, diminutione di
stima della potenza francese, rincoramento de' suoi mal
affetti e discapito dell' arbitrio che i re Cristianissimi
potriano in molte occorrenze havere tra i potentati cris-

(a). Ms. : comparati. — (b) Le ms. répète : « in somma vanno tuttavia ».

tiani. Perciò dunque V. S., dovunque gli accade e può, procuri con destri officii di sedare i dispareri e confermare l'unione delli signori e potenti cattolici con il re e fra di loro. E perchè la pace tra i grandi del regno dipende in grandissima parte (a) da quella della stessa casa reale, et i mal contenti e gravemente intentionati non invigilano ad altro che ad intorbidar la tranquillità del sangue regio per dar onde al moto, ai turbamenti di tutto il regno (b), a questo scopo deve principalmente mirar la prudenza et accortezza di V. S. cercando alle occasioni, per quanto giudicarà spediente e convenevole, tener sincerati l'un con l'altro gli animi del re, del s. duca di Orliens suo fratello, di Madama la regina madre e regina regnante, e poi gli altri del lignaggio reale e de' principali ministri, temperando con soave maniera i sentimenti, e sgombrando l'ombre che giornalmente vi potessero nascere.

Ma se la tranquillità interna del regno di Francia gli è di tanta cagione, la pace di lui con quello di Spagna di riposo di tutta la cristianità cattolica, la quale non può altronde ricevere movimenti si fieri et universali come dalle dissentioni aperte di queste due corone, che tirano seco tutti gli altri potentati, et in particolare, è impossibile che l'Italia non travagli mentre i due re facciano mostra, anche leggiera, d'esser fra di loro alle mani, come pur troppo si è visto nelle turbolenze hoggimai passate di Valtellina. Dovrà dunque la sollicita cura di V. S., qualunque minimo periglio di rottura sia per essere (c) e si scorga fra ambe le dette M. Mtà, senza aspettar di qua altri ordini, ricorrere alla sua

(a) Le ms. répète ici : « dipende ». — (b) Nous insérons ici le passage : « a questo scopo... per essere » placé plus loin dans le ms. (fo 231 vo). — (c) Le passage : « e si scorga... questo partito » (ms. fo 229 vo), omis plus haut (voir p. 125), paraît devoir être lu ici.

propria sagacità e con essa procurare sollecitamente di
addolcire gli animi, frenar gl' impeti, ovviare agl' impegni e proporre rimedii e temperamenti, non omettendo
in tanto d'avvisar qua et a Mons. il nunzio di Spagna
tutto quello che occorre.

[Il] *(a)* travaglioso e prolisso male di Valtellina, che, per
due anni, ha cruciato gran parte del cristianesimo,
è guarito di fresco, mediante il trattato di Monzon,
segnato dalli due re sotto li 15 di marzo dell'anno passato, et un altro accordato fra gli ambasciatori delle
M^{tà} loro in Roma, in esecutione di quello di Monzon, alli
11 di novembre del medesimo anno, e singolarmente
con l'effettuatione del tutto eseguita nella valle e contadi,
con la restitutione del deposito in poter dell'armi del
papa, e con la demolitione di tutti i forti fatta dopoi dalli
ministri d'ambidue li re (1). È ben vero che longo male
ha longa convalescenza e gli aggiustamenti danno e rice-
vono calore da questo partito ; .... quindi *(b)* è che a i
sudditi convengono de i particolari, che ne principii della
loro osservanza, acciò potessero trovar intoppo e valersene
i mal sodisfatti per riaprire le non ancora assodate cica-
trici. Hanno tassato le due corone un censo da pagarsi da

(a) Mot que nous avons cru devoir ajouter. — *(b)* Nous reprenons
le texte du ms. (f° 231 r°) ; il semble qu'il y ait ici une lacune.

---

(1) A la suite de négociations nouées en Espagne entre le comte duc
Olivarès, le premier ministre de Philippe IV, et du Fargis, l'ambassadeur de France à Madrid, un accord avait été signé à Monçon, le
5 mars 1626 (et non le 15, comme le dit l'instruction). Pour régler les
détails de l'évacuation de la Valteline, une convention fut signée à
Rome, le 11 novembre 1626. Voir ROTT, *Histoire de la représentation
diplomatique de la France auprès des cantons suisses*, t. IV, 1re partie,
Paris, 1909, pp. 119-122. On trouvera les textes des traités dans DU MONT,
Corps universel diplomatique, t. V, Amsterdam, 1727, p. 487. Ce fut
conformément à ces accords que, dans la troisième semaine de février
1627, les troupes pontificales rentrèrent « pour la forme » en possession des places de la Valteline ; dans la dernière semaine de février,
s'opéra le démantèlement des forts. Cf. ROTT, *op. cit.*, p. 129.

Valtellini a i *Grigioni* di 25.000 scudi l'anno (1), *rigoroso*
invero, se si considera la poca possibilità di chi ha pagato,
e massime dopo la desolatione e povertà causata da
così longa guerra, e tanto più che l'elettione de' giudici
concessa a i Valtellini non gli libera da quei salarii che
devono per questo, e nondimeno s'aggiunge loro un peso
di sì grande e grave annuo pagamento, e si può credere
che i due re non l'havrebbero alzato a tanta quantità,
se havessero presa reale informatione della difficoltà di
pagarla, la qual può cagionare ad ogni hora nuove contro-
versie, la dove, quando fusse stata competente, i Valtellini
l'haveriano sempre sodisfatta a tempo per *non correr pericolo di ricader nelle pristine miserie.* Intorno a questo
censo fu posto in consideratione che, se bene li 25.000
scudi nella dichiaratione de' due re si valutavano a
24 tali (2) per scudo, nondimeno non vi si aggiungono
le parole « secondo il valor corrente per i tempi della
gabella del sale di Hala », la qual particola importava
qualche cosa ad utilità de' Valtellini et era espressa nel
trattato di Milano ; ma, perchè la trattatione sudetta si
trova già stesa, non per questo motivo fu potuto correg-
gere la scrittura (3). È ben vero che il s. marchese di

____

(1) L'article 9 du traité de Monçon avait stipulé que les Valtelins,
« comme jouissans par ce traité d'un nouveau droit d'élire et d'avoir
leurs *juges, gouverneurs et magistrats*, paieraient annuellement une
somme de deniers aux Grisons..., laquelle somme serait arbitrée par
gens à ce députés entr'eux de part et d'autre ». Les rois de France et
d'Espagne se substituèrent aux Grisons et aux Valtelins et par un
acte signé à Paris, le 22 décembre 1626, fixèrent à 25.000 écus la
somme à payer annuellement par les Valtelins. Du Mont, *op. cit.*,
p. 491. Cf. Rott, *op. cit.*, pp. 125-127.
(2) Ne faudrait-il pas lire « bazzi » pour « tali? » Le batz est une
monnaie divisionnaire qui, à cette époque, était en usage en Suisse et
en Allemagne.
(3) Il était dit, dans l'acte du 22 décembre 1626, que la valeur de
l'écu était de vingt-quatre batz. Le traité de Milan du 22 janvier 1622
avait précisé la valeur de l'écu en ces termes : « Il valore del scudo
si habbia da regolar sempre conforme al corso vero e reale che averà
nella padella del sale » (Du Mont, *op. cit.*, p. 407).

Mirabel (1) disse alle s. cardinale Spada che, nel sotto-
scrivere della sudetta liquidatione ai 29 di gennaio
dell'anno presente, i ministri francesi havevano asserito
di supplire per lettera a parte scritta al s. marchese di
Covrè (2), con la quale si riferivano tanto il valutamento
de i scudi, quanto i termini del pagamento al tenore del
trattato di Milano ; V. S. di più vi sottrarà che i Bormini,
e forse anco i Chiavenaschi, per non soggiacere alla rota
di tanto peso, bisbiglino di trattare còn i Grigioni (3),
il che ne di riputatione alli due re, ne di utile sarebbe
alla quiete et alla religione cattolica. In oltre, le Leghe
Grise persistono nella loro ostinata renitenza di accettar
il capitolato senza i due re, e vengono in sifatto senti-
mento secondati da i cantoni svizzeri protestanti (4) ;
è perchè i nuovi disturbi, che in questo soggetto potriano
insorgere, hanno diversi motivi, è bene di stare prepa-
rato per ciascheduno di essi. E prima, v'è chi dice che
i Grigioni medesimi mostrano di voler (allontanati che
siano le armi esistenti nella valle) assaltare i Valtellini,
e pigliar vendetta con essi, dicono, delle loro ribellioni

---

(1) Antonio de Toledo y Davila, marquis de Mirabel, fut ambassadeur d'Espagne à Paris de 1621 à 1631.

(2) François-Annibal d'Estrées (1572-1670), marquis de Cœuvres, fut
ambassadeur extraordinaire aux Grisons et lieutenant général de
l'armée de la ligue en Valteline de novembre 1624 à mars 1627.

(3) Les habitants de Chiavenna et du comté de Bormio préféraient
rester sous la domination des Grisons plutôt que de paraître passer
sous celle des Valtelins, avec lesquels ils vivaient en mauvaise intelligence (ROTT, op. cit., p. 177).

(4) Pour ne pas accepter le traité de Monçon, les Grisons alléguaient
qu'ils ne pouvaient consentir à en laisser garantir l'exécution par
l'Espagne et le Saint-Siège, puissances avec lesquelles ils n'avaient
aucune alliance ; ils n'admettaient pas non plus que les Valtelins, leurs
sujets, fussent soustraits à l'autorité des magistrats de justice qu'ils
prétendaient leur imposer (ROTT, op. cit., pp. 85 et suiv.). Les cantons
suisses protestants n'étaient pas moins hostiles au traité ; à la diète
d'Aarau, le 26 janvier 1627, ils remirent à l'ambassadeur de France
une déclaration où, s'ils évitaient de critiquer l'acte de Monçon, ils
se gardaient de l'approuver (ROTT, op. cit., p. 114).

e contumacie. Veramente è fatica il credere tanta temerità, e pare verisimile che, almeno per hora, procederanno in via di negotio con le ambasciarie da essi destinate al re Cristianissimo, sopra le quali potrà anche l'accortezza di V. S. stare su l'avviso, et acciò non si riportino *(a)* da S. M^tà cosa nessuna pregiuditiale alla religione cattolica o alle chiese. Ma in tanto, se accadesse alcuna lor mossa contro la Valtellina et havesse V. S. da ricordare al re Cristianissimo l'obbligo di coscienza e di promessa, non pur di assicurare i Valtellini, ma anche di renderli omninamente liberi da ogni superiorità grigione, mentre questi si movano a mostrarli con l'armi, et in eventi di rottura, non sarà malamente il persuadere S. M^tà et a' ministri la sua persuasione della colpa esser contro i Grigioni, come quelli che hora si dichiarano arrolati con quei popoli, e sono senza paragóne più gagliardi di loro e si confessano apertamente scossati da capitolati di S. M^tà. Ma questo, o timore, o sospetto che sia del mal animo de i Grigioni contro la valle, tira seco un altra voce, che il s. marchese di Covrè sia per trattenersi con soldatesca ne Grigioni, non solo per impedire i detti movimenti, ma anco per trattare con l'arciduca Leopoldo dell'annullatione o rinuntia al trattato di Lindau *(b)*, fatto da Grigioni favorevole a S. A., circa la dimembratione delle otto diritture del resto delle leghe, pretendendo S. A. che elle siano di sua giurisdizione, ed in conseguenza disunirle dal corpo griso (1). Ma tuttavia vi è

(a) Ici vient dans le ms. (f° 231 v°) le passage : « a questo scopo... per essere » inséré plus haut, p. 128. — *(b)* Ms. : Gindati.

(1) Par le traité conclu à Lindau, le 30 septembre 1622, l'archiduc Léopold, gouverneur du Tyrol, avait obtenu des Grisons la reconnaissance des droits de suzeraineté qu'il prétendait avoir sur huit des dix droitures qui formaient la troisième ligue de la Rhétie supérieure (Rott, *Histoire de la représentation diplomatique de la France auprès*

opinione che, per aggiustare questa differenza, l'arciduca permetterebbe l'unione delle otto diritture con il resto delle Leghe Retiche, purchè si lasciassero a lui godere alcuni diritti, deputanti detti officiali, e prerogative in certi luoghi, ne' quali vi haveva e possedeva, non ha molti anni, e si tiene che ne anche i Grigioni vi contrastassero. Ma vi è un altra particolar richiesta dall'arciduca: acciò nelle otto diritture si osservi la sola religione cattolica come si è osservato nella Valtellina, vuole egli poter castigare e reprimere i contrarii a tal provisione, lasciandoli nel resto del governo nella maniera delli luoghi di questo partito, a cui si vede che S. A. condescesa da a V. S. lume per poter, in ogni evento che venisse a campo tal negotio, indirizzare i suoi consigli e ufficii a prò della religione cattolica, senza però impacciarsi negli altri interessi di dominio o manutentione di leghe col resto de' Grigioni, e sempre con tal riguardo che, ne i due re, ne l'arciduca possano offendersi o ingelosirsi della cura che intrapenderà V. S. di questo affare. E, quando non fosse possibile accordare che S. A. habbia facoltà nelle otto diritture di compellere all'osservanza della sola religione cattolica, potrebbe proporsi che cotal coattione l'habbia il vescovo ordinario, lasciando però che S. A. presenti a lui le sue forze e braccio, quando l'implori per detto fine, o almeno che i Francesi convengano d'entrare a parte a far osservare la sola religione cattolica nelle otto diritture insieme con esso arciduca, sicome per la Valtellina vi sono entrati per Spagna, e finalmente, formate che siano le capitola-

---

des cantons suisses, t. III, Paris, 1906, p. 564). Comme l'article 1ᵉʳ du traité de Monçon avait annulé « tous traités faits depuis l'année 1617 avec les Grisons par qui que ce puisse être », ce traité de Lindau était caduc.

tioni del solo esercitio della religione cattolica, imporre
alle diritture qualche pena di annuo censo o simile da
pagarsi, in caso di contraventione, all'arciduca, còl quale
intanto è bene che i Francesi trattino dolcemente ; e V. S.
potrà, sempre che si verrà a ciò, persuaderli a fine che
il volere con termini violenti astringere un principe a
rinuntiare a un capitolato fra terzi non si recasse ad onta
anche dagli altri Austriaci, e ne derivassero poi perni-
ciose conseguenze, sicome fin da questi hora vogliono far
sospettare alcuni, che i Francesi tengano mano ne i nuovi
moti, che si presentano dal marchese vecchio di Bur-
lach (1) a fine di molestare Leopoldo *(a)* in Alsatia (2), il
che, se vero fusse, che non credo, più tosto tende a
esacerbare gli animi et a porgli in una aperta negativa,
per *non mostrare d'esservi fatti stare e di venire spinti*
con la forza a quello che, per via di negotio soave, forse vi
descenderebbero di buona voglia. Potrà dunque l'accorgimento di V. S. instillare a tempo simili sentimenti,
e dissuader vivamente il mandar aiuti di gente o d'altro al
detto heretico, siasi per sospetto o per qualsivoglia fine.

Inoltre possono suscitarsi non pochi dubi circa la
dichiaratione di alcuni articoli del medesimo capitolo di
Monzon, come a dire a chi s'estenda la superiorità riserbata dalli due re alli Grigioni, chi habbiano l'autorità
de' patti e quella di pace e di guerra, e con tal colore

(a) Ms. : Gerpildo.

---

(1) Georges-Frédéric, margrave de Bade-Durlach (1575-1638) avait
pris le parti de l'électeur palatin lorsqu'avait éclaté la guerre de
Trente ans. Pour conserver ses états à sa famille il abdiqua, en 1622,
en faveur de son fils Frédéric. Vaincu peu après à Wimpfen, il fut
proscrit par l'empereur. Georges Frédéric entra, en 1627, au service
du roi de Danemark, Christian IV.

(2) L'archiduc Léopold était administrateur de Strasbourg en même
temps qu'il était gouverneur du Tyrol.

possono travagliare i Valtellini, per tener pronti o dar soldati per le guardie de' confini e simiglianti pretesti, se spetti a loro il punire o sindicare i giudici che i Valtellini hanno da eleggere et essi confirmare, e se l'appellatione o ricorso in verun caso possa andar fuori della valle e contado e cose simili. Parimente possono nascere casi di contraventione a i capitolati, la dichiaratione de' quali in materia temporale è riservata alli due re, et in quella di religione a S. Stª, conforme alle dispositioni de' capitoli (1). In tutti i quali eventi, le parti di V. S. sarebbero di non ingerirsi in modo alcuno per quello che potesse ridondare in favore de' Grigioni, overo arguire et indicare alcun loco suo sopra i Valtellini; ma ben potrebbe consigliare, quando pure siano risolute le Maestà di dichiarare qualche punto a favor de' Grigioni, che almeno lo dichiarino meno che si può favorevole ad essi e pregiudiciale a quei popoli, protestando sempre che questi hanno ragione di non soggiacere a quelli, e però, qualunque peso s'imponga loro, è lontano da ogni piacimento o volontà di V. S. come ministro apostolico, ma che, vedendo i re deliberati, non può non metter in consideratione che vi si ponga la tale o la tale moderatione, e si avverta ai tali e tali inconvenienti; non tralascierà d'assistere prudentemente e nelle cose concernenti la loro salvezza, quanto alla religione e sicurezza delle loro vite e beni, con i suoi ufficii a gli agenti di Valtellina e contadi per impedire i loro gravamenti, dando a tempo gli avvisi opportuni di così fatte occorrenze.

Quando poi accadessero novità pregiudiciali alla reli-

---

(1) L'article 19 du traité de Monçon disait : « la déclaration du traité en chose douteuse concernant la religion catholique se réserve et remet dès à présent au Saint-Siège Apostolique et Sacré Collège. » (Du Mont, *Corps universel diplomatique*, t. V, p. 489).

gione cattolica o alle partenenze di essa nelli detti passi,
mi assicura il zelo di V. S. che ella si riscaldarebbe col
re e con i ministri, come richiede l'importanza dell'
affare, insinuando sempre che la pace di quelle parti e
la cessatione delle gelosie di nuovi tumulti non da altro
dipende che dall' intiera et illibata manutentione della
sola religione cattolica in quei luoghi, poichè la mesco-
lanza de' riti e d'huomini di diversa fede sarà sempre
gravida di sospetti, insidie e fattioni, come pur l'ha pro-
vato la Francia stessa, quando contro le sue alleanze col
favore del partito heretico si avanzò in confederatione
benchè temporanea la Republica di Venetia ; e colore
non mai riprensibile di opporsi all' heresia su le porte
d'Italia può dar animo ogni volta a i principi d'intromettersi e conseguentemente di suscitar le nebbie, che prorompono poscia tempeste universali, talchè il re Cristianissimo, per sua propria quiete, ha da premere che la
religione cattolica rimanga perpetuamente sola illesa in
quei contorni, e, qualunque volta germogli un minimo
titolo di contraventione a questo capo, deve anco, per
guadagnar rispetto et ubidienza dentro al suo proprio
reame, troncarlo e dichiararlo subito altrove, dichiarando
prontamente et alla scoperta la sua controversa intentione, e mostrandosi in ciò altretanto risoluto quanto
rigoroso, senza ammettere ne scusa, ne tergiversatione,
ne longhezze che sono le arteficiose nutrici di simili
abusi.

Queste ragioni possono egualmente mover S. M^{tà} a
procurare col *moto* de' suoi ambasciatori ne i Grigioni
o in altra maniera, alcuni particolari vantaggi della religione cattolica de' quali il s. card. Spada passò uffici a
nome di S. B^{ne}; e la M^{tà} S. promise d'impiegarvisi più

efficacemente, dopo che fusse effettuato il trattato di
Monzon. Il primo è la dichiaratione che non pure
l'esercitio ereticale sia sbandito dalla valle e contadi,
ma ne anco le persone degli heretici possano havervi
alcuno permanente domicilio, il che potrebbe facilmente
stabilirsi non come nuovo articolo, ma come esplicatione
del secondo fra quelli di Monzon, dichiarando che i due
re cosi l'hanno inteso ; a questa dimanda, rispose S. M^{tà}
di voler favorire il sudetto senso in tutto quello che può
dipendere da lei (1). Il secondo è la reintegratione del
solo esercitio della religione cattolica nelle terre di Brus
e di Poschiavo, et anco nella Bregaglia, massime che in
quelle, avanti l'ingresso delle armi francesi in Valtellina,
era già tolto l'esercitio dell'heresia; onde richiede la riputatione di S. M^{tà} che non paia haver le sue armi servito a
riporre il falso rito in quei luoghi donde era stato poco
prima esigliato, e l'interesse di tener quieta la Valtellina
dipende dal conservar libere le dette terre dall'heresie, e
particolarmente Bregaglia, che è la porta per il contado
di Chiavenna, e Poschiavo, che è l'ingresso per la valle.
Onde gli Inquisitori del S. Offizio trovarono, in tempo
di Paolo V, che in Poschiavo medesima si stampavano
in lingua italiana, e, sotto pretesto di mercantie, si porta-

---

(1) L'article 2 du traité de Monçon avait stipulé « qu'en la Valteline,
comtez de Bormio et Chiavenne, il ne pourrait y avoir par ci-après autre
religion que la catolique apostolique et romaine avec expresse exclu-
sion de quelque exercice ou usage d'autre secte ou religion que ce
fût ». A Nantes, le 22 août 1626, le nonce Spada obtint du roi la promesse que les représentants de la France en Rhétie s'efforceraient
d'amener les Grisons à consentir à l'expulsion des protestants de la
vallée de l'Adda et de ses dépendances, à la suppression du culte
réformé à Brusio et à Poschiavo. Cf. ROTT, *Histoire de la représenta-*
tion diplomatique de la France auprès des cantons suisses, t. IV,
1re partie, Paris, 1909, pp. 166 et suiv.
Le val de Poschiavo, où se trouvent Poschiavo et Brusio, et le val
Bregaglia sont deux vallées qui débouchent sur la rive droite de
l'Adda dans la Valteline.

vano occulti e si spargevano i catechismi di Calvino et
altri pestiferi scritti nel Milanese, nel Venetiano ; pertanto
non solamente fu premuto in levare e l'esercitio hereticale da quel luogo, ma anco gli heretici stessi dalli cari-
chi publici e dai consigli, dove l'anno passato ne furono
rimessi quattro con detrimento spirituale di quel popolo,
e con nota di chi poteva impedirlo, ne vi si ottenne
rimedio alcuno, benchè al s. marchese di Covrè se ne
facessero replicate istanze ; anzi vanno contrariando i
ministri calvinisti a venirvi a battezzare e predicare in
casa di alcuni cittadini heretici. Hora a V. S. sta riser-
bato il merito di eccitare la pietà di cotesto re a purgare
col mezzo de' suoi residenti da questa infetione i sopradetti luoghi, e principalmente fu fatta istanza a S. M^{tà} di
operare che l'heresia venga omninamente distrutta da tutto
il paese Retico esistente di qua da monti, acciò non resti
pur un palmo di terra appartenente all'Italia che non
sia puramente cattolico con l'aiuto della Maestà Sua, la
quale tanto felicemente caminò a nettare di sì fatto zelo la
Francia. Di più, in un pitacco tenuto in Coira a 18 e 19 di
dicembre 1623 e poi a i 24 di gennaio 1624, la lega Grisa
e Cade da una parte, e l'decano della Chiesa di Coira
dall'altra, con l'intervento di Mons. vescovo di Campagna,
nunzio a Svizzeri (1), fecero alcune conventioni spettanti
al risarco delle chiese, alla restitutione de' beni ecclesiastici et alla revocatione di leggi e decreti pregiudiciali
alla Sede Apostolica et alla giurisditione ecclesiastica in
quei paesi, e ne furono formate le scritture publiche, copie
delle quali vengono a V. S. aggiunte ; ma, durante le

---

(1) Alessandro Scappi, évèque de Campania (?-1650), fut nonce en
Suisse du 15 avril 1621 au 23 juin 1628. Cf. BIAUDET, *Les nonciatures
apostoliques permanentes jusqu'en 1648*, p. 214.

passate turbolenze, furono mal osservate, e dipoi non è
mancato chi habbia preteso che siano rimaste annullate
dal trattato di Monzon, mentre dispone che s'intendono
nulli tutti gli altri capitolati seguiti per conto delle cose
di Valtellina dal 1617 in qua, motivo irragionevolissimo
e per la materia ecclesiastica contenuta nelli due concordati comuni, alla quale non può pregiudicare lo aggiustamento di Monzon, e per le persone del decano e del
nunzio apostolico che v' intervennero, e finalmente perchè
non hanno che fare, ne hanno correspettività con le cose
di Valtellina. Perciò il re Cristianissimo diede intentione,
con sue lettere dirette a N^{ro} S^{re} et a me, sicome di favorire tutte le sopradette istanze concernenti la religione
cattolica, cosi di dar comissione alli suoi ambasciatori che
procurino l'effettuatione de' sudetti accordati di Coira in
tutto o in quella maggior parte che sia possibile, nel che
haverà parimente campo d'adoperarsi l'efficacia e diligenza di V. S., et a questo effetto se le rimette copia della
lettera del re a S. B^{ne} (1).

Oltre che agli affari di Francia e d'Italia doverà sten-
dersi il pensiero di V. S. anco ad altre parti del cristianesimo, fra le quali alla Germania, col re Cristianissimo, et
agli interessi di ella. Non è difficoltoso il persuadere a
S. M^{tà} quanto proferisca al bene del suo regno il pro-
gresso de' cattolici di Germania. Se fa comparatione del
passato secolo col presente, toccarà con mano le ribellioni
hereticali di Francia essere state sostenute dai protestanti
di Germania, e, dopo le vittorie de' cattolici dell' Imperio

---

(1) Le respect des engagements des 18 et 19 décembre 1623 et du
24 janvier 1624 avait été promis par Louis XIII au nonce Spada dans
la déclaration de Nantes du 22 août 1626, signalée plus haut, p. 137, n. 1.
Le roi avait confirmé sa promesse par une lettre adressée le 23 août
au pape et au cardinal François Barberini. Cf. Rott, loc. cit.

e la fuga e depressione del Palatino, havere l'armi della
M.^tà Suà trionfato della contumacia degli ugonotti del
suo regno e vedutili scemare e cadere notabilmente
d'animo e di forze. Ne meno ha dubio che l'amicitia di
Baviera sarà sempre mai più stabile con S. M.^tà che
quella del Palatino, e conseguentemente, più le comple
la grandezza de' stati e la prerogativa della voce elettorale in quello che in questo. Onde, all'occasione, procurarà
V. S. insinuarle tali sentimenti e fare ogni officio che dalla
M.^tà Sua non si spicchino aiuti ne favori a i ribelli non
meno della vera religione che del Sacro Imperio, come
sono il Palatino, il Dano (1), il Durlacho et i loro partigiani, e che anzi la M.^tà Sua promova gli avanzamenti
della religione cattolica e si tenga lontano da qualunque
capitolato che ridondasse in detrimento di essa, e de'
popoli, e de' principi cattolici.

Haverà già cominciato la M.^tà Sua, col mezo di
mons. Marchzille mandato al s. duca di Baviera, a
mostrare a quell'Altezza il suo desiderio dell' accomodamento delle cose di Germania procurando d'entrare
mezzano all' accordo (2). Ma l'imperatore pare che

---

(1) Le roi de Danemark, Christian IV (1577-1648), était devenu, après
la défaite du Palatin, le chef du parti protestant en Allemagne et avait
pris les armes contre l'empereur en 1625.

(2) Au mois de septembre 1626, Richelieu avait député à l'électeur
de Bavière Henri de Gournay, comte de Marcheville, pour l'inviter à
conclure avec le Palatin un accord aux conditions suivantes : la dignité
électorale serait conservée par le duc de Bavière sa vie durant ; à sa
mort, elle retournerait au Palatin ou à la maison de ce dernier ;
Frédéric V rentrerait immédiatement en possession du Bas-Palatinat,
où il rétablirait la religion catholique et tolérerait, dans une mesure
plus ou moins large, les cultes dissidents ; le Palatinat supérieur ne
lui ferait retour que moyennant le remboursement des frais de guerre
pour lesquels cette région avait été engagée à Maximilien. Cet accord
aurait préparé la pacification générale en Allemagne. L'agent français
aurait à le faire accepter non seulement par l'électeur de Bavière, mais
encore par les autres électeurs catholiques ; il s'efforcerait ensuite de
déterminer les princes protestants, l'électeur de Saxe surtout, à y
souscrire. Voir FAGNIEZ, *Le père Joseph et Richelieu*, t. I, Paris, 1894,
pp. 266-270.

trami la discussione e l'aggiustamento di questi interessi in una dieta e convento fra i principi d'Imperio più tosto che per mano d'un potentato forastiero, e s'è havuto qualche sospetto che S. M.tà habbia tanto quanto ombrato di simili trattati del re Cristianissimo. Laonde il Baviera ha inviato il Rota a Parigi, acciò il re trovi buono il corso e direttamente ne maneggi in Germania, per non ingelosir d'avantaggio l'Imperiali, et a pregar insieme a S. M.tà a non prestar aiuto di danaro, ne di gente a Danimarca o altri suoi partigiani, perchè la depositione delle armi di questi ribelli facilitarebbe li trattati di pace, i quali mal possono condursi, mentre si veggono armati li nemici dell'imperatore e de' cattolici, e cosi frequenti disturbi che porta seco la guerra vanno troncando giornalmente le fila delle negotiationi. Porgo a V. S. questo poco lume di quanto passa, affine che ella possa investigare più adentro gli arcani, et, in caso che il re Cristianissimo partecipasse del negotio, lo persuada, secondo che portaranno le opportunità, a procurare il beneficio della religione cattolica, avvisando diligentemente qua ciò che verrà a notizia intorno a questi particolari.

Quanto agli Stati de' Paesi Bassi, s'è altre volte motivato che il re Cristianissimo, per gratia di Dio e suo particolar onore, si compiaccia operare che vi sia introdotto l'esercitio della religione cattolica, sicome tante fallaci sette et alcune di esse abhorrite da quei governatori pure vi si tollerano e mantengono.

Ma il pensiero delle cose d'Inghilterra ha da esser molto proprio del zelo di V. S., poichè, se bene sogliono appartener anco al nunzio di Fiandra, tuttavia sono state sempre raccomandate principalmente a chi risiede in

Francia, et hora questo maggiormente si farà, perchè V. S. le ha con sua gran lòde felicemente maneggiate nella nunziatura di Fiandra, oltre che per hora è molto più aperto il commercio a i Francesi che a i Fiammenghi, sudditi del re Cattolico.

Il matrimonio contratto del re Inglese con la sorella del re Cristianissimo e le sue dependenze hanno da essere potentissimo oggetto della sollecitudine di V. S., perciochè molte conditioni promise il re Inglese al re di Francia non solo per sicurezza di coscienza e consolatione spirituale della regina e suoi serventi, ma anco per sollevamento de' cattolici del regno Brittanico, dell'osservanza delle quali il re Cristianissimo si obbligò al papa esser assertore et promotore (1). E nondimeno, con termini irragionevolissimi in faccia del mondo, ha l'Anglo costretti a partire da servitii della regina il vescovo, primo elemosiniere, il confessore e i sacerdoti, anzi anche i laici-cattolici che le assistevano, e che a più tosto tribolati et angustiati, maggiormente che per l'addie-

---

(1) Charles Ier, roi d'Angleterre, avait, le 11 mai 1625, épousé par procuration Henriette de France, sœur de Louis XIII. Entre autres promesses qu'il avait faites se trouvaient les suivantes, consignées dans le contrat de mariage signé à Paris, le 8 mai : le libre exercice de la religion catholique, apostolique et romaine, serait accordé à la reine, comme aussi à toute sa suite ; pour cet effet, elle aurait une chapelle dans toutes les maisons royales et en quelque lieu des états du roi de Grande-Bretagne qu'elle se trouverait et demeurerait (art. 6) ; elle aurait un évêque pour son grand aumônier (art. 7), vingt-huit prêtres sur l'état de sa maison (art. 8) ; le roi ne tâcherait, par quelque voie que ce pût être, de faire renoncer la reine à la religion catholique, apostolique et romaine, ni la porter à chose quelconque qui y fût contraire (art. 9). (Du Mont, *Corps universel diplomatique*, t. V, 2e partie, p. 477). Charles Ier avait, en outre, promis, sans toutefois consentir à ce que cet engagement figurât au contrat de mariage, de permettre à ses sujets catholiques romains de jouir, en ce qui regarde leur religion, « de plus de liberté et de franchises qu'ils n'eussent fait en vertu d'articles quelconques accordés par le traité de mariage fait avec l'Espagne. » Louis XIII s'était porté garant de ces déclarations par un acte du 20 mars 1625, qui fut envoyé au pape. Voir Houssaye, *Le père de Bérulle et l'Oratoire de Jésus*, p. 536.

tro, poveri cattolici di quel regno, e benchè col negotiato di Mons. di Basompier habbia l'Inglese mostrata
volontà di permettere che vadano nuovi sacerdoti e famigliari di Francia a servire la regina, tuttavia ha ristretto
il numero de' sacerdoti più che per metà; ha esclusi
nominatamente il vescovo di Mand' che era primo
elemosiniere et alcuni altri, et havvi poste altre limita-
tioni contrarie espressamente alle capitolationi matrimoniali stabilite con partecipatione della Sede Apostolica,
su la sicurezza delle quali fu conceduta la dispensa (1);
anzi furono cosi poco rispettosi quei ministri inglesi
deputati a trattare con Basompier che nella risposta,
la quale diedero in scritto alle sue querele e dimande,
hebbero ardimento di dire che le conditioni promesse ne'
capitolati matrimoniali a favore de' cattolici, erano state
fatte per contentare il papa apparentemente, ma che il re
Cristianissimo, la regina e li ministri regii s'erano intesi
a parte col re d'Inghilterra che l'inosservanza delle dette
conditioni non importasse a violatione di trattato.

---

(1) La bonne harmonie fut loin de régner entre les époux que les
hasards de la politique avaient unis. D'une part, Henriette de France
fut très déçue, quand elle se rendit compte que le sort des catholiques
anglais ne s'était d'aucune manière amélioré à la suite de son mariage;
d'autre part, le roi d'Angleterre avait, lui aussi, des griefs; à l'entendre,
la reine ne se plaisait que dans la compagnie des Français qui l'avaient
accompagnée. Charles Ier supportait très impatiemment la présence du
grand aumônier Daniel du Plessis de la Mothe Houdancourt, promu
évêque de Mende le 5 février 1626, et de toute la maison ecclésiastique
de la reine. Le 9 août 1626, il signifia à Henriette de France le bannis-
sement de tous ses serviteurs.

Envoyé à Londres pour rappeler le roi d'Angleterre au respect de
ses engagements, le maréchal de Bassompierre passa, le 21 novembre
1626, un accord, aux termes duquel la reine fut autorisée à conserver
un certain nombre de serviteurs français; sa maison ecclésiastique ne
serait plus composée que d'un évêque qui serait grand aumônier et de
douze prêtres. « Des autres sujets de plaintes ni du soulagement des
catholiques il n'en fut pas fait mention », écrit Richelieu dans ses
Mémoires (t. I, édit. MICHAUD et POUJOULAT, pp. 409-415, 430-431). Voir
HOUSSAYE, *Le cardinal de Bérulle et le cardinal de Richelieu*, pp. 105-124;
GARDINER, *History of England from the accession of James I to the
outbreak of the War*, t. VI, p. 136, pp. 141-145.

Questa si grave nota di doppiezza l'Inglese ha voluto
con la detta risposta imporre al candore e schiettezza del
re Cristianissimo, e, quando anche non vi fusse altro
stimolo, potrebbe muovere la sua generosità a farsi mantenere ad unguem tutte le parole, anzi scritture stipolate
fra S. M^ta e l' re Brittano per conto del detto matrimonio;
ma, oltre il detto rispetto degno di peculiar risentimento,
v'é il vilipendio della regina sorella di S. M^ta tanto
tempo lasciata senza famiglia et assistenza cacciata via
all' improviso, vi è il desolamento della intera quiete
della conscienza di lei priva de' sacerdoti e del confessore, nel quale ella parimente confidava; anzi dicono
che aquello, che hora ode le confessioni di S. M^ta, non
l'è permesso trattare e ragionare se non per picciolo
spatio, durante l'atto della confessione sacramentale, et
anco di raro. Tutti i quali portamenti offendono l'honore
dovuto al sangue et alla corona francese, violano apertamente le promesse et i patti stabiliti cosi di fresco e cosi
patentemente, e quel che più importa, tendono a detrimento dell' anima della regina innocente e piena di cristiana virtù, e di quelle di tanti cattolici de i regni governati dall' Anglo. Laonde sarà carico di V. S. il premer
continuamente et efficacemente appresso il re Cristianissimo, la regina madre, e'l s. card. di Richelieu per la
totale effettuatione delle dette capitolationi matrimoniali,
delle quali, a questo fine, s'invia a V. S. aggiunta copia,
ricordando loro non solo l'obbligo che ne tengono per
proprio honore et interesse, ma anche per le vive inten-
tioni date da S. Sta in voce, per mezo del nunzio e dell'
ambasciatore, et in scritto, per chirografi segnati dalla
sua real mano, e che perciò non è dovere il condescendere, e che di essi si diminuisca pure un iota, non che se

ne scemi tanto quanto il re Inglese pretende ; a cui, se
si concede quello che hora vuole, un' altra volta preten-
derà baldanza di annichilare e di metter sotto i piedi
il tutto. Faccia particolarmente instanza V. S. della
presta missione del vescovo primo elemosiniere della
regina, l'assistenza del quale troppo importa per servitio
della regina, della sua famiglia e d'altri cattolici, e che
con il suo confessore pro tempore ella possa ragionare e
trattar liberamente a sua voglia. Procuri altresi l'accortezza di V. S. di venire cotidianamente informata di tutto
ciò che succede nella corte inglese in questi propositi,
e tenga corrispondenza, quanta piu può cauta e stretta,
col vescovo primo elemosiniere e col confessore della
regina, e con altri della sua famiglia, cercando di sapere
gli andamenti e portamenti di ciascuno, etiamdio sacerdote e cattolico, di quelli che la stanno appresso, avver-
tendo di non porre a rischio di gelosie appresso l'Inglese
quei tali con i quali ella s'intenderà.

E se le differenze nate per occasione di matrimonio et
accompagnate da qualche commercio, e dalle navi inglesi
arrestate ne' porti di Francia, e dalle francesi ostilmente
prese da vascelli armati d'Inghilterra continuassero in
maniera che il re Cristianissimo inclinasse a farsi la
dovuta ragione con l'armi in mano, il che seguirebbe con
infinita sua lode (1), non resti in tal caso V. S. di per-

---

(1) Le 28 septembre 1626, lord Denbigh avait capturé trois vaisseaux
rouennais, croyant qu'ils étaient chargés de marchandises espagnoles.
Le Parlement de Rouen répondit à cet acte de violence en mettant sous
séquestre toutes les marchandises anglaises. D'autres mesures de repré-
sailles suivirent : quatre vaisseaux anglais furent arrêtés en vue de
La Rochelle ; à Bordeaux, le duc d'Epernon, gouverneur de Guyenne,
ordonna la saisie d'une flotte de deux cents navires anglais et écossais
chargés de vins à destination de l'Angleterre. Le gouvernement anglais
se vengea en décrétant, le 13 décembre, la confiscation des vaisseaux
et marchandises françaises se trouvant dans les eaux anglaises. Cf. GAR-
DINER, *op. cit.*, t. VI, pp. 142-148.

suader S. M^{tà} et i suoi ministri, senza però interessare temporalmente questa Santa Sede e farlo negotio di essa, ma entrando quasi approvatore o mezzano ne' trattati e discorsi che se ne facessero, e facilitandone i modi con quelle ragioni e partiti che le sovvenissero.

Imperciò a questo scopo s' è mosso già in Spagna, tra il s. conte duca Olivarès e l'ambasciatore Fargis, et in Francia, tra il s. card. di Richelieu e' l marchese di Mirabel, trattato di lega e di unione caminandosi molto avanti (1), e sono state specificate altre conditioni e circostanze, cioè che i Francesi dassero all'armata spagnuola nelle loro costiere commodità di porti e viveri, che ambedue s'armassero e movessero in un tempo a danni dell' Inglese, che il re Cristianissimo, durante la detta guerra o almeno per un anno dalla mossa di essa, operasse che gli Olandesi non tentassero cosa veruna contro gli stati del Cattolico, che uno senza l'altro non trattasse o facesse pace ne tregua col re Anglo. Di queste conditioni, pare che la prima e l'ultima siano prontamente accettate ; la seconda, i Francesi mostrano di non poterla eséguire per mancamento di apparati marittimi e desiderano che gli Spagnuoli comincino a romper senza loro; alla terza, pare che inclinino in questa forma, cioè di desistere per un anno, dal dì della mossa, dal pagare a gli Olandesi qualunque aiuto solito darseli da loro. Hora il maneggio va tuttavia seguitando, e V. S. non mancherà d' animarlo e riscaldarlo quanto

---

(1) A la suite du traité de Monçon, qui avait terminé le différend pendant entre la France et l'Espagne au sujet de la Valteline, s'étaient nouées, entre les deux couronnes, des négociations tendant à la conclusion d'une alliance offensive et défensive dirigée contre l'Angleterre. Commencées à Madrid, elles se poursuivirent à Paris et aboutirent à un traité d'alliance qui fut signé à Madrid le 20 mars 1627.

potrà, se pure Iddio restasse servito di aprire questa via al ristoro della vera religione nella Gran Bertagna, mitigando le antipathie e sospetti di ambe le corone che non lasciano quasi humanamente sperare il prospero fine di detto negotiato, poichè l'una ha poca fede della sincerità dell'altra, e crede che voglia servirsi della lega, non per fare davvero e mandarla ad effetto, ma per avvantaggiare con essa il partito del proprio aggiustamento col re Inglese. Et ultimamente, siamo avvisati che i Francesi offeriscono di moversi unitamente con gli Spagnuoli nel mese di maggio 1628, chiedendo questo tempo ad apparechiare una sufficiente armata; et in tanto, volendo Spagna muoversi con le sue forze, esibiscono i Francesi di pagarli un certo numero di vascelli armati, partito veramente non disprezzabile; e trovandosi il re Cattolico in essere le sue forze marittime, non doverebbe perdere l'occasione di vendicare l'insulto fatto dagli Inglesi ai suoi regni, senza alcuna correspettività delle cose di Francia, potendovi interessare anco i Francesi con l'assistenza del danaro e col ritrovare de' porti, e, quel che più importa, con la scrittura e promessa di lega, ancorchè per hora secreta fino alla mossa del 1628. Da questo non si mostrava alieno il s. marchese di Mirabel; ma, quando all'arrivo di V. S. si trovasse già fermato e perfetto il negotio, ella non lasci di animarlo e persuaderlo. Ma, in quanto al papa, fin da settembre passato si scrisse al s. card. Spada che, quando i due re havessero perfetionata la lega fra di loro, alhora potrebbe S. Stà concorrere ad aiutarli con censure e dichiarationi ecclesiastiche contro l'Inglese, sovventioni proprie dell'autorità apostolica quando che si scorgessero spedienti et opportuni; e pochi giorni sono che fu replicato lo stesso, e soggiunto, quanto alli soccorsi temporali, che vascelli e gente non possono darsi da S. S^(tà) stante la lontananza, e che dal dar denari, quando ve ne fusse la possibilità, viene a tempo il deliberarsi dopo che sia omninamente stabilita l'unione tra i due re, massime che la dichiaratione del papa potrebbe irritar notabilmente lo sdegno inglese contro quei cattolici e missionarii; onde fu ordinato ch'l nunzio, come da se, mostrasse di sperare buona inclinatione e voluntà di S. B^(ne), adducendo le suddette ragioni, ma stesse avvertito sempre mai di non uscire a nessun impegno, ne di S. S^(tà), ne di se stesso.

Delle cose di Avignone, in tanto tempo che V. S. vi ha dimorato, haverà di gran lunga più appreso di quello che io potessi anco prolissamente spiegarle ; soggiungo solo l'invigilar che il re dia ordini stretti a tutti i ministri nelle vicine provincie che, senza dilatione, debbono soccorrere i luoghi di quel contado ad ogni minimo avviso d'insulto degli ugonotti ; anzi che, tenendo buona intelligenza con Monsignor vice-legato (1) e col generale delle armi di S. S^(tà) in quello Stato (2), faccino saper loro innanzi tutto i tentativi che eglino udissero e congetturassero potersi fare dagli eretici contro i luoghi della Sede Apostolica. In evento che la M^(tà) Sua, come si va dicendo, imprendendo la gloriosa persecutione d'abattere questa perniciosa setta nel suo reame, particolarmente con la total soggettatione della Roccella, nel qual caso è

---

(1) *Cosme Bardi, évèque de Carpentras depuis 1616, fut vice-légat d'Avignon de 1624 à 1629. Transféré sur le siège archiépiscopal de Florence, le 9 septembre 1630, il mourut le 18 avril 1631.*

(2) *Charles-Félix de Malatesta commanda les forces pontificales à Avignon avec le titre de général, de 1611 à 1629. A son départ, la charge de général fut abolie et remplacée par celle de gouverneur des armes.*

molto pericoloso che gli ugonotti, per far diversione dal
detto principale asilo, suscitino le consuete sollevationi
in Delfinato e Linguadoca, come pare fin adesso cominci
a temersene, et in sifatto modo è certo che intentarebbero
contro qualche parte dell'Avignonese e Venaisino, havendo a quei luoghi tese continuamente insidie nelle
passate rivolutioni, sichè saggio avviso sarà il procurare
antecedentemente gli ordini sudetti della M.^{tà} Sua.

Vi è di presente una sospitione novellamente aggiuntasi
par un matrimonio contratto, alcuni mesi sono, tra un
figliolo di Mons. della Rocca, da Carpentras, et una
figliola di Mons. di Mombrun (1), ugonotto ben noto a
V. S., e dal quale hanno ricevuti spessi timori et infes-
tationi nei contorni. Seppesi qua che la conclusione anzi
l'effettuatione che il trattamento di tal maritaggio, e dopoi
non sono piaciute le conversationi e bazziche de' Mombruni, fratelli della sposa, in quella città, e senza dubio,
il sospetto crescerebbe a gran segno, quando gli ugonotti
di quei paesi effettivamente tumultuassero ; ne vi sono
mancate relationi di alcuni, li quali hanno anco fin hora
insinuata qualche ombra di cattiva mira de' Mombruni
sopra Carpentrassi ; stavasi perciò discorrendo se, per assicurarsi almeno da cotal sospetto, fusse bene attirare
Mons. della Rocca a stantiare in Avignone col figliolo

---

(1) Jean Du Puy (1568-?), seigneur, puis marquis (1620) de Montbrun,
était une des notabilités du parti protestant en France. Après avoir
été député à l'Assemblée de Saumur (1611), membre des Etats Généraux
de 1614, député à l'Assemblée de Loudun (1619), il obtint, de l'Assemblée de La Rochelle (1620), le gouvernement de la Provence avec le
titre de lieutenant-général. En 1621, lorsque les huguenots prirent les
armes, il tenta de porter la guerre dans le Dauphiné. En 1622, il servit
sous les ordres de Rohan. Il dut mourir très âgé, car il était encore
en vie vers 1654. Antoinette, l'une de ses filles, née de son mariage
avec Lucrèce de la Tour du Pin Gouvernet, avait épousé, en 1626,
Jean De Raphelis, seigneur de la Roque Henri. Cf. HAAG, *La France
protestante*, 2e édit., t. V, Paris, 1886, pp. 937-938.

e con la nora, facendoli dare buona sicurtà di non partire alcun di loro, senza licenza, della detta città, il che
pare molto ragionevole, non solo perchè lo richiede il
buon governo e la sicurezza publica, ma anco perchè
non doveva il detto Mons. contrahere parentado con heretici avversarii dello Stato, massime havendonelo gran
tempo sconsigliato Mons. vice-legato et il marchese
Malatesta. Con tal cautione cessarebbero le visite e
prattiche de' Carpentrassi; la sorella di Mombrun in
Avignone servirebbe come per ostaggio, e Mons. della
Rocca e il suo figliolo sariano frenati dalla sicurtà, con
tema di perdere il valsente di 100.000 scudi che posse-
dono nel contado; questo è stato il discorso, senza
pigliarvi però resolutione, mentre non si scorge immi-
nente pericolo e le cose di quei confini si conservano
parate; et in ogni caso, è parso bene [non] *(a)* metter
fuori tal novità senza precedente partecipatione al re
Cristianissimo, acciò non ne prendesse maraviglia o sen-
timento, sapendone prima il mistero o la cagione. In
evento però d'intorbidamento e di sollevationi ugonotte,
sarebbe opportuno che l'accortezza di V. S. insinuasse
con destrezza a S. M.ᵗᵃ le dette gelosie et insieme la preservativa che si va pensando d'opporvi, la quale ridonda-
rebbe non meno in utile di S. M.ᵗᵃ col frenare i Mombruni,
parziali del duca di Rohano e de' mal affetti; e perchè
non pare dubbio che S. M.ᵗᵃ approvarebbe il pensiero,
potrebbe poscia, quando si stimasse spediente, mandarsi
quetamente ad esecutione con intelligenza fra V. S. e'l
vice-legato.

La demolitione delle fortificationi importanti d'Oranges
è di tanto interesse per gli Stati di S. M.ᵗᵃ, che pare d'ammi-

____

(a) Mot que nous avons cru devoir ajouter.

rarsi l'haverle fin hora comportate e lasciate crescere, anzi perfettionare ; e quando la S. M^ta venisse a Lione, come si va incertamente vociferando, converrebbe rinnovargline i ricordi e gli ufficii, e tanto più che, per il testamento del già principe Nassau, deve in quella piazza deputarsi sempre governatore cattolico, come si è osservato per l'addietro. Hora il medesimo principe vi ha posto un governatore ugonotto, il quale ha servito alcuni anni per luogotenente in quella città (1), e nel vero ha passata buona corrispondenza, specialmente con lo Stato di Avignone, o non se n'è veduta alcuna attione da farne sinistro concetto, anzi vien detto che habbia maritata una sua figlia ad un cattolico ; ma forse questa congiuntione, e d'un soggetto non esoso, e perciò da non esser verisimilmente contrariato, ha eccitato il principe à deputarlo per metterlo in possesso contro la dispositione (a) del testatore di eleggere governatori eretici e per destinarvi in futuro chi li piace, talchè il fatto non è se non di mala conseguenza, et importa al dominio di S. M^ta Cristianissima che vi risieda governatore cattolico per non dare a gli ugonotti maggior animo di ricorrere o di confidare in quel rifugio. Laonde sarà bene, che V. S., con quei modi che le soggerirà la propria efficacia, ne faccia passata con S. M^ta, col s. card. di Richelieu, e con chi giudicharà spediente,

(a) Ms. : depositione.

---

(1) Jean de Hertoge d'Osmale, seigneur de Valkenbourg, était devenu gouverneur de la principauté d'Orange, après y avoir été le lieutenant du prince Emmanuel de Portugal, neveu de Maurice de Nassau. Il appartenait à la religion protestante. Il devait, à la fin de sa vie, passer au catholicisme. Comme il s'était prêté aux intrigues ourdies par Richelieu pour s'emparer de la principauté d'Orange, il périt, en juin 1631, tué par les gens que le prince Frédéric-Henri avait envoyés pour le châtier. Cf. WADDINGTON, *Les visées de Richelieu sur la principauté d'Orange* dans la *Revue historique* de mai 1895, pp. 276-295.

procurando di subodorare se il detto moderno governatore habbia forse ottenuto quel carico con assenso di S. M[ta], alla quale si dice che egli sia grato, onde può esser che la M[ta] Sua habbia prestato antecedente beneplacito alla di lui deputatione.

Delle differenze Avignonesi con quei di Nova, per conto del corso del fiume Durenza, ha parimente V. S. piena notitia ; debbo dirle solo che, non è molto, fu terminato questo affare mediante un accordo approvato in Parigi dalla M[ta] Sua in vigor del quale i nostri promisero a quelli 10.000 lire, con che recedessero dalle pretentioni e molestie che intentavano, come più esattamente potrà spiegarle il s. card. Spada. Ma benchè il re ne caricasse allora l'esecutione di tal accordo, e poi, con la seconda jussione impetrata dal medesimo cardinale, habbia comandato il medesimo, nondimeno vi si interpongono i soliti sotterfugii, e dicono doversi prima l'aggiustamento preso riportare nel Parlamento di Provenza, quasi che un fatto già terminato con l'autorità del re, debba di nuovo rivocarsi a cimento e discussione. S'adoperi dunque V. S. efficacissimamente, acciò S. M[ta] comandi la precisa effettuatione et osservanza, sopra che se le darà nuovo breve credentiale, quando mi se ne avvisi il bisogno (1).

Accresce la speranza de' buoni effetti della nunziatura di V. S. il vedere che al valore di lei corrisponderà l'indole sincera e generosa del re, la pietà della regina madre, la benignità della regnante e la vivace e schietta natura di Mons. d'Orliens. Della affettuosissima volontà

_____

(1) Voir l'instruction de Spada, p. 60.

verso questa Santa Sede, io stesso hebbi molte caparre nel corso della mia legatione. Dalle quali cose accortisi forse i paflamentarii vanno con artificio machinando d'impegnar S. A. a favor loro, come procurarono di fare nell' Assemblea de' Notabili, pochi giorni sono tenuta, quando gli persuasero d'adherire alla mal fondata deliberatione di prohibire a tutti i sudditi del re il trattar con gli ambasciatori dei principi stranieri, col voler includere in questo numero anche il nunzio apostolico, col quale, come rappresentante il *Sommo Pontefice e Padre Comune*, e come instromento per cui S. Stà comunica le gratie spirituali e provede alle coscienze, non ha dubbio che non può, ne deve ad alcun cristiano prohibirsi il commercio (1); laonde essendosi alcuni anni *(a)* avanti, in un' assemblea tenuta in Rohano publicata la medesima proposta generale prohibitione di trattare con ambasciatori stranieri (2), risentissene Mons. nunzio, che allora

(a) Le ms. avait « mesi » qui a été raturé; le même mot « mesi » a été écrit au-dessus et également raturé.

---

(1) A la veille d'entreprendre une nouvelle guerre contre les huguenots, Richelieu avait déterminé Louis XIII à convoquer à *Paris* une Assemblée de Notables. Cette Assemblée commença ses travaux le 2 décembre 1626 et les poursuivit jusqu'au 24 février 1627. Louis XIII assista à la séance d'ouverture et désigna son frère, le duc d'Orléans, pour présider les séances auxquelles il ne prendrait pas part. Le 11 janvier 1627, Richelieu soumit à l'Assemblée une série de propositions. La minute du mémoire du cardinal a été publiée par Avenel (*Lettres et papiers d'Etat du cardinal de Richelieu*, t. II, pp. 315-319) sous le titre : *Propositions qui doivent être faites de la part du roi à l'Assemblée des Notables*. Parmi ces propositions s'en trouvait une ayant pour objet d'interdire aux sujets du roi de conférer, sans permission, avec les ambassadeurs des princes étrangers. Les membres de l'Assemblée appartenant au clergé voulurent faire une exception en faveur du nonce; la majorité, entraînée par le duc d'Orléans, qui s'était rangé parmi les adversaires du nonce, s'y opposa. Le roi imposa silence à l'Assemblée sur cet article et tint pour non avenue sa décision. Cf. Picot, *Histoire des Etats Généraux*, t. III, Paris, 1872, pp. 431-445.

(2) Parmi les vingt propositions soumises à l'Assemblée des Notables de 1617, il en était une qui défendait aux sujets du roi de communiquer avec les ambassadeurs étrangers. Une partie de la noblesse prétendit étendre l'interdiction au nonce; cet amendement fut rejeté par le roi. Cf. Mariéjol, *Histoire de France* de Lavisse, t. VI, 2e partie, p. 200.

era il s. card. Bentivogli (1), et il re dichiarò che la
sudetta deliberatione non comprendeva altrimente il
nunzio apostolico, poichè per le sopraccennate ragioni
non deve riputarsi straniero; e questa regia dichiaratione successivamente osservata mosse in detta Assemblea
de' Notabili i Parlamenti a cercar l'inclusione espressa
del nunzio; con provarsi a tirare nello stesso tempo
Monsieur che n'era presidente, anzi l'havevano cosi male
informato, che l'indussero in alcune occasioni a parlare
anche in favore della censura uscita dalla Sorbona, della
quale si è fatta di sopra particolar mentione e discorso.
Hora, quanto sono astuti e sottili di quelli che vogliono
abusare della candidezza dell'animo di S. Altezza in pre-
giudizio della riverenza dovuta alla Santa Sede Apostolica, tanto doverà esser sollicita e fervente la cura di V. S.
in mantener il s. duca ben affetto et osservante verso la
medesima Santa Sede, volgendo particolarmente l'occhio
a quelli che, standoli appresso e conversando seco, sono
atti ad insinuarli sinistri concetti e dargli prave informationi in tal soggetto, a fine ch'ella possa contraporsi e
schermirsi dalle loro macchinationi, nel modo che le
dettarà la sua prudenza; e quanto alla sudetta novità
attentata nell'Assemblea de' Notabili, già la M^{tà} del re,
al risentimento fattone dal s. card. Spada e da molti
prelati congiunti con i s. s. cardinali Rochefocau e
Valletta (2), porse opportuno rimedio, volendo che la

---

(1) Le célèbre cardinal Bentivoglio (1579-1644) fut nonce en France
de 1616 à 1621. Dans une lettre du 26 décembre 1617 au cardinal Scipion
Borghèse, il informe sa cour des prétentions qui se sont fait jour à
l'Assemblée de Rouen (BENTIVOGLIO, *La nunziatura di Francia del cardinale Guido Bentivoglio*, t. II, Firenze, 1865, pp. 125 et 139).
(2) Louis de Nogaret de la Valette (1593-1639), fils du duc d'Epernon,
avait été créé cardinal par le pape Paul V au consistoire du 11 janvier
1621. S'il fut élevé sur le siége archiépiscopal de Toulouse dès 1614, il
n'administra guère son diocèse. Ciaconius a dit très justement de lui,

proposta dell'ultima Assemblea si contenga dentro alli termini dell'articolo di quella di Roano, e conseguentemente il nunzio apostolico non vi sia compreso.

I ministri principali e consiglieri di S. M^{tà}, cioè i s. s. cardinali Rochefocau, Richelieu, marescial di Sconbergh (1), Mons. di Marigliac, guardasigillo, e Mons. d'Arbault, secretario di Stato, sono tutti religiosi e tutti cortesi, come V. S. stessa sperimentò già nel trattare con essi loro, e il s. card. Richelieu specialmente nell'aggiustare la pace d'Italia, nel premere col re Inglese l'osservanza de' capitoli matrimoniali in mantenimento dell'honore del re Cristianissimo e del beneficio della regina della Gran Bertagna e di quei cattolici, nel prestare efficace aiuto all'indemnità di questa Santa Sede contro li sopradetti attentati della Sorbona et dell'Assemblea de' Notabili, e nell'adoprarsi a reprimere l'ardire de' contrarii e mal affetti ha chiaramente dimostrato che li passati disordini sono stati portati da una precipitosa corrente di male congiunture, ma che i remedi e ripari positivi con tempo e prudenza derivano dalla pia e ben intentionata mente di S. S. Illma, la quale ha con sua immortal lode, e con gusto di S. B^{ne}, e con applauso di questa corte e di tutti i buoni Francesi, ben osservata l'assersione, più volte fatta al s. card. Spada, di far vedere al mondo il suo premuroso zelo nelle cose toccanti il

---

dans la notice biographique qu'il lui a consacrée : « armis magis quam ecclesiasticis rebus amicus semper est habitus » (*Vitae et res gestae pontificum Romanorum et S. R. E. cardinalium*, t. IV, p. 454). Cf. vicomte De Noailles, *Le cardinal de La Valette* (1633-1639), Paris, 1906.

(1) Henri de Schomberg (1575-1632), comte de Nanteuil et de Duretal, marquis d'Epinay en Bretagne, chevalier des ordres du roi, lieutenant-général des armes, avait été surintendant des finances de 1619 à 1623. Disgrâcié par les Brulart, il rentra en faveur quand Richelieu fut revenu au pouvoir, et obtint le bâton de maréchal en 1625. Officier de grand mérite, il a été des meilleurs serviteurs de la politique du cardinal ministre.

sostantial servitio della Sede Apostolica; laonde haverà
campo il detto accorgimento di V. S. di andar colti-
vando questi sensi degnissimi di un cardinale di Santa
Chiesa e d'un ministro affetionato al servitio del principe
e del regno, acciò S. S. Illma. si conservi et accresca il
guadagno partoritole d'estimatione e di gloria delle
sudette operationi, persistendo nella stessa volontà e
producendo somiglianti frutti per l'avvenire, poichè
nulla più giustamente che queste attioni può render vene-
randa la sua autorità et armarla contro l'invidia, la
quale segue ordinariamente le persone più eminenti,
come l'ombra i corpi. Onde si va pur bisbigliando di
pericoli ne quali potrebbe incontrarsi S. S. Illma.; ne
già cred'io che habbiano fondamento se non nell'opinione
degli huomini, perchè, se effettivamente (il che Dio cessi)
venisse giamai in qualsivoglia modo tocco oltraggiato
over offeso un cardinale di Santa Chiesa, ciò non
potrebbe passare senza lesione della dignità e della
immunità, però che non pure doverebbe V. S. in tal
evento sbracciarsi per l'una e per l'altra, ma anco haverà
da star vigilante a quello che se ne potesse temere; e
da metter in opera ogni più opportuna precautione.

Di quei vescovi, prelati, dottori o altre persone che
si sono mostrate ossequiose verso gl'interessi e dignità
della Sanda Sede, non starò a far qui cathalogo a V. S.,
la quale ne procurarà o haverà procurato particolar nota
da Mons. mio Illmo card. Spada, per corrispondere alla
pietà loro con termini affettuosi alle occasioni o per
scrivere ancor qua de' bisogni di essi, e per valersi della
loro integrità nelle occorrenze che possono venire. Amorevoli di Nro Sre si sono conservati specialmente, et io,
nella mia dimora in Francia, ricevei molti segni d'amo-

revolezza ; et a tutti questi signori ha la V. S. da
far sempre tali dimostrationi di amore, che si accorghino
d'esser nella memoria di S. B^ne e del desiderio che io
tengo di servirli della persona mia.

V. S. ha da confirmare con ogni prontezza al re et alla
regina quella vera e cordiale devotione che promisi et
offersi per sempre alle Maestà loro nel tempo della mia
legatione, e quella perpetua memoria che professai voler
tenere di tante obbligationi con le quali alhora, e prima,
e dipoi mi hanno legato, assicurandoli che in nessun
tempo e per nessun caso, si mutarà punto quella salda
e leal volontà che hebbi e con che dichiarai di viver
servitore alla M^tà Sua et alla corona di Francia, imitando
in ciò il paterno e vivo affetto che conserva la S^tà di papa
Urbano, mio zio, verso la M^tà Sua e verso il suo real servitio. È ben vero che, havendo il re Cattolico, mentre
dimorai in Spagna (1), voluto honorarmi con pensioni et
altri segni di particolar affetto efficacemente esibitomi
dalla M^tà Sua, e non essendosi quietata alle ragioni da
me addotte della ricusatione che feci di tutte le dimostrationi offertemi per mezo del s. duca (2), seguitò a conti-
nuarmene vivamente le instanze, etiamdio dopo il mio
ritorno in Roma, e vedendo che appagandomi io dell'
amorevol volontà di S. M^tà verso me e del mio disinte-
rassato affetto verso quella, persistevo in non voler ricevere i sudetti favori, vi aggiunse strettissimi e premurosi
officii con S. S., affine che accettassi almeno la protet-

---

(1) Sa mission terminée en France, en septembre 1625, le cardinal
François Barberini s'était rendu, peu après, en Espagne, avec le titre
de légat a latere, pour y négocier un accord entre les rois de France
et d'Espagne. Le but apparent donné à son voyage avait été d'aller
tenir sur les fonts baptismaux l'infante Marie.
(2) Gaspard, comte de Guzman, comte duc d'Olivarès (1587-1645), fut
le premier ministre de Philippe IV, de 1622 à 1643.

tione de' regni d'Aragona e di Portogallo, vacata per morte del s. card. Farnese (1); e per i notorii sospetti e amaritudini nate in Spagna in rispetto del papa nel corso degli affari di Valtellina, quali ancora caminavano torbidi e vacillanti, benchè hoggi, per la Dio gratia, siano fugate tutte le ombre e canonizzata la rettissima mente che vi ha sempre mai havuta S. B^ne, e per l'essempio degli altri antecedenti pontefici, i nepoti e famigliari de' quali, senza perder la confidenza de' potentati cattolici, hanno ricevuti simili favori dalla corona di Spagna, pareva troppo duro al re Cattolico et a suoi ministri la mia resistenza a tutti quelli honori che dalla sua corte mi venivano anteposti, e caminava questa apprensione a tal termine che si scorgeva chiaramente necessario l'uno de' due, o piegarsi a non rifiutare tutte le esibitioni fattemi da S. M^ta, o correre evidente rischio di perdere la confidenza di quella corona, con discapito del servitio di Dio e del bene della religione cattolica, che depende in gran parte dalla comune paternità del Sommo Pontefice verso li principi cattolici e dalla reciproca affetione e fiducia di essi verso la Sta Sua; onde, in tali stretezze e necessità, convenne di appigliarmi al meno et accettar quell'offerta del re Cattolico che non poteva ragionevolmente ingelosire altri potentati, ne indurne apparenza alcuna di partialità, e tale fu giudicata dalla Sta Sua la protettione sopradetta d'Aragona e Portogallo, poichè questa non inferisce in sostanza maneggi politici, ha mero riguardo alle chiese, delle quali essendo protettore il papa e potendole egli proporre, poco importa che le protegga o proponga il nepote. Ve ne sono esempii del

---

(1) Le cardinal Odoardo Farnese était mort le 21 février 1626.

s. card. Borghese, che pretese quella di *Germania* e di
Fiandra, e del s., card. Ludovisio, che ha la protettione
di *Savoia* (a), quale parimente accettò il card. Aldo-
drandini bo. me., in tempo che quel duca era partigiano
degli Spagnuoli, e degli Stati patrimoniali Austriaci (1);
et è chiaro che la *Fiandra* non è meno del re Cattolico
di quel che sia *Aragona* e *Portogallo*, e, se fusse vacata
anco quella da Farnese vecchio in qua, nell'istessa
maniera li nepoti de' papi l'haverebbero accettata; anzi
il s. cardinal Ludovisio procurò d'esser comprotettore
del s. card. Farnese morto, ma questo non si contentò
di haver compagno, di che lo stesso s. card. Ludovisio
ha fatto fede al. s. di Bettunes. Ma con tutte queste et
altre ragioni S. E. si mostrò assai sentita alla detta mia
accettatione, e nella corte di *Francia*, dopo l'avviso
datone dal medesimo s. di Bettunes, se ne vide qualche
rincrescimento, sebene, con le dette et altre ragioni
apportate dal s. card Spada al s. card. di Richelieu et ad
altri, dichiarò S. M.ta al suo ambasciatore et egli a me, per
mezo del suo secretario, che la M.ta Sua non perdeva la confidenza in S. S.ta et in me per conto della detta protettione,
quando, nel trattar de' negotii della sua corona in avvenire,
non ne havesse veduta altra mutatione, sicome sperava
di non vederla, e come effettivamente non la vedrà,
pretendendo io in questo carattere della protettione, che
è ecclesiastico, rimanere quel medesimo che sono stato

(a) Ms. : *Sassonia*. En marge, le copiste a écrit : « *Savoia*, credo,
voglia dire ».

---

(1) Les cardinaux Pierre Aldobrandini (1571-1621), neveu de
Clément VIII, Scipion Borghèse (1576-1633), neveu de Paul V,
Ludovisio (1595-1632), neveu de Grégoire XV, avaient successive-
ment rempli les fonctions de secrétaire d'Etat.

sempre verso il servitio publico, e sebene con la debita
gratitudine verso la M^{tà} Cattolica in quanto ha favorito
la mia persona, tuttavia indifferente verso tutti in quel
che concerne gli affari di Santa Chiesa e del cattolico
cristianesimo. Potrebbe avvenire però che, siccome
l'accettatione sudetta della protettione ha tanto quanto
sollevati gli animi e risvegliati i mali affetti verso la
S. Sede, cosi alcune minutie si osservassero e notassero
nei miei portamenti, o in quelli del papa, le quali cosi
sottilmente non venivano adocchiate per il passato, anzi
che le attioni giuste e necessarie venissero prese in
sinistro, et i mali intentionnati se ne servissero per
imprimere nel re che dopo la detta protettione non si
caminasse come si caminava, e di più prova qualche
astuto ministro valersi di tal pretesto per muover il re
a dimandare a S. S^{tà} et a me gratie e cose insolite e
poco concedebili, le quali in altro tempo non si sariano
chieste, per haver occasione o di rinovare i lamenti della
protettione, se non si concedono et attribuirlo ad affetto
spagnuolo, o pure indurne S. S^{tà} a concederle, per
timore che la negativa non venga interpretata ne presa
nel sudetto modo, nelli quali arteficii è uscito di bocca
anche alcun motto ad un ministro di S. M^{tà}. Doverà
dunque la sagace accortezza di V. S. stare in ciò molto
avvertita, e trattandosi a lei di gratie o negotii che si
disegnasse dal re proporre a S. B^{ne} o a me, potrà da se
stessa certificare la M^{tà} Sua et i ministri delle difficoltà
che contengono, e delle esorbitanze o rarità loro, e delle
cattive conseguenze che procederiano dalla loro conces-
sione, secondo che la natura e qualità loro suggerirà
all'avvedimento di lei, acciò, prevenuti innanzi tratto
dell' interesse e scabrosità degli affari, o desistano dal

chiederli, o non arrivi loro tanto rincrescente la negativa ;
et in quei negotii ch'ella non haverà potuto presentire,
e generalmente in qualunque occasione che udisse bor-
bottare di partialità, massime con rimprovero della detta
protettione, ella haverà prontamente a reprimere tali
sentimenti con le ragioni e con la salda asseveranza
dell'animo veramente paterno di N.ro S.re verso tutti, e
della mia comune e disinteressata premura nel servitio
publico, e del particolare affetto che continuo alla corona
di Francia et al re, da cui ho ricevute tante benigne
dimostrationi. So bene che V. S. saprà maneggiare in
guisa cotali contramine che non apparirà straordinaria
mera anzietà o timore della loro apprehensione, a fine
che essi, valendosene in contrario, non entrassero in pensiero d'interpretare con li detti sensi tutte le nostre
attioni non d'intiero lor gusto, e facessero conto di
tenerci con simigliante artificio come in gelosia continua.

Aggiuntevi le presenti memorie, riceverà V. S. alcune
scritture che se le danno dal segretario della Congregatione de' Vescovi e Regolari, et alcune altre da quello
della Congregazione de Propaganda Fide, et contenuto
delle quali potrà ella conformarsi secondo la rettitudine
della sua prudenza (1).

Per la M.tà Sua e per gli altri principi et officiali e
secolari ecclesiastici, V. S. gli ha di già ricevuti con
le mie lettere di accompagnamento. Laonde non rimanen-
domi che altre dirle, soggiungerò solo che la speranza
conceputa da S. B.ne e da me della felice riuscita della
nunziatura di V. S. non è fondata nell' opinione, ma

---

(1) Aucun de ces documents ne se trouve dans le manuscrit.

nell' esperienza hora mai confirmata dal suo valore, a quale io prego di cuore con la divina assistenza ogni consolatione. E le ratifico il mio particolare affetto verso tutto quello che concerne la sua soddisfattione e servitii.

Di Roma il 1º di Marzo 1627.

INSTRUCTION DE BOLOGNETTI

(1er Avril 1634)

I. — Notice biographique

Georges Bolognetti (1), évêque d'Ascoli, en Pouille, fut, en 1634, désigné par Urbain VIII pour succéder au cardinal Bichi dans la charge de nonce ordinaire en France (2).

Il était né à Rome, vers 1590, d'une famille noble originaire de Bologne. Après avoir été nommé référendaire de la Signature de justice, il avait été successivement gouverneur de Fano, d'Ascoli, membre de la Consulta. Promu à l'évêché d'Ascoli, en Pouille, le 23 septembre 1630, il avait été, en 1631, envoyé comme nonce auprès du grand duc de Toscane (3). Ce fut de Florence qu'il partit pour Paris au printemps de 1634.

Bolognetti arrivait à la cour de France au moment où

---

(1) Ughelli, *Italia sacra,* t. VIII, Venise, 1717, pp. 236-237 ; t. I, Venise, 1717, p. 1216.

(2) Ses lettres de nomination sont du 26 mars 1634 (Biaudet, *Les nonciatures apostoliques permanentes jusqu'en 1648,* Helsingfors, 1910, pp. 255). Le 21 janvier 1634, le cardinal François Barberini informait Bichi du choix de Bolognetti (Bibliot. Vaticane, fonds Barberini, lat. 6214).

(3) Ses lettres de nomination sont du 8 novembre 1631 (Biaudet, *loc. cit.*).

les relations de Louis XIII avec la maison d'Autriche étaient tendues au plus haut point. La grande affaire de sa nonciature fut de chercher à réconcilier les Bourbon et les Habsbourg (1). Après s'être dépensé en de vains efforts pour conjurer une rupture qui depuis longtemps était inévitable, il ne cessa, quand la guerre eut éclaté (19 mai 1635), de chercher des voies d'accommodement. Urbain VIII trouva en lui un excellent auxiliaire dans ses entreprises de congrès ; mais l'inimitié des puissances rivales résista à tous les conseils pacifiques. Bolognetti dut quitter la France en août 1639 (2), sans avoir atteint le but qu'il avait persévéramment poursuivi.

Sa nonciature terminée, Bolognetti s'en fut résider dans le diocèse de Rieti, où Urbain VIII l'avait transféré le 28 février 1639 ; il y demeura jusqu'en 1660. A cette date, il renonça à son évêché et se retira à Rome, où il mourut nonagénaire le 7 janvier 1680.

II. — Sources du texte de l'instruction

C'est d'après le texte original conservé aux Archives Vaticanes (ms. 115 du fonds Bolognetti, ff° 281-308), que nous publions cette instruction. Nous n'en avons découvert aucune copie.

III. — Sommaire de l'instruction

Importance de la nonciature de France ; qualités qu'elle exige. Eloge du nonce.

---

(1) Sur son action jusqu'en 1635, voir notre ouvrage : *Urbain VIII et la rivalité de la France et de la maison d'Autriche de 1631 à 1635.* Dans un volume que nous nous proposons de consacrer au congrès de Cologne, il nous sera donné d'étudier l'activité du nonce Bolognetti à Paris de 1635 à 1639.

(2) Cf. Biaudet, *loc. cit.*

I. — Affaires religieuses.

Propagation de la foi catholique. Le nonce s'intéressera aux missions de capucins en France et à l'étranger ; il en suivra le développement. Le cas échéant, il demandera au roi de protéger les capucins qui évangélisent le pays des Grisons. L'ambassadeur de France à Constantinople fait réciter à Saint-François de Péra une oraison où le roi est qualifié de *protector noster ;* les autres souverains s'en sont émus et prétendent qu'on en récite une semblable pour eux ; Bolognetti se plaindra à Sa Majesté de cette innovation de son représentant et le priera de ne pas insister. La Propagande sera tenue au courant du progrès des missions entreprises par les religieux des divers ordres en Angleterre, en Ecosse, en Irlande, dans les Provinces-Unies.

Le parti huguenot a été abattu en France ; il ne faut pas que l'appui des hérétiques étrangers lui permette de se relever. Le nonce en tirera argument pour dissuader le roi d'assister les protestants d'Allemagne, de Hollande, de Suède.

C'est aux évêques qu'il appartient surtout de combattre l'hérésie. Le nonce excitera leur zèle ; il les exhortera à bien choisir les curés. Les titulaires des paroisses ne les administrent pas toujours eux-mêmes ; des curés de campagne mènent une vie peu ecclésiastique ; ces abus sont à extirper. Le devoir de la résidence dans leurs diocèses sera rappelé aux évêques.

Nécessité d'une réforme chez les religieux et les religieuses. L'observation des décrets du concile de Trente remédierait à tous les maux.

La Sorbonne. Le nonce s'attachera à entretenir avec elle les meilleures relations. Plusieurs de ses membres sont imbus des doctrines gallicanes. S'il est quasi impossible de ruiner les principes contraires à l'autorité du Saint-Siège que professe ce collège, il faut au moins rendre vaines les conséquences qu'il en tire.

Différends des évêques et des réguliers. Les évêques prétendent que les membres du clergé régulier leur soient soumis comme ceux du clergé séculier ; le nonce les exhortera à porter le débat devant le Saint-Siège.

Le concours du roi sera sollicité pour obtenir l'expulsion des hérétiques de Pignerol et autres lieux de Savoie. S'il en est besoin, Bolognetti demandera à Louis XIII de protéger l'inquisiteur de Casal.

La liberté de la presse est trop grande en France ; il est nécessaire de la limiter. Les livres dangereux qui n'ont pas encore été mis à l'Index seront signalés et des exemplaires devront être envoyés au Saint-Siège, si cela est possible.

Les Parlements. Ils ne s'opposent pas seulement au pouvoir royal ; ils méprisent l'autorité ecclésiastique et lui portent préjudice. Il importe moins d'attaquer leurs maximes que de ruiner leurs entreprises en recourant au roi et à Richelieu ; il conviendra d'entretenir de bons rapports avec les parlementaires dévoués à l'Eglise.

La couronne de France prétend faire rentrer sous la loi du concordat de 1516 les évêchés de Metz, Toul et Verdun qui sont régis par les concordats d'Allemagne ; la récente érection d'un parlement à Metz menace tout particulièrement les droits du Saint-Siège en cette région. Bolognetti défendra les intérêts de l'autorité pontificale, comme l'a déjà fait le cardinal Bichi ; il ne s'opposera pas directement à l'érection du parlement, mais il combattra secrètement cette institution nouvelle le plus qu'il le pourra.

Espoirs de conversion que donne l'Angleterre. Affaire de l'évêque de Chalcédoine.

Abus divers en France dans les nominations aux bénéfices. Nécessité de la visite *ad limina*. Les expéditions d'argent à Rome.

II. — Affaires politiques.

La maison de Lorraine a passé par de nombreuses tribulations; Bolognetti en apprendra le détail de son prédécesseur; il saura de lui ce qui a été fait et ce qui reste à faire pour cette maison qui a toujours été pleine d'égards pour le Saint-Siège.

La Valteline. L'Espagne et la France ne s'accordent pas sur l'interprétation du traité de Monçon : la première tient que les Valtelins ont été rendus indépendants; la seconde, qu'ils sont restés les sujets des Grisons. Louis XIII prétend de plus qu'en passant par les vallées, sans en demander l'autorisation aux Grisons, le duc de Feria a violé le traité. Il songerait à remettre les vallées sous l'entière domination des Grisons. Il importe de régler ces difficultés par la voie des négociations plutôt que par celle des armes.

Un différend s'est élevé entre le Saint-Siège et la République de Venise à la suite de travaux que le cardinal Pallotto a fait exécuter au port de Goro. Le roi de France s'est entremis ; des commissaires nommés par les deux parties se sont rendus sur les lieux pour débattre les conditions d'un accord : mais il a été impossible de s'entendre. Le nonce éclairera le roi et ses ministres sur le bon droit du pape.

La France et la maison d'Autriche. Le rétablissement de la paix entre le roi de France et les Habsbourg importe au plus haut point. Conditions auxquelles la

France consent à traiter. Les premiers pourparlers de Louis XIII avec l'empereur à la suite de la mission du baron d'Alsace ; vaines négociations de l'ambassadeur d'Espagne. Nouvelles ouvertures impériales : l'empereur laisserait à la France Pignerol et Moyenvic, s'il était fait aux Habsbourg une concession avantageuse, comme serait celle du libre passage d'Italie en Allemagne et en Flandre par les vallées suisses. Le père Joseph a demandé de son côté que la paix fût universelle. L'empereur a maintenu ses propositions après la mort de Waldstein, mais l'Espagne ne paraît pas être disposée à abandonner Pignerol à la France. Les Impériaux ont autrefois montré grande répugnance à discuter, à la demande de la France, les articles d'un traité de paix universelle en Allemagne ; d'autre part, la France ne consentira qu'à un traité de paix universelle.

Efforts du Saint-Siège pour détacher la France des hérétiques. Conditions auxquelles le pape consentira à interposer sa médiation dans les négociations.

Sa Sainteté a refusé d'entrer dans la ligue de princes italiens que le roi de France lui a fait proposer par son ambassadeur ; invitée à agir sur les princes italiens pour qu'ils forment la dite ligue, elle a évité de donner une réponse catégorique. Sa volonté est de demeurer le père de tous. Que ce soit en tout la règle de conduite du nonce.

Les différends de la famille royale. Le principal obstacle à l'accommodement de Monsieur avec Louis XIII est son mariage avec la princesse Marguerite de Lorraine. Le roi a demandé au pape de confier le procès d'annulation du mariage à quelques évêques de France ; Sa Sainteté a répondu qu'il ne le pouvait sans le consentement des parties. D'après les dernières nouvelles, Monsieur se soumettrait à la sentence des juges que nommerait le pape. Le nonce prendra garde que le consentement de la princesse n'est pas moins nécessaire que celui du duc d'Orléans. Négociations de la reine mère en vue de son retour en France. Désir du pape de voir la paix se rétablir dans la famille royale.

Préséance du préfet. Le roi de France s'est plus que tout autre prince refusé à accorder au préfet de Rome le rang auquel celui-ci prétend. Le nonce fera valoir le bon droit du préfet.

Conclusion. Remarques d'ordre privé concernant le nonce, sa maison, sa correspondance. Chiffres. Relation à préparer.

Instruttione a V. S. Mons. vescovo d'Ascoli destinato da N^{ro} S^{re} per suo nuntio ordinario appresso 'l Re Cristianissimo.

Il ministerio di nuntio apostolico in Francia è stato reputato in tutti i tempi uno de' principali che diano i pontefici per la grandezza del prencipe appresso il quale risiede, per l'ampiezza del regno nel quale si stende la sua autorità, per la moltitudine di persone insigni in ogni sorte di lettere delle quali la Francia abbonda e per l'importanza de gli affari che in quella si maneggiano, ma hoggi che gli avvenimenti delle cose del mondo rendono molto più grande e riguardevole

quella carica, poichè le prosperità di quel regno l'hanno
ridotto in tal stato, che pare che da lui dipenda il bene et
il male della cristianità, oltre diversi altri gravi negotii
che in quella corte pendono, per tutti questi rispetti
deve il prelato da chiamarsi a questo ministero esser
dotato di molta prudenza, destrezza et efficacia, et
accompagnar il tutto con bontà e sincerità della vita ;
le quali qualità havendo N.ro S.re riconosciuto nella persona di V. S., non solo per la notitia che da gran tempo
tiene di lei con occasione della Segnatura di Giustitia
della quale S. B. fu prefetto, ma ancora in diversi
governi ch'ella ha essercitato, nel servitio ch'ell' ha prestato a me in Consulta, e sopratutto nella buona amministratione della nuntiatura di Firenze, lo ha eletto per
questo importante ministerio, confidando ch'ella procurerà di corrisponder al concetto di S. B.ne e di sodisfar
alle parti di ministro apostolico cosi riguardevole non
solo per se stesso, ma anco per la qualità de' tempi.

Io per non lasciar partire senza qualche mio ricordo
V. S., le ne spiegherò alcuni in queste carte, rimettendomi nel rimanente al s. cardinale Bichi, dal quale le
sarà data piena et abbondante notitia di tutto quello
che per ben fare il servitio di Dio e di questa Santa Sede
parerà necessario et spediente.

Cominciarò dunque da quella parte ch'è più propria
del ministro apostolico e nella quale egli deve premer più
d'ogn' altra cosa, cioè da gli affari della religione catolica e della più principal parte di essi, ch'è la propagatione della fede, nella quale dalli missionarii della Sede
Apostolica si fatica in quel regno.

Devo dunque dirle che havendo la Sacra Congrega-

tione de Propaganda Fide diverse missioni di cappuccini
nella Francia, delle quali sono prefetti i p. p. Leonardo
e Gioseffo da Parigi del medesimo ordine (1), et alcun'altre de' medesimi religiosi nel Delfinato, in Provenza et
in Linguadoca, sotto la prefettura de' provinciali pro
tempore di S. Ludovico e di S. Bonaventura, V. S. dovrà
sovrintendere alle dette missioni per avvisar la medesima Sacra Congregatione de' progressi de' padri missionarii, della vita e costumi loro et insieme de' bisogni
spirituali delle dette missioni, affin' che possa darle quegl'ordini che stimerà necessarii per aiuto delle stesse
missioni e missionarii.

Si piglierà ancora pensiero delle missioni che ha la
medesima religione in Inghilterra, Scotia, Grecia, Siria *(a)*,
Palestina, Egitto, Babilonia e Persia, pur sotto la prefettura de' medesimi padri Leonardo e Gioseffo, per
aiutarle presso al re che fa la spesa in mantenerle et
anco presso alli suoi ministri nelle occorrenze, e per
osservare e provedere che li religiosi, che i suddetti
prefetti mandano con autorità della medesima Sacra
Congregatione, siano soggetti atti per costumi, scienza
ed età, perchè alle volte sono venute ad essa querele
che v'habbino mandati de' troppo giovani (2).

(a) Ms : Soria.

-----

(1) Le père Léonard avait été, en dépit de ses répugnances, appelé
par la congrégation de la Propagande à partager la préfecture des
missions avec son ami le père Joseph. Après la mort de ce dernier
(1638), il associa à la direction des missions les provinciaux et les
définiteurs des provinces de Paris, de Touraine et de Champagne
(FAGNIEZ, *Le père Joseph et Richelieu*, t. I, Paris, 1894, pp. 315
et 356). Comme il est dit dans l'instruction, les missions du Dauphiné,
de la Provence et du Languedoc étaient restées sous la direction des
supérieurs des provinces de Saint-Louis (Provence) et de Saint-Bonaventure (Lyon).

(2) Sur l'activité des capucins en France et hors de France, voir
FAGNIEZ, *op. cit.*, t. I, chapit. VI.

Havendo la stessa S. Congregatione alcune missioni de' medesimi padri nella Rhetia o Grigioni, le quali hanno tanta persecutione da gli eretici di quelle parti, che più volte ha bisognato procurar ordini da S. M^{tà} Cristianissima a' suoi ministri colà residenti, acciò le proteghino, et aiutino, e gli facciano restituir le chiese e rendite ecclesiastiche che gl'hanno usurpato, dopo la venuta dell'armi francesi in que' paesi (1), V. S., secondo farà bisogno, aiuterà le medesime missioni presso alla M^{tà} Sua, e massimamente quando dalla Sacra Congregatione o da Mons. nuntio a Svizzeri ne sarà avvisata (2).

Il conte Marcheville, ambasciatore di S. M^{tà} Cristianissima in Costantinopoli (3), havendo introdotta una novità di far recitar dal vicario patriarcale nella chiesa di S. Francesco di Pera certa oratione per il re Cristianissimo con le parole *protector noster*, della qual novità si sono doluti e si dolgono appresso la medesima S. Congregatione l'imperadore e la Repubblica Veneta, e sino gl'ambasciatori eretici d'Inghilterra e dell'Olanda colà

---

(1) L'occupation de la Rhétie par l'archiduc Léopold d'Autriche, de 1621 à 1624, avait permis aux capucins d'établir une mission à Zernetz dans l'Engadine; de là, ces religieux s'étaient répandus dans toute la région et y avaient exercé leur ministère. Ils y étaient demeurés, après que l'entrée des troupes françaises en Rhétie en eut chassé les Autrichiens. Les Grisons qui, on le sait, étaient protestants, leur créèrent maintes difficultés; ils leur contestèrent en particulier l'usage exclusif des édifices religieux. Le jour des Rameaux de l'année 1627, les capucins se virent expulser par la force des églises où ils célébraient leurs offices. Le roi de France intervint pour protéger les religieux tout en ménageant les Grisons ses alliés. Sur ces conflits et sur le rôle joué par la France, voir ROTT, *Histoire de la représentation diplomatique de la France auprès des cantons suisses*, t. IV, 1re partie, Paris, 1909, pp. 178-182; 256, 596, 657; 2e partie, Paris, 1911, p. 35.

(2) Ranuccio Scotti, évêque de Borgo San Donnino depuis 1626, fut nonce en Suisse de mai 1630 à mars 1639. Il partit de là pour la France comme nonce extraordinaire. Nommé peu après nonce ordinaire, il resta à la cour de Louis XIII jusqu'en 1641. Il mourut en 1666.

(3) Henri de Gournay, comte de Marcheville, que nous avons vu dans l'instruction de Bagni chargé d'une mission en Allemagne, fut ambassadeur à Constantinople de 1631 à 1634.

residenti hanno levata cert'elemosina che davano, benchè
eretici, alla suddetta chiesa, perchè il medesimo vicario
ha ricusato di recitar l'oratione che volevano ch'egli
anco per i loro prencipi e repubblica dicesse, V. S., conforme a gl'ordini che le darà la medesima Congregatione,
farà le diligenze necessarie presso al re e suoi ministri,
acciò non passi avanti detta novità, essendosi già ordinato al detto vicario che, conforme al antico uso, non
reciti orationi per alcuno.

Essendo molte missioni in Inghilterra, Scotia et Ibernia
de' padri benedettini, domenicani, francescani, gesuiti e
minimi e buon numero de' sacerdoti seculari, V. S. procurerà d'informarsi della vita, costumi et andamenti loro,
e de' progressi che fanno per avvisarne la Sacra Congregatione, acciò possa dar gli ordini che bisognano.

In ultimo havendo la Sacra Congregatione suddetta
diverse missioni in Olanda e nelle provincie confederate
di domenicani e cappucini, et essendo ivi ancora molti
preti seculari sotto la cura dell'arcivescovo Filippense,
vicario apostolico ne'suddetti paesi (1), e potendo il re
Cristianissimo, per mezzo dell'ambasciatore che tiene
presso a quella Repubblica, protegger et aiutar le dette
missioni, vicario e sacerdoti con li suoi ufficii, come ha

---

(1) Philippe Rovenius ou Rooveen fut vicaire apostolique dans les
Provinces-Unies de 1614 à 1651 ; en 1620, il fut consacré archevêque de
Philippes. Les prêtres séculiers qui dépendaient de lui étaient assez
nombreux : d'après les instructions aux nonces de Flandre de 1615,
1617, 1621, 1627, ils étaient 250 (CAUCHIE et MAERE, *Recueil des instructions générales aux nonces de Flandre*, Bruxelles, 1904, pp. 46, 67, 115,
148) ; celle de 1635 ne signale plus que 150 prêtres (*Ibid.*, p. 252) ; ce
dernier chiffre est inférieur de moitié à celui donné par Rooveen dans
un rapport de 1634 cité par KNUTTEL, *De toestand der Nederlandsche
Katholicken ten tijde der Republiek*, La Haye, 1892, t..I, p. 61. On
remarquera qu'il n'est parlé dans l'instruction que des dominicains et
des capucins, alors que dans les instructions aux nonces de Flandre,
il est toujours question de l'activité des jésuites. Sur la situation des
catholiques en Hollande à cette époque, voir KNUTTEL, *op. cit.*

fatto alcune volte ad istanza della stessa S. Congregatione, V. S. anche delle suddette missioni, vicario e sacerdoti si piglierà pensiere per aiutarli presso al re, quando farà di mestieri e ne sarà avvisata dalla S. Congregatione.

Il partito ugonotto, che tanto tempo afflisse miserabilmente quel regno, con zelo e cristiano valore del re e con i salutiferi et aggiustati consigli del s. cardinale Richelieu, è stato abbattuto in maniera con la caduta della Roccella e con la demolitione delle fortificationi di Linguadoca, che non c'è più che temere al presente da loro (1). Tuttavia perchè vi resta la radice, bisogna con ogni sollecitudine invigilare che co'l fomento degl'eretici di fuori non ripulluli; nel che troverà V. S. prontissima e dispostissima S. M^{ta} et il s. cardinale. Con tutto ciò perchè tirati da gl'interessi politici danno qualche assistenza maggiore a gl'Olandesi, Svezzesi e protestanti d'Alemagna, oltre tutti gl'altri capi, co'quali V. S. potrà dissuader questo fomento, si ricordi di farlo principalmente perchè la grandezza e la potenza de gli eretici non dia animo al partito ugonotto benchè abbattuto, di pensar a nuove sollevationi sotto speranza dell'assistenza loro, ricordando spesso al s. cardinale che la principal mira de gl'eretici è di sovvertir il regno e la monarchia, e che non può mai assicurarsi ch'alcuna promessa, ch'eglino faccino a prò della religione, non habbi da esser rotta ogni volta che loro verrà buona occasione di farlo.

---

(1) Après la chute de La Rochelle (28 octobre 1628), les huguenots furent contraints d'accepter la paix d'Alais du 28 juin 1629. Entre autres conditions que leur imposa le roi, se trouva celle de raser les fortifications des villes qui s'étaient révoltées ; les places du Languedoc furent aussi démantelées.

Ma, per levar affatto questi timori, bisognerebbe insistere e procurar con ogni potere di levar affatto la radice dell'eresia, la qual cura appartiene particolarmente a' vescovi; però V. S. s'informerà delle qualità di ciascuno e del bisogno delle loro diocesi, e gl'esorterà a non contentarsi solo di non lasciar serper avanti il male, ma di estinguerlo nella sua radice. Se troverà ch'alcuni vescovi siano poco diligenti in quest' opera e poco esemplari, ella gli essorti, ma con maniera soave et efficace, a sodisfare alle proprie obligationi.

E perchè i vescovi operano per mezzo de' parochi, V. S. ricorderà loro di elegger li migliori e più zelanti e trovar modo che di questa sorte vi vadino ne' luoghi particolarmente infetti, dove, per lo più, non vi vanno se non i peggiori per la tenuità de' proventi.

Le parocchie ricche si danno talvolta a persone che, presone il possesso di esse, lasciano poi la cura di quelle ad un amministratore di poco valore et di poco zelo. A questo intollerabile abuso devono esser solleciti li vescovi a remediare et ella offerisca loro la sua assistenza.

Alcuni parochi rurali s'intende che menano vita licentiosa et incontinente, andando anche in abito laicale. Quest'abuso ancora è di mestieri levar affatto, et ella vi essorti i vescovi a farlo, dov'è bisogno.

Pigliano spesso i vescovi in Francia ogn'occasione di non risedere, da che ne vengono incredibili inconvenienti; dovrà dunque V. S. invigilare sopra ciò e ricordargli l'obligo.

Li regolari del reame di Francia sono facili a rilassarsi et a precipitar in una scandalosa dissolutione; et il rimedio della correttione non è tanto efficace quanto bisognerebbe e molte volte cagiona contrario effetto.

Onde conviene spesso impetrarli il perdono de' lor falli, e si giudica che nessun'altra cosa sarebbe più a proposito che l'introduttione delle riforme ; però piglierà V. S. informatione del profitto che in questo genere può farsi, e non lascerà d'impiegarvi la sua opera a fine che si conseguisca l'intento.

Le monache ancora hanno i loro abusi massime nell'inosservanza della clausura ; nella riforma delle quali, V. S. essorti che si camini con ogni circospettione e delicatezza per non far cagionar contrario effetto.

A tutti questi abusi s'ovviarebbe con l'osservanza delli decreti del sacro concilio di Trento ; però V. S. rappresenti al s. cardinale che nissun'altra memoria più gloriosa potrebbe lasciar di se nel regno di Francia et in tutta la cristianità che il far metter ad effetto detti decreti.

Il collegio della Sorbona non solo è capo dell'Università di Parigi, ma è in un certo modo oracolo di tutta la Francia. Con questi V. S. tenghi buona intelligenza e s'informi dal s. cardinale Bichi quali sono i confidenti per poter di essi all'occasione far capitale. Fra questi vi sono huomini gagliardi e particolarmente quelli che chiamano riceristi ; e benchè Ricerio, autore di questa setta, riconoscesse il suo errore (1), non per questo hanno lasciata la mala dottrina quelli che l'hanno appresa. Uno de' principali errori di costoro è il voler sottrare la Chiesa Gallicana dalla dovuta subordinatione alla Romana et

---

(1) Le 7 décembre 1629, en la présence de Richelieu, du père Joseph et de Charles Talon, curé de Saint-Gervais, Edmond Richer consentit à signer une rétractation où il désapprouvait et condamnait les propositions du *Libellus*, en tant qu'elles étaient contraires au jugement de l'Eglise catholique, apostolique et romaine. Voir le *texte latin* de la rétractation dans D'ARGENTRÉ (*Collectio iudiciorum*, t. II, p. 302). Sur les circonstances dans lesquelles se fit cette rétractation, cf. FAGNIEZ, *Le père Joseph et Richelieu*, t. II, pp. 10 et 18 ; PUYOL, *Edmond Richer*, t. II, pp. 352-357.

all'autorità del pontefice, limitando questo con preten-
dere che i papi siano soggetti al concilio, che nel tempo
manchi di giuridica autorità, che non possa scomuni-
care i prencipi, non assolver i vassalli dal giuramento,
che i curati ne' concilii habbino voto decisivo come i
vescovi, e che questi dipendino immediatamente da Dio
con l'assoluto dominio dentro le loro diocesi. Di queste
strane e perverse opinioni è stato autore il suddetto
Emondo Ricerio, et havendo egli ritrattata la sua opinione, non sarà per avventura difficile andar levando
il credito a poco a poco alla suddetta dottrina.

Questo collegio di Sorbona ha molte volte dato fuori
opinioni assai contrarie all'autorità di questa Santa Sede,
e si è combattuto assai per farle rivocare; e perchè
questi sono molto tenaci delle loro opinioni, si è per lo
più ricorso al re che ha sospeso tutto il procedimento della
Sorbona, et ha avvocato a se o al suo consiglio privato
la cognitione; e cosi son restate sopite le differenze.

Devo anche suggerire a V. S. che questo collegio
molte volte procede con fondamento d'alcune massime
radicate e stabilite da lungo tempo, le quali bisognerebbe
abbattere per abbattere quello che sopra di esse viene
fabricato. Ma perchè potrebbe riuscire quest' impresa
molto malagevole e quasi impossibile, sarà necessario,
senza andar ad investire le suddette massime, cercar
d'abbattere quel che sarà fabricato sopra di esse, in
maniera però tale che non si venghi ad approvar la
massima ; la quale, ancorchè non si tronchi nella radice,
viene contuttociò debilitata dall'abbattimento di quello
che di sopra vi era fabricato.

Tra li vescovi e regolari di Francia corrono grandis-
simi dispareri con pericolo di far nascere un dì crude-

lissimo scisma in quelli vescovi della Sede Apostolica, perchè, pretendendo essi che non ostanti li privilegi che li regolari tengono dalla Sede Apostolica, siano loro soggetti in tutto e per tutto come gli altri sacerdoti secolari, tollerano impatientissimamente l'essentione loro ; et in questo sono uniti tutti li vescovi e vi stanno fissi con tanta pertinacia che men lasciano luogo alle persuasioni. Si sono più volte uniti in assemblea per pigliar risolutione sopra ciò senza sottoporla alla censura della Sede Apostolica (1). Questo negotio come gravissimo et

(1) Les différends sur les pouvoirs de confession qui s'étaient élevés en Angleterre entre le vicaire apostolique Richard Smith, évêque de Chalcédoine, et les jésuites, avaient, en 1632, ressuscité en France les anciennes querelles des réguliers et des séculiers. Un certain nombre d'évêques français s'étaient indignés des *thèses soutenues dans les Spongia* et les *Quèrimoniae ecclesiae anglicanae*, libelles publiés au delà du détroit pour défendre les privilèges des réguliers ; ils furent encouragés à défendre leurs droits par les critiques acerbes que dirigea contre les moines Jean-Pierre Camus, ancien évêque de Belley, dans *Le directeur spirituel désintéressé selon l'esprit du B. François de Sales* (1631) et dans l'*Antimoine bien préparé* (1632). Les évêques présents à Paris se réunirent pour aviser aux mesures à prendre. Afin d'apaiser leur ressentiment, Richelieu et le père Joseph avaient obtenu de tous les supérieurs des communautés parisiennes, une déclaration par laquelle ils réprouvaient « les propositions soutenues dans les livres tant en France qu'en Angleterre contre l'autorité épiscopale et subordonnaient à cette autorité le droit de prêcher et de confesser » (27 mai 1632). Les évêques ne voulurent se tenir pour satisfaits que si cette déclaration leur était présentée comme un acte leur permettant de retirer aux religieux *quandocumque ex iusta causa* l'autorisation de confesser ; voir la lettre du nonce Bichi au cardinal François Barberini du 9 septembre 1632, citée par Fagniez (*Le père Joseph et Richelieu*, t. II, p. 30, n. 1). Le roi dut intervenir pour que la querelle s'apaisât.

La paix était à peine rétablie qu'elle fut de rechef troublée par les publications intempestives de l'ancien évêque de Belley et les réponses qu'y fit le père Yves de Paris, capucin. Par une nouvelle déclaration, les religieux reconnurent aux ordinaires le droit de faire subir un examen aux réguliers et de révoquer *ex iusta causa* les pouvoirs de confesser ou de prêcher qui auraient été accordés (19 février 1633). Œuvre des jésuites, cette déclaration fut très vivement attaquée par les capucins ; ceux-ci estimaient exagérées les concessions qui avaient été faites. Les prélats réunis à Paris n'en prirent pas moins acte de la déclaration et s'empressèrent d'agir en conséquence. La querelle s'envenima ; au commencement de 1634, les religieux de Rouen se plaignaient des mesures de rigueur prises contre eux par l'archevêque François Harlay de Champvalon. Jean-Pierre Camus ne cessait, de son côté, d'alimenter la controverse par ses écrits passionnés. En 1633, il faisait

importantissimo è stato più volte essaminato, e sin
hora, non si è trovato adequato rimedio. Si sta però
trattando e forsi prima che V. S. parta, si piglierà
qualche risolutione ; ma, in ogni caso, per divertire
qualche subita risolutione, il miglior modo sarebbe di
persuader loro a rappresentar alla Santa Sede Apostolica
le loro doglienze e da quella domandar il rimedio,
perchè, in questo caso, si pensarebbe qua di rendergli
capaci con dargli anco quelle sodisfattioni che si potesse,
restando in questa maniera integra l'autorità di questa
Santa Sede. Di tutto questo negotio, delli libri usciti con
quest'occasione, della prohibitione di questi, et in somma
dell'origine di questo male e delli rimedii applicati et
altro sarà V. S. pienamente informata dal s. cardinale
Bichi, al quale si scrive che in questo particolare le
dia piena notitia di ogni cosa.

Il s. cardinale Bichi hà trattato con S. M^{ta} l'espulsione
degl'eretici di Pinarolo e dalli confini di Paesana, diocesi
di Saluzzo (1) ; V. S. vedrà in che stato sia questo
negotio e bisognando continuerà gli uffici, intendendosi
con Mons. nuntio a Torino, Mons. vescovo di Saluzzo (2)
e li padri inquisitori di que'luoghi.

Nella valle di Luserna, stato del duca di Savoia, vi

---

paraître à Rouen : *Saint Augustin, De l'ouvrage des moines*, traduction du traité du grand docteur, *De opere monachorum*, qu'il avait dû
renoncer à éditer en 1632 ; il publiait, la même année, à Lille (L'Isle),
Le Rabat-joie du triomphe monacal ; l'année suivante, à Besançon,
Le Traité de la désappropriation claustrale. Sur toute cette affaire,
voir FAGNIEZ, op. cit., t. II, pp. 27-38. Cf. E. GRISELLE, *Camus et
Richelieu en 1632*, dans la *Revue d'Histoire littéraire de la France*,
1914, 676-711.

(1) *La petite ville de Paesana est située au sud de Pignerol, à l'endroit
où le Pô sort des Alpes. Le danger de la propagation de l'hérésie dans
ces régions était d'autant plus à redouter que les hautes vallées des
Alpes étaient restées les derniers refuges des Vaudois.*

(2) Le nonce de Turin était, depuis 1629, Mgr Alessandro Castracani
(1580-1649), évêque de Nicastro. L'évêque de Saluces était, depuis 1627,
Jacques Marenchi. Cf. UGHELLI, *Italia sacra*, II, p. 1232.

sono degli eretici assai, et importando molto che di qua
da monti si tenga il paese netto da questa cortagione,
havea il s. duca promesso l'espulsione di detti eretici,
ogni volta che s'ottenesse comandamento dal re Cristianissimo alli governatori de' luoghi vicini, che non dessero
ricetto à questi espulsi; il che essendosi ottenuto da
S. M.ta, rimane che il duca dia essecutione al suo pio
pensiero (1). Se ne da parte a V. S. di questo, acciochè
occorrendo che da Mons. nuntio in Torino ella sia ricercata di nuovo ufficio, sappia come stia questo fatto.

Ha ottenuto il s. cardinale Bichi da S. M.ta una lettera
diretta al s. marchese Tavanes, generale dell'armi in
Casale, nella quale se gli raccomandava la persona di
questo inquisitore e degl'affari del Santo Officio (2).
Crediamo che questa sarà efficace per li bisogni di quel
tribunale; contuttociò se dal padre inquisitore di quel
luogo V. S. fusse ricercata di qualche cosa, procuri
fargliela ottenere.

La licenza della stampa in Parigi et in tutta la Francia
è ridotta a tal eccesso, che non vi è cos'abominevole
ancora contro la persona del re e de' suoi ministri principali, che, senza tema d'alcuna pena, non si facci imprimere, e sempre si è pensato qua di trovar modo che
da S. M.ta sia repressa con dar mano che in questo si
esseguiscano gli ordini fatti da sommi pontefici e concilii generali in questo particolare; però V. S. piglierà

---

(1) La vallée de la Lušerna est la haute vallée du Pellice qui déverse
ses eaux dans le Chisone, affluent de gauche du Pô.

(2) Henri de Saulx (1598-1653), vicomte de Tavannes, marquis de Mi-
rebeau, fut nommé maréchal de camp à l'armée d'Italie, en 1629. Parent
de Charles de Nevers, duc de Mantoue, il fut, au commencement de
1633, envoyé à Casal pour y tenir garnison avec un régiment levé au
nom du duc. Voir la lettre de Bichi à François Barberini du 19 février
1633 (Bibliothèque Vaticane, fonds Barberini, latin, 8091, f° 51).

informatione dal' s. cardinale Bichi dello stato in che si
trova questo negotio et il modo di maneggiarlo per
venirne a fine, perchè la licenza di stampare nudrisce
gli errori antichi e ne fa nascer de' nuovi. Se uscissero in
luce, o stampati in Parigi, o venuti di fuori libri contrari
alli dogmi della nostra santa religione o contro l'autorità
del papa che non siano notati nell' Indice de' libri prohi-
biti, si contenti V. S. di avvisarlo e di trasmettere
anche gli esemplari, se sarà possibile, et a procurar
in tanto, che non si vendano e non si publichino.

Li Parlamenti di tutte le provincie del regno di Francia
sono molto animosi, ma è grandissimo sopra tutti l'ardire
di quello di Parigi. Questi non solamente alzano talvolta
la testa contro l'autorità regia, ma conculcano anco la
giurisdittione ecclesiastica co'l titolo che si sono arrogati
di defensori de' sacri canoni, s'ingeriscono in tutte le
materie spirituali per via del possessorio, mediante una
biasimevole introduttione che chiamano d'appello come
d'abuso, e pronuntiano anche nel petitorio, sopra i brevi
pontificii, et alle speditioni di Dateria fanno rigorosi
esami e censure (1). E se alcun parlamentario zelante
dell' immunità e giurisdittione ecclesiastica la difende,
lo maltrattano con aspre minaccie. Questi medesimi
mettono mano ad impedire che li decreti de' vescovi e
dè' prelati regolari interposti per la correttione de' propri
sudditi non si mettano ad essecutione ; si oppongono
alle prohibitioni de' libri perniciosi ; comandano e fanno
de facto assolver anco da chi non ha autorità li censu-
rati ; et in somma, cercano con tutti i modi rendersi
padroni del spirituale e temporale.

---

(1) Voir l'instruction de Spada, pp. 38-39.

Per opporsi a questi pregiuditii non bisogna andar ad investir, come ho accennato di sopra per laudo della Sorbona, le lor massime e pretensioni, ma veder di rimediare a quel particolare accidente. Il che si fa co'l ricorrer al re et al s. cardinale, quali fermano i procedimenti del Parlamento et avvocando l'affare al consiglio privato, rendono inutile l'attentato di quello, rivocando alle volte ancora gli arresti. Gioverà ancora assai informarsi di quelli parlamentarii che sono ben affetti alla Chiesa et introdur con loro amicitia e confidenza, quali non solo difenderanno la nostra ragione ne' parlamenti, ma avviseranno continuamente li pregiuditii che là dentro si fanno, affine di porvi a tempo il rimedio.

Nelli tre vescovadi di Tul, Metz e Verdun che al presente sono posseduti dalla corona di Francia, come in luogo non compreso ne' concordati di quel regno, la Sede Apostolica ha sempre essercitata la sua giurisdittione, e conferito independentemente nelle sue mesate l'abbadie e benefitii esistenti in quelle diocesi. Vero è che, da qualche tempo in qua, hanno comenciato i Francesi a opporsi alle provisioni apostoliche con animo di ridur quel paese sotto la medesima ragione de' concordati di Francia. Alle quali novità si sono opposti sempre i ministri apostolici gagliardamente e con l'evidenza delle ragioni hanno divertito i tentativi. Ma pare che, di presente, si tentino novità pregiuditialissime alle ragioni di questa Santa Sede in que' paesi, imperocchè essendo di nuovo stato erretto in Metz un parlamento con le medesime leggi degli altri di Francia e sottopostoli li tre suddetti vescovadi, viene con questa novità a ridursi tutto quel paese nello stato che sono le provincie della

Francia (1). Il s. cardinale Bichi si è opposto a tutte
quelle parti delle suddette leggi che contrariano alle
ragioni che *(a)* la Sede Apostolica tiene in que' vescovadi,
e si è restato di sentir gli aggravii per veder di ridurli
alla ragione. Ma i popoli richiamano direttamente all'errettione del parlamento e non lo vorrebbono in modo
alcuno.

Di questo gravissimo affare piglierà V. S. più piena
informatione dal s. cardinale Bichi e continuerà quegli
ufficii che S. Em^za ha incaminati per conservare alla
Sede Apostolica la sua ragione, rappresentando alla
M^tà Sua che non sarà men glorioso a lui il conservare
alla Chiesa i suoi dritti di quello che fu alli suoi ante-
cessori d'arrichirla de' stati. V. S. non dovrà opporsi
direttamente alla errettione del parlamento, ma far indi-
rettamente e senza scoprirsi quel che potrà contro questa
novità, perchè sarà cosa difficile, ogni volta che vi sarà il
parlamento, difender da esso le ragioni di questa Santa
Sede.

Alla cura de' nuntii di Francia soggiacciono gli affari
d'Inghilterra, ne' quali se mai doveva impiegarsi viril-
mente l'opera de' ministri apostolici, si deve al presente,
per le speranze che Dio ci mostra della conversione di
quel regno fondate nella benigna natura del re, nell'inclinatione che mostra verso i catolici, e nella grand'autorità e credito che la regina tiene appresso S. M^tà (2).

(a) Ms : della.

---

(1) Par un édit du 15 janvier 1633, Louis XIII avait érigé un parlement à Metz (ISAMBERT, *Recueil des anciennes lois françaises*, t. XVI,
p. 379).

(2) Sur la foi de Jacques du Perron, abbé de Saint-Taurin et de
Notre-Dame de Lyres, grand aumônier de Henriette de France, le nonce
Bichi avait, le 25 septembre 1633, envoyé au cardinal François Barberini

Ma perchè questo affare per se stesso, come V. S. vede, è importantissimo e preme sopr'ogn'altro a Nʳᵒ Sʳᵉ, è necessario che V. S. pigli minutissima informatione dal s. cardinale Bichi di tutto quello che occorre al presente in questo negotio, e che si facci introdurre nell'amicitia di que' medesimi de' quali egli si serve in questi maneggi, affine che impossessato di essi, possa continuare gli uffici et esser pronto ad esseguire quello che di qui le sarà somministrato, dove non si lascerà di pensar continuamente al modo di vantaggiar questo negotio.

Con l'informatione che piglierà de gli affari d'Inghilterra, piglierà ancora quella del vescovo Calcedonense e delle cagioni per le quali è stato giudicato bene ch'egli si levi da Londra e da tutto il regno, per poter, con la notitia di questi particolari, consultare a suo tempo quel che si giudicherà spediente per servitio de' catolici di quell'isola (1). Sopra di che sono stati proposti al s. cardinale alcuni partiti ; ma fin adesso non si è presa risolutione sopra di essi.

Vi sono grand' abusi nel regno di Francia intorno al ritener benefitii co'l solo brevetto del re senza l'insti-

---

des nouvelles des plus satisfaisantes sur la situation des catholiques en Angleterre : les catholiques, surtout à Londres, n'y avaient jamais joui d'une pareille liberté religieuse depuis la révolution du XVIᵉ siècle ; le roi était plein de respect pour le pape ; il n'avait aucune haine pour les catholiques ; avec tout son conseil, il détestait les puritains ; la reine Henriette de France qui révérait toujours le Saint-Siège avait une très grande influence sur son époux. L'abbé du Perron était allé *jusqu'à faire espérer la conversion de Charles Iᵉʳ au catholicisme.* Voir la lettre de Bichi (Bibliothèque Vaticane, fonds Barberini, latin, 8100 fᵒ 29).

(1) Richard Smith (1568-1655), évêque de Chalcédoine, avait, en 1625, été désigné pour succéder à Edmond Bishop, dans la charge de vicaire apostolique en Angleterre. Sous le coup d'un mandat d'arrêt que le gouvernement de Londres avait lancé contre lui en 1627, il avait quitté l'Angleterre en 1631 et était venu chercher un refuge à Paris. Il y mourut le 18 mars 1655. Voir *The catholic Encyclopedia,* t. XIV, New-York, 1912, p. 59.

tutione canonica e senza la speditione di Roma, alla
quale sono obligati in virtù anco delli concordati,
intorno alla cessatione delli quindennii per benefitii
uniti perpetuamente alli monasterii de' regolari (1), et
intorno alla fabrica de' processi sopra i promossi alle
chiese e monasterii, a' quali è necessario provvedere ;
però io consegno a parte a V. S. una piena instruttione
di tutto questo con accennargli i rimedii (2), et ella
vegga in che stato si trova questo negotio al presente,
per continuare gli uffici incominciati dal s. cardinale e
condurlo al fine che si pretende.

Vi è ancora un gravissimo abuso nel regno di Francia
della mancanza che fanno gli arcivescovi e vescovi di
visitar i sacri limini con grandissimo incarico delle loro
coscienze (3). Per ovviar a questo male la Sacra Congregatione sopra il Concilio (4) scrisse una lettera al s. cardinale Bichi, della quale a V. S. se ne da la copia,
acciochè intimasse a quelli prelati di visitar i sacri
limini, l'essecutione della quale si rimise alla prudenza
dell' Em^{za} Sua. V. S. vedrà in che stato si trova questo

---

(1) Le quinzain était un droit que le Saint-Siège exigeait tous les
quinze ans des bénéfices qui étaient unis perpétuellement aux monastères ; il était destiné à compenser le droit d'annate qui ne pouvait
être perçu, puisque ces bénéfices n'étaient jamais vacants (Fagnani,
Commentaria in IV librum Decretalium, t. III, Cologne, 1705, p. 69).

(2) On la trouve au f° 311 du manuscrit.

(3) Aux termes de la constitution *Romanus pontifex* de Sixte V du
20 décembre 1585 (*Bullarium*, t. VIII, Turin, 1863, p. 641), les évêques
devaient se rendre périodiquement à Rome pour visiter les tombeaux
des apôtres, manifester au chef de l'Eglise leurs sentiments d'obéissance et de soumission, lui rendre compte de leur administration pastorale et de l'état religieux de leurs diocèses ; c'était ce qu'on appelait
la visite *ad limina*. Les évêques français étaient tenus de la faire tous
les quatre ans ; très rarement dans l'ancien régime ils satisfirent à
cette obligation.

(4) La congrégation du Concile, instituée par Pie IV le 2 août 1564,
pour veiller à l'exécution des décrets du concile de Trente, s'était
vue attribuer de nouvelles fonctions par le pape Sixte V le 22 janvier 1587. Entre autres missions, elle avait reçu celle de faire observer
par les évêques la constitution qui les astreignait à la visite *ad limina*.

negotio, et in esso farà quello che le sarà ordinato dal
medesimo s. cardinale Bichi alla cui prudenza et a quella
di lei si rimette N^ro S^re e la Sacra Congregatione. Et
acciò che a V. S. siano note le ragioni per le quali gli
arcivescovi e vescovi sono tenuti alla suddetta visita,
se le consegna a parte un foglio dove sono notate.

Haveva il guardasigilli, già del mese d'aprile dell'anno
passato, publicato un editto, co'l quale s'instituivano in
Parigi et in molte altre città un banco per mezzo del
quale dovevano passare tutte le speditioni che si fanno
in curia. Ma essendosi a questo opposto, il s. cardinale
Bichi ha finalmente ottenuto dal consiglio di Stato un
arresto per il quale si da libertà ad ognuno di servirsi di
chi si sia, come si è fatto sin' hora (1). V. S. si facci
dare dal s. cardinale la copia dell'editto, le ragioni con
le quali si è opposto, e l'arresto che ha ottenuto per
poter valersi delli medesimi motivi, s'altre volte s'inten-
tasse tal novità, e procurino d'haver l'arresto autentico
per servarlo nella nuntiatura et anco un altro per man-
darlo qua.

Havrà V. S. saputo i travagli che ha patito la casa di

---

(1) Ceux qui avaient à solliciter du pape l'expédition de provisions
de bénéfices, de dispenses ou autres grâces s'adressaient ordinairement,
pour acquitter les droits de chancellerie, à des intermédiaires qui
étaient les *banquiers expéditionnaires* en la cour de Rome et en la
légation d'Avignon. Par un édit du 25 avril 1633, le roi prétendit
limiter le nombre de ces banquiers et faire de leurs fonctions un office
héréditaire : il en établit huit à Paris, quatre à Lyon et à Toulouse,
trois à Bordeaux, Rouen, Aix, Dijon, Grenoble et Metz. Voir l'édit
dans le *Recueil des actes, titres et mémoires concernant les affaires
du clergé de France,* t. X, Paris, 1770, p. 1748. A la suite des repré-
sentations des agents généraux du clergé (*Ibid.,* p. 1306) et des réclamations du nonce (voir la lettre de Bichi à François Barberini du
8 juillet 1633, Bibliothèque Vaticane, fonds Barberini, latin, 8096, 34)
le 10 décembre 1633, fut rendu un arrêt du conseil d'Etat par lequel
le roi déclara surseoir à l'exécution de l'édit (*Recueil des actes, titres
et mémoires,* etc., t. X, p. 1307).

Lorena e che tuttavia patisce, e dovendo di essi e delle
ragioni haver più particolare e più distinto ragguaglio
dal s. cardinale Bichi, io non le dirò altro se non che
questa casa è stata sempre tanto osservante verso la Sede
Apostolica, che non può lasciar S. Bⁿᵉ d'interporre continuamente gli uffici con chi bisogna per lei. Saprà dunque
dal medesimo s. cardinale quel che S. Emᶻᵃ ha fatto
sin'hora, e quel che a lei resta di fare per sodisfare intie-
ramente all'affettuosa volontà che S. Sᵗᵃ tiene verso
questa casa, nella quale, per la rinunzia dello Stato fatta
dal duca Carlo al fratello e col matrimonio di questo
con la prencipessa Claudia, sono seguite alterationi
ch'ella udirà (1).

Saprà similmente in che stato si trova la causa del
matrimonio tra la s. prencipessa Margherita di Lorena
e duca d'Orleans et anco quelle del ratto intentate nel
Parlamento contro'l duca Carlo, per intender dal medesimo cardinale quel ch'ella dovrà fare nell'uno e
nell'altro (2); del che io lascio di parlare diffusamente,
benchè ne accennarò qualcosa più a basso, perchè,
all'arrivo di V. S. in quelle parti, potrebbono mutar faccia
tutti quegli affari.

---

(1) Le 19 janvier 1634, le duc Charles de Lorraine avait abdiqué en
faveur de son frère le cardinal François de Lorraine. Celui-ci avait
aussitôt donné sa démission de cardinal et épousé la princesse Claude
de Lorraine. Les deux époux, retenus comme prisonniers par Louis XIII,
avaient été conduits de Lunéville à Nancy. En dépit de la surveillance
étroite qui fut exercée, les captifs parvinrent à s'évader et allèrent
chercher un refuge à Florence (D'Haussonville, *Histoire de la réunion
de la Lorraine à la France*, t. I, Paris, 1854, pp. 394-425).
(2) Décidé à faire annuler le mariage que Gaston d'Orléans avait
contracté avec Marguerite de Lorraine le 3 janvier 1632, Louis XIII
avait intenté le 5 janvier 1634 une action en rapt sur la personne du
duc d'Orléans contre le duc Charles de Lorraine et ses complices; il
avait en outre chargé le maréchal de Créquy de demander au pape de
députer quatre prélats français qui rendraient un jugement sur la
validité du mariage (Le Vassor, *Histoire de Louis XIII*, t. VIII,
1ʳᵉ partie, Amsterdam, 1712, pp. 31 et suiv.).

Si pretese che nel capitolato di Monzon, co'l quale, furono aggiustati tra le corone gli affari della Valtellina (1), vi fossero degli equivoci che havevano bisogno di esplicatione. Il principale è che, obligandosi i Valtellini di pagare a Grigioni un censo annuo di 25.000 scudi, pretendono i Spagnoli che con questo si siano i medesimi Valtellini resi *(a)* in total libertà, e che i Grigioni non habbino alcuna altra sovranità sopra di essi che solo il jus di esiggere questi 25.000 scudi e di confermar li governatori che a suoi tempi si dovranno eleggere dalli medesimi Valtellini, come dispone per se medesimo il capitolato; quale vuole ancora che, se i Grigioni lascieranno di confermare quelli governatori che saranno eletti da quelli della valle, perdano per sempre la ragione e l'autorità di confermarli. E non havendo mai voluto li Grigioni confermare tali governatori, pretendono i Spagnoli che habbino in conformità del capitolato perso tal jus di confirmarli. Al contrario, i Francesi dicono che, andando prima nella valle governatori grigioni, e cavando di que' governi molti emolumenti, et essendo stato giudicato dalli due re non esser bene che i catolici siano governati dagl'eretici, de' quali è repiena la Repubblica Retica, hanno stabilito che Valtellini medesimi governassero; ma per conservar la sovranità e gl'emolumenti a Grigioni, hanno disposto ch'essi confermino li suddetti governatori, e che si paghiño loro li 25.000 scudi, che nel resto a Grigioni rimanga tutto il dominio di prima nella valle, e che a loro tocchi conceder o negar

(a) Mot que nous avons cru devoir ajouter.

(1) Voir l'instruction de Bagni, pp. 128-139.

i passi, far guerra e pace, batter moneta et essercitar
tutti gli atti ch'essercita un signore sovrano co'suoi
sudditi. Concedono esser vero, che i Grigioni non hanno
confermato li governatori eletti da Valtellini, come ne
anco presi li 25.000 scudi, perchè pretendevano che
prima d'ogn'altra cosa si dichiarasse questo punto. Si
aggiunge ancora, ch'essendo passato per quella valle
il duca di Feria con la sua armata senza domandar
licenza a Grigioni, pretendono i Francesi che si sia
controvenuto alla capitolatione di Monzon, e che quella
sia ita per terra; onde pare che voglino soggettar di
nuovo la valle all' intiero dominio de' Grigioni, come
era prima delli rumori, e che a questo effetto si trattenga
il duca di Rohano nella Retia adunando gente per far
l'impresa (1). Il s. cardinale Bichi ha inteso qualche
cosa di questo pensiero e si è opposto quanto ha potuto,
ma resta con dubbio che si vogli in ogni modo invadere
la valle. Questa invasione, oltre che soggetta i popoli
ad una repubblica nella quale la maggior parte è eretica,
per non dir quasi tutta, introduce nuove guerre in Italia;
però è necessario insistere che si accommodino queste
differenze con la negotiatione e non co'l mezzo dell'armi
particolarmente portate dal duca di Rohano. Vedrà
dunque V. S. in che stato sta il negotio e piglierà dal
s. cardinale quelli ricordi che a S. Em[za] pareranno neces-

---

(1) Le duc de Feria était passé par la Valteline en août et septembre
1633 pour se rendre de Lombardie en Allemagne. Louis XIII prétendit que le traité de Monçon avait été violé. Pour prévenir le
retour de pareils faits, il songea à occuper la Valteline. Le duc de
Rohan, nommé lieutenant général pour le roi en Rhétie au mois
d'août 1633, aurait dirigé l'entreprise (12 octobre 1633). Des négociations furent nouées avec la République de Venise pour obtenir son
concours. Cf. Rott, *Histoire de la représentation diplomatique de la
France auprès des cantons suisses*, etc., t. IV, 2ᵉ partie, pp. 62-63,
70-79.

sarii et utili per conseguire il fine che si pretende in questo gravissimo negotio.

Haveva il s. cardinale Pallotto (1) chiuse alcune bocche per le quali veniva una parte dell'acqua del Po che corre per il taglio fatto già da Venetiani nel nostro porto di Goro, per impedire che non s'atterri il medesimo porto e per levar la facilità alle barche armate de' Venetiani di passar per quelle bocche nello stesso porto per infestar i vascelli che ivi venivano con mercantie; il che essendo interpretato da Venetiani novità e pretendendo che quelli siti fussero della repubblica, vennero con mano armata e disfecero due palificate che dividevano le bocche più vicine al Po, et alzorno terra per poter difendere che nel detto luogo non si facci altra operatione. Nel medesimo tempo li nostri si fortificorno e presero posto intorno la terra palificata vicina al ramo del Po che si chiama Po d'Ariano, e si sono andati fortificando tanto che gl'uni e gli altri hanno alzato un forte, introdottovi artiglieria e guarnigione. S'intromise il re di Francia per aggiustar quest' interessi, e prima fece fare la sospensione d'armi, e poi crear li commissarii da trattar su'l luogo l'accommodamento. Ma convenuti che furono li detti commissarii, trovorno intoppo nel principio, come io pienamente ho informato V. S. a bocca (2); onde il negotio si è andato trattenendo sin

---

(1) Le cardinal Jean-Baptiste Pallotto ou Palotta (1594-1668) était légat à Ferrare depuis la fin de sa nonciature à Vienne (1629).

(2) Sur le différend de frontières qui s'éleva à la fin de 1631 entre le Saint-Siège et la République de Venise, voir Nani, *Historia Veneta*, t. I; Venise, 1720, pp. 494-496. Les forts qui furent construits par les parties aux prises furent du côté pontifical celui des Bocchette, du côté vénitien celui de la Donzella. Les commissaires que le pape désigna pour chercher une voie d'accommodement furent l'ancien nonce en France, Mgr Ottavio Corsini, président de la Romagne, Fabio Chigi, vice-légat de Ferrare, le futur Alexandre VII; ceux de la République furent Battista Nani et Luigi Mocenigo.

hora, stando duri li s. s. Venetiani a piegar ad alcuna
sorte di accordo, ancorchè conoscano non haver alcuna
ragione nelle loro pretensioni e vogliono usurpare, per li
rispetti detti a V. S. a bocca, quello che manifestamente
è della Chiesa, delle cui ragioni potrà ella informarsi dal
commissario della Camera o da Mons. Cerro (1) che hanno
visto il tutto e tengono pronte le ragioni suddette. Tutta
questa notitia, con quelle che le darà il s. cardinale Bichi,
servirà a V. S. per poter, quando occorresse, mostrar a
S. M^{tà} et alli ministri l'ingiustitia che comettono i Venetiani contro la Chiesa, et l'usurpatione che pretendono
di fare di que' luoghi che, come membro dell'Esar-
cato di Ravenna, furono donati da Carlo Magno alla
Chiesa medesima (2). Il negotio si è ridotto a questo che,
dovendo il s. duca di Crecqui andar quanto prima a
Venetia, vuol passar per i luoghi controversi e procurare
di aggiustar il negotio (3). Se questo aggiustamento non
sortirà effetto, a V. S. si somministrarà tutto quello che
occorrerà in questo negotio. Intanto ella non lasci d'im-
possessarsene nella maniera che ho detto di sopra.

Il maggiore e più importante affare che hoggi si
maneggia in Francia et alle corti Cesarea e Catolica è la

---

(1) Charles Cerro ou Cerri (1611-1690) entra dans l'administration
pontificale sous le pape Urbain VIII. Inscrit en 1629 au rôle des
avocats consistoriaux, il devint suppléant au tribunal de la signature,
auditeur de rote. Il fut créé cardinal le 29 novembre 1669.

(2) Le cardinal François Barberini rappelle ici la donation de
l'Exarchat de Ravenne et de la Pentapole faite au pape Hadrien Ier par
Charlemagne, le 6 avril 774. Cf. DUCHESNE, *Les premiers temps de
l'Etat pontifical*, Paris, 1911, p. 146.

(3) Envoyé à Rome pour amener le pape à entrer dans une ligue de
princes italiens et à se réconcilier avec la République de Venise, le
maréchal de Créquy devait ensuite se rendre à Venise. Son départ
avait été retardé par l'arrivée à Rome des agents de l'Espagne,
Dominique de Pimentel et Jean Chumazero. Voir notre ouvrage
*Urbain VIII et la rivalité de la France et de la maison d'Autriche de
1631 à 1635*, livre II, chapitres III et IV.

pace tra la casa d'Austria e la Francia, e da questo
dipende il male et il bene della cristianità e della
religione catolica in Germania, la quale è travagliata
tanto e sta in manifesto pericolo di perdersi del tutto,
imperochè, se con la pace tra questi potentati si divertirà
il re dall' assistenza de' Svezzesi e protestanti, non sarà
per avventura difficile alla casa d'Austria di porgli in
ragione; ma se all' incontro non si troverà modo d'aggius-
tarli, si' corre pericolo di una manifesta rottura tra le
corone con quelle dolorose et infelici conseguenze che
V. S. può imaginare, e con quell'avvanzamento degli
eretici e forsi ancora infedeli, che in ogni tempo hanno
cavato dalle discordie di prencipi catolici.

Nᵒ Sʳᵉ non ha mai lasciato alcuno ufficio che ha creduto
poter esser profittevole per questo fine et ha cercato nel
principio troncar le cagioni et divertirle, ma non è stato
dato quel credito che conveniva alle paterne essortationi
di S. Bⁿᵉ. Con tutto ciò non ha desistito anco con trasmis-
sioni de' nuntii straordinarii (1) interpor la sua paterna
mezzanità per introdur trattato di pace, dalla quale non
si sono mostrati alieni i Francesi, ma hanno voluto antecedentemente alcune dichiarationi : prima, che si menasse
loro buono e giustificato di restar in Casale, Pinarolo, nel
forte di Moienvich, nella fortezza dell'elettore di Treveri,
e l'alterationi fatte nelli Stati del duca di Lorena; che il
duca d'Orléans debba esser da potentati forastieri abban-
donato; che sia assicurato il re di Metz, Tul e Verdun;
che si meni loro buono il non si volere staccare dalle

---

(1) Au mois de mars 1632, Urbain VIII avait envoyé, en la qualité de
nonce extraordinaire pour traiter du rétablissement de la paix, à Paris,
Mgr Adrien Ceva, maître de chambre; à Madrid, Mgr Laurent
Campeggi, évêque de Sinigaglia; à Vienne, Mgr Grimaldi, gouverneur
de Rome (Ibid., pp. 213 et 214).

confederationi dello Sueco, protestanti et altri, finchè l'imperadore gli proponga la figura ultima che, stante questo staccamento, vuol S. M^ta dar all' Imperio (1).

Queste cose furono prima significate al baron d'Alsatia inviato a quella corte dall' imperadore con lettere amorevoli ad effetto di far apertura, alle quali fu risposto con espressione di grand'affetto verso Cesare e con intentione di mandare un commissario per far maggiori aperture (2). A questa lettera fu risposto dall' imperadore con altretanto desiderio del bene di S. M^ta Cristianissima e fattane istanza della missione del commissario. Ma in Francia fu detto che si voleva sentire il senso di S. M^ta Cesarea sopra i punti sudetti, e quanto alla missione del commissario, che per non ingelosire li loro alliati non lo potevano mandare, ma che, quando gl' Imperiali volessero dir da dovero, si sarebbe fatta trovar a Vienna persona informata con la quale si sarebbe potuto negotiare. Queste cose furono significate dal s. cardinale di Richelieu al nuntio, e da questo alli nuntii in Germania, quali istando per la risposta, fu detto che non potevano dar miglior risposta che il capitolato di Ratisbona, nella qual città furono ventillate tutte queste cose e stabilito come in quello, ma che quando fosse stata quivi persona di Francia, si sarebbe trattato seco (3).

____

(1) Ces conditions sont celles que Charbonnières, nommé résident à la cour impériale, emporta à son départ de France pour Vienne au commencement de 1633 (*Op. cit.*, livre II, chapit. I, par. 3). Elles ne paraissent pas avoir été présentées au baron d'Alsace sous une forme aussi précise. *Ibid.*

(2) Georges-Louis comte de Schwarzemberg (1586-1646), baron d'Alsace, fut envoyé, par Ferdinand II, à Paris, en 1632. Sur sa mission, voir notre ouvrage, pp. 112-118.

(3) Sur ces négociations, voir notre ouvrage, pp. 112-118, 220-221. Le traité de Ratisbonne, dont il est question ici, est celui qui fut signé le 13 octobre 1630. Il obligeait le roi de France à ne pas offenser

Dopo questo fu da Francia inviato Carbonière per nuovo residente, il quale fece più volte istanza che si desse risposta alli punti significati al barone, ma non riportò mai risposta categorica (1). In tanto venne alla corte di Francia don Cristoval Benavides per nuovo ambasciatore del re Catolico, il quale da principio si trovò assai disposto a facilitar il trattato (2). A questo fu data una scrittura sotto nome di proietto per far pace e da esso fu risposto, e poi da Francesi replicato ; delle quali scritture si da a V. S. copia. Ma non si è visto alcun profitto di questa negotiatione ; anzi il Benavidès si è comenciato ad insospettire et ad allontanarsi dalla pace ; di che V. S. udirà dal s. cardinale le vere cagioni.

In questo, mentre alla corte dell' imperadore fu fatta nuova apertura al s. cardinale Rocci (3), perchè gli disse il s. prencipe d'Echemberg (4) che, quando Francia

---

directement ou indirectement l'empereur ou le Saint-Empire, à n'assister de force ni de conseil les ennemis de l'empereur et de l'empire, à évacuer le Montferrat et le Piémont. L'empereur devait, de son côté, retirer ses troupes du Mantouan et du pays des Grisons.

(1) Nicolas de Charbonnières, gentilhomme de la chambre du roi, fut résident à Vienne de 1633 à 1636.

(2) Cristobal de Benavente y Benavides fut ambassadeur ordinaire d'Espagne en France de février 1633 à mai 1635. Il avait été auparavant ambassadeur ordinaire à Venise, de 1624 à 1631, ambassadeur extraordinaire en Angleterre, en 1631. Sur sa carrière, voir la note conservée aux Archives Nationales de Paris dans le fonds de Simancas (K carton 1424, f° 73). Sur ses négociations à Paris, voir notre ouvrage : *Urbain VIII et la rivalité de la France et de la maison d'Autriche de 1631 à 1635*, livres II et III.

(3) Ciriaco Rocci (1582-1651), archevêque de Patras, fut envoyé comme nonce à Vienne en 1630, après avoir été pendant deux ans nonce en Suisse. Cardinal in petto depuis 1629, il fut proclamé au consistoire du 28 novembre 1633. De retour à Rome en 1634, il y mourut le 25 septembre 1651 (Ciaconius, *Vitae et res gestae pontificum Romanorum*, t. IV, p. 584).

(4) Jean Ulrich, baron, puis prince d'Eggenberg (1658-1634), était le premier ministre de Ferdinaud II. « Il était, à écrit Moréri, homme civil, agréable, éloquent et d'une grande expérience. » *(Le Grand Dictionnaire historique*, t. IV, 3° partie, p. 38). Cf. Zwiedineck-Südenhorst *Hans Ulrich Fürst von Eggenberg, Freund und erster Minister K. Ferdinands II*, Vienne, 1880.

volesse dare alcune sodisfattioni alla casa d'Austria, Pinarolo e Moienvich non haverebbono sturbata la pace, e per quel che poi parve al s. cardinale di poter raccorre dal medesimo prencipe, una delle sodisfattioni sarebbe stata haver il passo dallo stato di Milano per Fiandra e Germania. Con quest'apertura fu dal s. cardinale Rocci, sotto la data de' 14 gennaro, spedito un corriere in Francia, di dove habbiamo avviso che arrivasse alli 2 febraio, ma non sappiamo il negotiato distinto. Solo si scrive che'l padre fr. Gioseppe, d'ordine del s. cardinale, ha detto che Francia non può abbandonare i suoi collegati, e che però la pace si poteva fare universale, ma quando non, si volesse trattar quella tra la casa d'Austria e Francia, purchè nel medesimo tempo si stabiliscano le conditioni, con le quali poi la Francia havrebbe fatto haver all' imperadore pace con suoi nemici e che la prima non s'intendesse stabilita sino che non fossero stabilite le dette conditioni (1).

Questo è lo stato presente del trattato di pace sopra'l quale devo dire a V. S. le seguenti cose : che il proposito dell' imperadore di non si curare di Pinarolo e Moienvich perchè habbi li passi accennati, dura anco dopo scoperta l'infedeltà di Fridlandt e dopo udita la sua morte (2) ; che ne' Spagnoli, non pare che si trovi dispositione d'acquietarsi che Pinarolo resti a Francesi, benchè gl'Imperiali professano di fargli acquietare ; che altre volte hanno mostrato gl'Imperiali a Spagnoli gran ripugnanza di acconsentire al trattato di pace universale in

----

(1) Sur ces négociations, voir notre ouvrage : *Urbain VIII et la rivalité de la France et de la maison d'Autriche de 1631 à 1635*, livre II, chap. IV, par. 3 et 4.

(2) La nouvelle de la trahison de Waldstein était arrivée à Rome, le 11 mars ; ce ne fut que quelques jours plus tard que sa mort y fut connue (*Op. cit.*, Livre II, chap. V, par. 1).

Alemagna a richiesta di Francia, parendo loro di farli in questo modo arbitri di Germania; che si ha per difficile che li Francesi voglino trattare la pace in altro modo che in uno delli suddetti.

Di qua è stato scritto più volte al s. cardinale Bichi che cerchi di persuader il re et il cardinale a staccarsi dall' amicitia degl' eretici, rappresentando l'infedeltà loro e confirmandola con l'esperienza provata da essi medesimi, et anco li pericoli che soprastanno alla Francia dalla potenza degli stessi eretici. Il che ha fatto S. Em^za egregiamente e con tanta efficacia che non hanno ne saputo, ne potuto negargli esser vero tutto quel che rappresentava, et hanno confessato di sapere che con li Svezzesi finalmente verranno a rottura; ma persuadendosi di esser sempre in loro potere di abbatterli insieme con li protestanti, si vagliono dell'occasione delle loro armi per opporle alla potenza della casa d'Austria.

Si è ultimamente scritto al medesimo s. cardinale che cerchi di render capace S. M^tà e S. Em^za che non havendo li Svezzesi osservate le loro promesse fatte a favore de' catolici, non erano obligati più alla loro amicitia e che potevano giustificatamente far la pace con la casa d'Austria e lasciar loro fuori. Non sappiamo quel che il s. cardinale dovrà riportare, ma dubitiamo assai ch'essi non dicano, o di non voler staccarsi dall'amicitia de' protestanti sino che non s'assicurino di quella della casa d'Austria, o come ultimamente hanno accennato, di voler aggiustare tutte le cose in una volta e fare una pace universale; et in questo secondo partito hanno proposto li due modi accennati.

Se la pace si trattarà nel primo modo, la Sede Apostolica e li ministri di quella non possono in conto alcuno intervenire nel trattato, perchè vi intravenirebbono gli eretici co' quali il papa non può ne vuol trattare. Nel secondo partito, vi potrebbe intravenire S. B^ne come mezzano, mentre però vi si trattasse la pace tra gli Austriaci e la Francia senza alcuna correspettività al trattato che fra le parti si dovesse fare per la pace tra l'imperadore e protestanti, perchè il papa, mentre interviene in un trattato giusto e necessario com'è quello tra gli Austriaci e Francesi, non ha da haver riguardo a quello che questi due potentati faranno indepentemente dal papa e senza sua scienza e consenso.

Io spiego qua a V. S. l'ultimo stato del negotio della pace alla corte di Francia e quello che N^ro S^re può fare in esse, et ella, all'arrivo suo, s'informerà più distintamente de gli affari che all'hora saranno in piedi, et opererà conforme i ricordi che sopra di ciò le saranno dati dal s. cardinale Bichi; ma sopratutto prema che si mandino li plenipotentiarii, perchè senza questi sempre saremo da capo.

Già d'ottobre, il s. duca di Crequy propose a N^ro S^re, in nome del re di Francia, una lega tra li prencipi italiani e S. M^ta per la difesa della libertà di questa provincia, della quale io ho dato a bocca piena notitia a V. S., cosi ancora di quello che S. B^ne rispose a S. Ecc^za. Devo hora dirle che in Francia sono state menate buone le ragioni di S. B^ne di non entrar nella suddetta lega; hanno ben desiderato che la Sta Sua facci alcuni uffici con li prencipi d'Italia acciò ch'entrino in essa lega, ma S. B^ne ha sfuggito di dar categorica risposta a questa richiesta (1).

---

(1) Sur les négociations de Créquy ayant pour objet la formation de la ligue italienne, voir notre ouvrage : *Urbain VIII et la rivalité de la France et de la maison d'Autriche de 1631 à 1635*, livre II, chap. III, par. 2.

S'intende hora che Monsù della Saludie sia stato mandato dal re a tutti li prencipi d'Italia ad effetto d'invitarli a questa lega, ne sappiamo ancora che risposta habbia riportato (1); però ne anche V. S. può ricever alcun preciso ordine intorno a questo particolare; solo se le ricorda che S. B^{ne} ha intentione di conservarsi nel posto nel quale Dio l'ha collocato, facendolo suo vicario in terra, di padre commune, e che sfuggirà sempre di mettersi in pericolo o contingenza alcuna di perder questo posto, tenendo per fermo che con niun altra maniera possa più adequatamente sodisfare alle sue obligationi di mediatore.

Questa regola serva a V. S. per l'indirizzo di tutte le sue azioni per non entrar mai, senz'ordine espresso, in alcun impegno co'l quale S. B^{ne} possa perdere la paternità comune. E se alla giornata andranno occorrendo cose che meritino maggior dichiaratione, si dirà a lei tutto quello che potrà bisognare.

È molto tempo che si trovano fuor del regno il duca d'Orleans, fratello del re et unico erede del regno, mentre S. M^{ta} sta senza figliuoli, et anco la regina madre, quali si trattengono ne' stati di Fiandra. È stato trattato l'aggiustamento separatamente dell'uno e l'altra co'l rè, ma non si è mai stabilito niente (2). La maggior difficoltà

____

(1) Louis de Briançon, seigneur de la Saludié, gentilhomme de la chambre et capitaine de cavalerie, fut envoyé au delà des Alpes à la fin de l'année 1633 (son instruction est datée du 22 novembre 1633), pour négocier entre les princes d'Italie une ligue défensive (AVENEL, *Lettres et papiers d'Etat du cardinal de Richelieu*, t. VII, Paris, 1874, p. 701).

(2) La reine mère s'était enfuie de Compiègne dans la nuit du 18 au 19 juillet 1631 et s'était retirée dans les Pays-Bas. Gaston d'Orléans était allé l'y rejoindre au commencement de 1632. Après l'échec de son expédition contre les troupes royales, en 1632, échec qui l'avait forcé à signer le traité de Béziers, le 29 septembre, le duc d'Orléans avait

che occorre nell' accommodamento di Monsù è il matrimonio con la prencipessa Margherita, quale volendosi
rescindere da S. M^{tà} con presupposto che sia contrario
alle leggi fondamentali del regno, et opponendosi S. A.
co'l dire ch'è fatto con tutti li requisiti della Sta Chiesa e
che è indissolubile, tiene questo gravissimo negotio senza
conclusione. Fu fatta istanza a N. S^{re} dal duca di Crequy,
in nome del suo re, di commetter la cognitione di questa
causa ad alcuni vescovi in Francia, pretendendosi di far
apparire la violenza fatta al s. duca con molte altre cose
che a loro pareva importassero la nullità del matrimonio, e per questa via dichiararlo invalido; ma havendo
S. B^{ne} fatto studiar molto bene il tutto, è stato risoluto
che questa commissione non si poteva in modo alcuno
fare senza il consenso de' coniugi, e cosi è stato risposto
e mandato al s. cardinale Bichi le ragioni, le quali V. S.
si farà lasciare; ne havendo ancora ricevuta alcuna
risposta sopra questo, non se le può dire di vantaggio (1).

L'ultimo avviso che si è havuto sopra questo affare è
che Monsù si contentava di stare a quello che havessero
deciso i giudici deputati da N^{ro} S^{re} sopra questa causa;
ma S. M^{tà} non haveva risposto ancora a questo particolare. Nel che devo avvertire V. S. che per la deputatione di questi giudici, non basta il solo consenso di
Monsù, ma vi vuole anco quello della prencipessa, trattandosi dell'interesse d'ambedue egualmente. È sopra-
venuto poi aviso che Monsù e la prencipessa Margherita,
alla presenza dell'arcivescovo di Malines, hanno di

----

regagné la Flandre (novembre 1632). Sur les négociations de Louis XIII
avec sa mère et son frère, voir HENRARD, *Marie de Médicis dans les
Pays-Bas*, Bruxelles, 1876.
(1) Voir plus haut, p. 187, n. 2.

nuovo prestato il loro consenso nel matrimonio suddetto (1).

La regina madre si è disposta a riconciliarsi co'l
cardinale Richelieu et ultimamente ha mandato ad offe-
rire conditioni, che pareva bastassero a farla tornare
nel regno; ma essendo state domandate da S. M^{tà} alcune
persone che li stavano a canto, non si sa che cosa vogli
fare la M^{tà} Sua (2). V. S. al suo arrivo vedrà in che
stato si trová il negotio e continui per l'unione della casa
reale quegl'ufficii che dal s. cardinale Bichi saranno
giudicati più appropriati, e sappia ella che S. B^{ne} desidera
al pari di qualsivogl'altra cosa, veder S. M^{tà} aggiustata
con la madre e co'l fratello, et anche acquietato il matrimonio di Monsù, parendo che in questa maniera possa
meglio stabilire la successione, dubitandosi che altrimente possa questa casa reale correre qualche pericolo
d'estinsione, come è successo ultimamente in quella di
Mantova (3).

Sono cosi chiare le ragioni che la Sede Apostolica tiene
della precedenza del prefetto di Roma a gl'ambasciatori
de' potentati residenti in questa corte, che nón pareva
che dovessero incontrar difficoltà alcuna nell'esseguirle.
Con tutto ciò nessuno si è opposto più fieramente alle

---

(1) En février 1634, *Gaston d'Orléans avait*, à Bruxelles, fait bénir
à nouveau son mariage par l'archevêque de Malines. Voir HENRARD,
op. cit., p. 416. Il n'en avait pas moins consenti à promettre, quelques
semaines plus tard, de se soumettre à la sentence que les personnes
du royaume déléguées par le pape rendraient sur son mariage.
(*Ibid.*, p. 423).

(2) Au mois de février 1634, Marie de Médicis députa un agent à
Louis XIII et à Richelieu pour leur manifester son désir de rentrer
en France. Le roi lui répondit qu'elle recevrait tous *contentements*
qu'elle pourrait désirer et devait attendre, à la condition qu'elle livrât
à la justice royale ses conseillers Chanteloube, Saint-Germain et
Fabroni. Voir HENRARD, *op. cit.*, pp. 403-405.

(3) Le duc de Mantoue, Vincent II de Gonzague, était mort sans
héritier direct le 26 décembre 1627.

preeminenze del prefetto che la Francia, havendo il
s. contè di Brisach, che si trovò ambasciatore in Roma
nel tempo che S. B^{ne} collocò questa dignità in persona
del s. Don Taddeo, mio fratello, dato cosi cattiva informatione e fatto cosi fitta impressione che fusse novità
tutto quello che si pretendeva (1), che, se bene sono
portate loro le ragioni chiare e per mezzo di scritture
autentiche, non si sono partiti dalla prima impressione ;
ma non restiamo senza speranza che la forza della verità
non habbia a partorire i suoi proprii effetti, e che tanto
S. M^{tà}, quanto i ministri habbino a rendersi capaci di
dar alla Sede Apostolica et a questa dignità ch'è sua,
quelle prerogative che gli si devono. Però V. S. si facci
lasciare dal s. cardinale Bichi tutte le scritture concernenti questo affare e si facci informare dello stato del
negotio, pigliando da S. Em^{za} parere di quello ch'ella
dovrà fare in questo particolare.

È necessario che V. S. s'informi dal s. cardinale con
ogni esatezza delli favoriti e della natura loro, e de'
modi di acquistarli e renderseli confidenti, perchè dalla
buona cognitione e diligente essecutione di questo
dipende la buona e cattiva amministratione della carica.
Io non vengo ad alcuna particolarità, perchè molto meglio
ella apprenderà tutto quello che bisogna in questo proposito su'l luogo. Questo solo devo accennarle, ch'ella
mostri sempre di compatire alla regina madre et al duca

---

(1) A la mort du duc d'Urbin (1631), le pape avait donné la préfecture de Rome à son neveu don Thaddée Barberini. Ce dernier prétendit avoir de ce chef le pas sur les ambassadeurs : tous le lui refusèrent. Le comte de Brassac, qui fut ambassadeur de France à Rome
de juin 1630 à novembre 1632, défendit très jalousement ses préro-
gatives.

d'Orleans, temperando, però le cose in maniera che questi personaggi reali habbino a restar sodisfatti di V. S., e la corte non possa entrar in gelosia et in diffidenza con lei.

Non c'è cosa che concilii più autorità e credito alli ministri apostolici, che l'integrità della vita e le azioni convenienti alla persona che sostiene. E sebene io son certo che in questo particolare V. S. habbi ad adempire le sue parti e che in ciò sia superfluo ogni mio ricordo, non ho voluto lasciare d'accennarglielo per sodisfar a me medesimo.

Nel buon credito del ministro contribuisce molto la bontà della famiglia; però, V. S. la scelga tale che apparischi degna di un nuntio della Sede Apostolica tanto riguardevole.

Le lettere e cifere che a V. S. occorrerà di scrivere, procuri che siano chiare e distinte, e non accumuli più di un negotio in ciascuna lettera o cifera, perchè cosi, e per lei, e per me, caminano gli affari più distinti e meno laboriosi.

Si consegnano a V. S. diversi brevi e lettere che serviranno pe'l suo ingresso, quali anderà presentando nella sua prima visita, procurando di parlare e far in maniera che la corte se l'habbia ad affettionare, e quanto alle precedenze, mi rimetto a quanto le sarà detto dal s. cardinale Bichi.

Si consegnano parimente a V. S. due cifere, una per intendersi con la mia secretaria, e l'altra da servirsene con nuntii et altri ministri apostolici. Queste dovranno da V. S. gelosamente custodirsi, essendo le chiavi del secreto, e questo l'anima del negotio. Di quelle ella se ne serva in cose più importanti e che sapute potrebbono

far alteratione, et, in dubbio, si tenga alla parte più
sicura.

Nel tempo che V. S. si tratterrà in quella corte vada
osservando i modi e le maniere d'essa, per poter al
ritorno o quando sarà avvisata, portar seco o mandar
una piena relatione di quella e degli affari correnti, acciò
che resti nel 'Archivio Apostolico, e di essa ce ne
possiamo servire per far l'instruttione al successore.

Questi sono li pochi ricordi ch'io posso dare a V. S.
rimettendomi a quelli che abbondantemente li saranno
dati dal s. cardinale Bichi. Ella dunque se ne vada
allegramente con la benedittione che le da N^{ro} S^{re} e
con l'espressione dell'affetto, che io le faccio ben di cuore
per pregarle prospero viaggio.

Roma, 1° Aprile 1634.

F. card. BARBERINO.

Loco sigilli.

Pietro Benessa segretario.

INDEX ALPHABÉTIQUE

ERRATA

P. 44, note 2, l. 5 et 7, *lire :* Tessonière, *au lieu de :* Teyssonnier

P. 64, note 1, l. 1, *lire :* Chasteigner de la Rocheposai, *au lieu de :* Chasteignier de la Rocheposaie

P. 69, note 1, l. 4, *lire :* Pigas, *au lieu de :* Pighas

P. 104, note 1, *lire :* di Fiandra, *au lieu de :* in Fiandra

P. 113, l. 24, *lire :* vigilanti, *au lieu de :* vigilati

P. 135, l. 25, *supprimer la virgule après :* salvezza

P. 186, note 1, l. 10, *lire :* 1478, *au lieu de :* 1748

TABLE DES MATIÈRES

Imp. H. Morel, 77, rue Nationale, Lille.